한 눈에 보는

언어재활지침서

한 눈에 보는

언어재활지침서

1판 1쇄 2015년 8월 25일
1판 3쇄 2020년 3월 9일
발행인 이진숙
지은이 박소현 · 김자성 · 김지연 · 박진 · 박영진 · 박홍주 · 윤주원 · 이인애 · 이주은 · 전소연
펴낸곳 충남대학교출판문화원 주소 대전광역시 유성구 대학로 99
전화 042-821-6045 홈페이지 http://www.cnupress.co.kr E-mail cnupress@cnu.ac.kr

ISBN 978-89-7599-547-7 93700
정가 15,000원

한 눈에 보는 언어재활지침서

박소현 · 김자성 · 김지연 · 박　진 · 박영진
박홍주 · 윤주원 · 이인애 · 이주은 · 전소연

충남대학교출판문화원

모든 사람들은 행복한 삶을 꿈꾸고 있습니다. 지금 자신이 하는 일이 재미있고, 일에 보람을 느끼며, 다른 사람과 자기 자신으로부터 인정을 받는 것은 행복한 삶을 위해 반드시 필요한 일입니다. 그러므로 마음에 드는 직업을 갖는 것, 그리고 좋은 직장에서 일하는 것은 행복한 삶을 위해 중요합니다. 우리들은 인생의 많은 시간을 직장에서 보내게 되기 때문입니다. 우리 언어치료사들에게는 언어치료를 즐겁게 하는 것이 행복한 인생과 연결될 수 있습니다. 우리가 즐거운 마음으로 언어치료를 하면 우리와 함께 하는 이들도 조금 더 행복해 질 수 있을 것입니다. 그런데 어떻게 하면 언어치료가 즐겁고 보람될까요? 언어치료사에게 언어치료가 즐겁다는 것은 마음에 여유가 있다는 의미일 것입니다. 이 마음의 여유는 지금 우리가 하는 일을 제대로 하고 있다는 확신을 가지고 있을 때 생겨납니다.

처음 언어치료를 시작하게 되면 마음의 여유보다는 부담감이 많을 것입니다. 어느 정도 언어치료 경력이 있다고 해도 가르쳐보지 않았던 장애유형의 아동이 처음 오거나 장애정도가 심한 아동을 처음 대하게 되면 당황할 수 있습니다. 또한 주로 아동들의 언어치료를 해오다가 성인들의 언어치료를 하게 되거나, 그 반대의 경우에도 어려움을 가지게 됩니다. 교육과정을 통해 많은 지식을 습득하였지만 막상 언어치료 현장에서 언어장애 아동이나 성인을 대하게 되면 무엇부터 시작해야 할지 막막해집니다. 학교에서처럼 누군가에게 도움을 요청하거나 지원을 받는 것도 쉽지만은 않습니다.

그래서 이 책에서는 언어치료를 시작하거나 새로운 사례를 접하게 되는 언어치료사들에게 실질적인 지침을 제공하고자 합니다. 오랜 시간 동안 각 장애 영역에서 언어치료 경험을 쌓아왔고 그동안 배운 바를 가르치고 있는 선배의 입장에서 후배 언어치료사들에게 도움을 주기 위한 심정으로 글을 쓰기 시작하였습니다. 서점에 가면 언어치료와 관련된 훌륭한 교재들이 출판되어 있습니다. 그 교재들에는 언어치료 전반에 걸친 내용이 자세하게 설명되어 있을 것입니다. 그러나 이 책에서는 언어치료 전반에 걸친 자세한 설명을 되풀이하는 것보다는 임상현장에서 가장 필요한 실질적인 정보를 제공하고자 언어치료를 시작할 때 빼놓으면 안 될 중요한 사항들을 정리하여 제시하였습니다. 언어치료를 위해 기본적으로 필요한 평가 및 치료과정을 한 눈에 볼 수 있도록 그림이나 글상자로 정리한 후 이에 대한 설명을 덧붙였습니다. 또한 평가 및 치료과정에서 필요한 실질적인 조언들을 포함시켰고, 구체적으로 무엇을 어떻게 해야 하는지를 알기 쉽도록 사례들을 포함시켰습니다. 이 과정에서 언어치료사들이 어려움을 느껴 도움을 요청하는 사항들을 조사하여 그 해결방안을 내용에 최대한 반영하였습니다. 평가나 치료에 대해 더 필요한 정보는 참고문헌을 활용하여 얻을 수 있도록 미주를 달아서 제시하였습니다.

언어치료사의 길에 들어서면 여러 대상자들을 만나게 됩니다. 경험은 부족하지만 열정을 가지고 있는 초보 언어치료사들은 다양한 사례를 경험하며 성장해 나갈 것입니다. 이 책에서는 그러한 성장의 과정에서 작으나마 도움이 되도록 언어치료사라면 반드시 해야 하는 최소한의 내용을 빠지지 않고 담으려 노력하였습니다. 이 책에서 제공하는 지침들은 우리가 만나는 모든 치료 대상자에게 부합하지 않을 수도 있습니다. 따라서 각 영역의 기본적인 내용을 익히고 언어치료에 익숙해 진 다음에는 더 폭넓고 깊은 지식을 탐구하여 평가 및 치료에 활용하는 것이 필요합니다.

책을 쓰는 동안 언어치료를 시작하던 초기의 경험과 느낌을 다시금 떠올렸습니다. 이 책을 읽으며 우리 언어치료사들이 함께 나아간다는 생각으로 마음이 든든해지고, 언어치료에 대한 자신감을 갖게 된다면 기쁘고 감사할 것입니다. 부디 행복한 언어치료사가 되는데 이 책이 작은 도움이 되기를 바랍니다.

2015년 한여름에 저자 일동

chapter

01

아동언어발달장애

chapter

01 아동언어발달장애

언어치료 대상자 중 가장 많은 비율을 차지하는 것이 언어장애를 가진 아동이다. 그 결과 치료센터나 복지관, 병원, 학교 등에서 언어장애를 가진 아동을 치료하는 언어치료사의 수도 다른 장애영역을 담당하는 언어치료사들보다 많다. 학생 때 주로 언어장애아동을 대상으로 실습하기 때문에 많은 언어치료사들에게 아동언어장애영역은 보다 손쉽게 다가설 수 있는 분야일지도 모르겠다. 그렇지만 치료를 할수록 어렵게 느껴지는 분야 역시 아동언어장애영역일 것이다. 치료경력이 있는 언어치료사들은 평가결과 비슷한 수준의 아동들도 획일적으로 같은 방법을 사용해 치료할 수 없다는 것을 이미 알고 있을 것이다. 평가결과와 이에 따른 목표가 같다하더라도 아동마다 특성에 차이가 있기 때문에 치료방법이나 교재/교구의 선택, 아동의 반응과 언어발달속도 등이 천차만별이다. 특히 초보 언어치료사는 막상 언어장애아동을 대면했을 때 지금까지 배워온 너무 많은 지식 중에서 어떠한 것을 적용해서 평가하고 치료해야 할지 막막해하기도 한다. 몇 십 명의 아동을 평가하고 가르치는 상황에서, 어렵고 시간도 많이 필요한 자발화분석을 해야 하는 것인지 고민되고, 치료에 순응하지 않는 아동들에게 아동중심법을 적용해보면서 제대로 가르치고 있는지 불안해하기도 한다. 이 외에도 나이는 찼는데 말을 하지 않는 아동을 가르치는 것, 학교에 다니는 아동에게 담화를 가르치는 것 등등 새로운 아동을 만날 때마다, 치료를 하면 할수록 공부할 필요성을 느끼게 된다.

이 장에서는 임상현장에서 최소한 알고 시행해야 하는 평가와 치료에 대해 다루고 있다. 평가를 할 때 기본적으로 반드시 평가해야 하는 사항들, 치료목표를 세울 때 언어발달 단계별로 놓치지 말아야 하는 것들, 치료방법상의 조언들을 최대한 간결하게 정리해 제시하고자 하였다. 더 상세한 설명은 참고서적을 인용하고 있으니 기존의 훌륭한 교재들을 다시 들춰보며 참고하면 될 것이다.

언어발달을 배워서 이미 알고 있겠지만, 언어는 다섯 가지 구성요소로 이루어져있다. 의미, 구문, 문법형태소, 화용, 조음 · 음운이 그것이다. 언어장애아동을 평가하고 치료 할 때 이 다섯 구성요소를 늘 염두에 두면 중요한 사항을 빠뜨리고 평가/치료할 위험을 최소화시킬 수 있다. 따라서 이 장에서는 평가와 치료를 설명할 때 이 언어의 구성요소들을 중심으로 기술하고자 한다. 이 중 조음.음운(말소리) 영역에 대한 설명은 다음 장에서 다루고 있으므로 이 장에서는 생략한다.

1. 평가하기

◇◇◇◇◇◇◇◇

언어장애아동을 평가할 때에 반드시 필요한 과정을 다음에 정리해 놓았다. 이에 대한 상세한 설명은 아래와 같다.

1. 부모 면담을 통한 기본 정보 얻기
2. 생활연령에 맞는 표준화된 공식검사 실시
3. 자발화분석 실시
4. 자발화분석 결과, 더 평가해야 하는 사항에 대한 심화검사 실시
5. 대상아동의 필요에 따른 비공식검사 및 행동관찰
   - 의사소통기능, 부모와의 상호작용, 의문사 이해 및 표현, 반의어, 위치어, 담화능력, 문해능력 등
6. 관련영역에 대한 평가(또는 의뢰)
   - 전반적인 발달수준, 상징놀이능력, 구강 구조 및 기능, 청력, 인지발달 등

1) 부모면담

치료실을 찾은 아동을 처음으로 평가할 때 대부분의 경우에는 아동의 주양육자와 면담을

하여 아동에 대한 정보를 얻게 된다. 주양육자는 아동의 어머니인 경우가 많은데, 전화통화 등을 통해 어머니와 시간약속을 하기 전에 미리 아동의 나이와 성별, 언어평가 의뢰이유, 부모가 생각하는 아동의 현재 언어수준, 그리고 병원에서 진단을 받은 경우 그 결과에 대한 정보를 얻고, 아동 평가를 위한 계획을 세우게 된다. 이때 한 가지 주의할 점은 아동에게 행동문제가 있는지 여부를 미리 알아두는 것이 좋다는 것이다. 간혹 언어치료사가 처음부터 엄격히 행동을 통제하지 않을 경우 치료실에서 제멋대로 고집을 부리거나 돌아다니는 행동을 보이는 아동들이 있기 때문이다. 이런 아동들을 친밀감(라포르, rapport)형성을 위해 처음에 아동의 뜻대로 놀아준다거나, 어머니와 면담하는 동안 옆에서 놀게 하면, 이후 아동과 평가를 시작했을 때에도 자신이 하고자 하는 활동만 고집하는 행동을 보이는 경우가 있기 때문이다. 문제행동이 있어서 언어치료사가 처음부터 엄격히 아동의 행동을 통제하는 것이 좋다는 정보를 얻게 되면, 평가의 첫 시간부터 공식검사를 실시하면서 언어치료사의 주도를 따라해야 함을 분명히 하는 것이 좋을 수도 있다. 이런 경우 부모면담은 회기가 끝날 무렵에 하거나 전화통화를 하여 실시하는 방법도 생각해볼 수 있다. 또는 질문지를 이용하거나 간략한 체크리스트 등을 활용하는 방법도 있다.

그러나 대부분의 아동의 경우에는 평가 첫 회기에 부모면담을 통해 아동에 대한 기본정보와 앞으로 평가와 치료를 위해 도움이 되는 정보를 얻게 된다. 주요 면담내용은 〈표 1〉에 정리해놓았다. 평가보고서를 작성하는 경우 〈표 1〉의 질문에 대한 답변을 배경정보에 순서대로 정리하면 된다.

〈표 1〉 부모면담 시

1. 이름
2. 나이(영유아일 경우에는 조산여부 확인, 필요할 경우 나이 조정할 것)
3. 성별
4. 장애유형(장애진단을 받은 경우)
5. 평가시작일
6. 의뢰경위 - 병원, 교사, 부모의 의견 등
7. 발달력
   1) 출생 시 문제여부
   2) 언어발달과정 - 옹알이 출현시기와 양, 몸짓 사용여부, 첫낱말, 문장출현 등에 대한 정보
   3) 전반적인 발달과정에서의 문제여부 - 걷기, 대소변가리기, 상호작용, 인지발달 등
8. 장애진단관련 정보
   1) 언어발달의 문제를 인식하게 된 경위와 시기
   2) 병원에서의 장애진단 여부 및 결과
9. 교육력
   1) 언어치료를 받은 경험유무. 구체적인 내용-언제부터, 얼마동안, 어디에서, 어떠한 내용의 언어치료를 받았으며 아동의 언어가 어떤 변화를 보였는지 질문
   2) 다른 치료를 받은 경험유무- 심리치료, 인지치료, 음악치료, 감각통합 등
   3) 교육기관 재학여부 - 어린이집, 유치원, 학교
   4) 교육기관에서의 아동 수행관련 정보 - 언어로 인한 문제 유무, 또래와의 관계, 학교의 경우 학업을 잘 따라가고 있는지 질문
   5) 교사의 의견-부모에게 질문하거나 가능하다면 교사와 직접 연락하여 정보 얻기
10. 부모가 생각하는 아동의 언어수준, 아동과의 의사소통의 어려움, 부모가 언어치료를 통해 바라는 점
11. 가족관계
   1) 주양육자
   2) 가족 구성원
   3) 아동과 부모/형제와의 관계 (예) 누가 아동과 같이 놀아주는지, 주로 무슨 활동을 하며 노는지 등
12. 아동의 일상생활
   1) 좋아하는 음식

2) 좋아하는 장난감, 활동, TV 프로(비디오, 만화). 캐릭터(예, 뽀로로)

3) 전형적인 하루 일과, 주말활동(빈번한 친지모임, 산책, 마트, 캠핑 등)

4) 지역사회 정보 - 주거형태(아파트, 단독주택 등), 자주 들르는 장소(마트, 문구점, 학교위치, 병원, 놀이터 등)와 가는 방법(자가용, 지하철, 버스 등)

13. 그 외에 알려주실 정보가 있다면..?

면담을 통해 가족지원에 대한 정보를 얻을 수도 있다. 대상아동이 언어치료나 다른 치료를 받은 경험이 있는지 질문하면서 구체적인 치료내용과 아동의 진전정도에 대한 질문을 하면 그동안 받았던 언어치료의 목표나 방법에 대한 정보를 얻을 수도 있지만 부모가 아동에 대해 어느 정도 파악하고 있는지도 추측할 수 있다. 또한 부모나 형제가 아동과 함께 시간을 보내는 정도나 함께하는 활동이 무엇인지 질문함으로써 치료의 유지와 일반화에 가족의 도움을 어느 정도 받을 수 있는지 예측할 수 있다.

아동이 유치원이나 어린이집, 혹은 학교에 재학 중인 경우에는 해당 교육기관에서 아동이 어떻게 적응하고 있는지에 대한 질문이 필요하다. 보통 부모에게 질문하게 되지만, 가능하다면 담당교사와 연락을 취해보는 것이 좋다. 이런 경우 부모를 통해 담당교사에게 편지를 건네주게 하여 연락처를 주고받은 후, 전화 통화나 문자, 메일을 통해 전문가 간 직접 의견을 나누는 것이 바람직하다. 아직은 많은 경우 교사와의 협력에 어려움이 있지만 간혹 적극적으로 협력하는 교사들도 있으므로 시도해볼 만하다. 다행인 점은 아동의 교육기관을 직접 방문하여 대상아동을 관찰하거나 치료해보는 열성적인 언어치료사들도 있고, 아동의 언어발달을 위해 적극적으로 도와주고 싶어 하는 교사들도 늘고 있다는 점이다.

면담내용 중 아동의 일상생활에 대한 정보는 평가보고서에 상세히 기록하지는 않는다 해도 치료사가 숙지해놓으면 앞으로의 치료에 도움이 될 수 있다. 이미 잘 알고 있다시피 아동이 좋아하는 음식, 장난감, 활동, 좋아하는 만화캐릭터 등은 강화제로 사용할 수도 있고, 아동이 치료활동에 참여할 수 있게 동기화시키는 데에도 도움이 된다.

아동의 전형적인 하루 일과나 주말의 가족활동여부, 지역사회에서의 활동에 대해서도 묻도록 한다. 얻은 정보는 어휘선정에 참고할 수도 있고, 치료 시 대화나 개인 경험이야기의 소재가 될 수도 있으며, 청소년의 경우 기능적 치료접근을 할 때 활용할 수도 있다.

한 가지 주의할 점은 이런 정보를 얻기 위해 상세한 답변을 요구해야 한다는 점이다. 수동적인 아동이나 중도복합장애아동일수록 의사소통 실패로 인해 학습된 무기력을 느낄 수 있고, 이로 인해 부모는 더욱더 아동의 의사를 파악하기 어려운 경우가 있다. 이런 경우 부모님께 보다 구체적인 행동을 알려달라고 질문해야한다. 실제 면담사례를 아래 적어놓았다. 사례의 아동은 촉감 때문에 비닐덮개나 먼지떨이를 좋아하는 것으로 판명되었고, 치료를 할 때 이것을 강화물로 이용하여 많은 효과를 볼 수 있었다.

SLP: 김○○이 좋아하는 먹을 것이나 장난감, 좋아하는 활동이 무엇인가요?

엄마: 특별히 좋아하는 음식이나 장난감, 활동이 없는 것 같아요.

SLP: 그러면 아동이 집에서 노는 시간에 주로 뭘 하나요?

엄마: 그냥 집안 여기저기 돌아다녀요.

SLP: 음.......좀 더 구체적으로 말씀해주세요. 어디를 돌아다니나요? 돌아다니면서 뭘 보거나 만지거나 하나요?

엄마: 음.......마루랑 방이랑.......컴퓨터 자판 보호덮개.......왜 비닐로 된 것.......들고 다니기도 하고.......말랑거려서 그런지 손에 들고 있는 경우가 자주 있어요.

SLP: 아! 그럼 그걸 좋아하는지 봐야겠네요. 그것 말고 또 들고 다니거나 관심을 보이는 것이 있는지 기억해보세요.

엄마: 아, 그런 것도 애가 좋아하는 건가요? 그럼, 털이개(먼지떨이)도 좋아해요. 청소 털이개..

2) 언어발달단계별 평가해야 할 내용

면담을 통해 아동에 대한 배경정보를 모은 다음에는 본격적으로 평가에 들어간다. 앞에서 언급하였듯이 평가를 할 때에나 장단기목표를 세울 때에는 항상 언어의 다섯 구성요소(의미, 화용 · 담화, 구문, 형태소, 조음 · 음운)에서 문제가 없는지, 그리고 문제가 있는 것으로 평가된 요소가 빠짐없이 치료목표에 포함되었는지 살펴볼 필요가 있다.

각 영역에서 평가해야하는 내용은 아동의 언어발달수준에 따라 달라질 수 있다. 이 장에서는 언어발달단계를 언어이전기, 언어출현기, 언어발달기, 고급문법기로 나누어 설명하고자 한다. 언어이전기는 아동이 구어로 의사소통을 하지 못하는 발달단계수준을 말하고, 언어출현기는 초기 언어발달기라고도 하고 첫 낱말기라고도 표현하는데, 돌 무렵 첫 낱말이 산출되면서 본격적으로 문장을 사용하기 전까지의 시기를 말한다. 언어발달기는 문장산출이 되면서 표현언어가 급속히 증가하는 것을 느낄 수 있는 시기를 일컬으며 흔히 두 돌 전후에 시작된다. 교재에 따라서는 이 시기를 낱말 조합기와 기본문법 탐색기로 세분화하여 나누기도 한다. 고급문법기란 기본적인 한국어의 언어지식이 습득된 이후 보다 정교화되기 시작하는 정상언어발달연령 5세 전후의 아동에서부터 학령기, 청소년기 이후까지 해당하는 광범위한 언어발달단계이다.

〈표 2〉에 각 언어발달단계에서 평가해야 할 주요사항을 간략히 정리해놓았다. 평가대상아동의 언어연령에 해당되는 언어발달단계의 표를 참고하여 그 내용을 평가하면 되는데, 몇 가지 주의할 사항이 있다.

첫째, 표에 제시되어 있는 언어발달단계별 내용은 정상언어발달을 보이는 아동들이 각 단계에서 습득하는 언어능력을 기초로 한 것이므로 실제 생활연령이 높은 언어장애아동을 평가해야할 때에는 융통성 있게 적용해야한다. 아동의 언어능력수준이 두 단계 정도 걸쳐있는 경우도 많다. 그러므로 단계별 전체 평가내용의 흐름을 파악하고 평가대상 아동에게 어떤 것을 평가해야할지 최종적으로 언어치료사가 결정하도록 한다.

둘째, 어휘든 구문이든 궁극적으로 표현하게 하는 것이 우리의 목표이므로, 평가를 할 때에는 이해가 된다는 전제 하에 표현능력을 평가하는 경우가 많지만, 예외도 있다. 특히 이해능력과 표현능력의 격차가 있는 아동의 경우에는 따로 평가해야한다.

예를 들어, 뇌병변장애로 구어산출이 어려운 아동의 경우 표현에만 치중하여 평가하고 치료하는 경우가 간혹 있는데, 인지수준에 따라 이해능력은 훨씬 앞서는 아동들도 많이 있으므로 주의해야한다. 이해와 표현능력의 격차가 있을 경우에는 따로 평가하여 필요시 이해와 표현을 따로 치료목표에 포함시키기도 해야 한다.

셋째, 표에는 각 단계별 기본 평가내용을 정리해놓았기 때문에 각 아동의 특성에 따라 필요한 평가를 추가하도록 한다. 예를 들자면, 다문화가정 아동을 평가할 경우 무의미낱말 따라하기 능력을, 단순언어장애아동에게 빠른 이름대기능력을, 혹은 언어학습장애아동에게 메타언어능력을 추가로 평가할 수 있다.

넷째, 영유아를 대상으로 할 때에는 인지 및 대소근육발달 같은 전반적 발달여부에 대한 평가를 할 필요가 있다. 이를 위해서는 언어검사도구 이외에도 전반적인 발달을 평가할 수 있는 검사도구에 대한 지식을 갖추고 있어야 한다. 인지능력 중에서도 언어발달과 보다 밀접한 연관이 있는 능력(예, 기억, 대상영속성 등)도 주의 깊게 살펴봐야한다. 주고받기, 시선 맞추기, 함께 주목하기(공동주의), 공통적인 활동하기(공동활동), 확립된 루틴이나 놀이 유무, 부모와의 상호작용, 상징놀이능력도 관찰해야한다. 조산된 영아의 경우에는 조산일을 고려하여 평가결과를 해석해야한다. 일부 공식검사도구에서는 1~2세 이하의 경우 조산일을 고려해 생활연령을 수정해

쓸 것을 요구하고 있다.

다섯째, 기능적 언어치료접근 대상이 될 수 있는 청소년기 아동일 경우에는 평가과정도 달라질 수 있다. 발달단계별 언어능력 평가보다는 가정이나 지역사회에서 독립적으로 생활하기 위해 필요한 능력여부를 평가하도록 한다. 또한 중도복합장애아동의 경우 AAC 평가를 실시해야하는데, 이에 대해서는 이 장의 마지막 부분에서 다루고자 한다.

〈표 2〉 각 언어발달단계에서 평가해야 할 주요사항

1. 언어이전기(구어로 의사소통 하지 못하는 단계)

말소리 발달	1. 옹알이 수준 관찰 - 옹알이 종류(반복, 중첩적 음절성 옹알이 등) 2. 산출음소관찰 - 자음 대 모음 비율, 음소목록작성 3. 발성율 측정 4. 억양산출여부 관찰 - 돌 전후
의미	어휘이해 평가. 어휘표현은 구어대신 몸짓 표현으로
구문 문법형태소	간단한 지시 이해능력 평가(단서 없을 때 ⇨ 단서 있을 때 비교)
화용	초기 의사소통 기능분석(유형출현여부, 빈도, 방법)
기타	1. 섭식 평가 2. 아기와 상호작용하는 부모 행동 관찰 3. 상징놀이능력 평가 4. 대소근육 발달 및 인지능력(말소리 모방, 몸짓 모방, 수단-목적, 인과관계, 기억력, 범주화, 사물 영구성) 평가 5. 눈맞춤 6. 주고받기

2. 언어출현기

말소리 발달	1. 산출음소관찰 - 자음 대 모음비율, 자.모음목록작성 2. 발성율 측정 3. 음절구조 평가 4. 비전형적인 오류의 유무 관찰 (아동의 말샘플 분석방법 사용) (이후 발달단계의 말소리 발달 평가는 2장 참고)
의미	1. 어휘 이해 및 표현능력 평가 (표현어휘 목록작성) 2. 의문사 이해 평가(무엇? 누구? 어디? 등)

구문 문법형태소	다양한 두 낱말 의미관계 지시의 이해능력 평가 혹은 1,2단계 지시따르기 평가 (단서 없을 때 ⇨ 단어 있을 때 비교)
화용	초기 의사소통 기능분석(유형출현여부, 빈도, 방법)
기타	1. 섭식 평가 2. 부모와의 의사소통 평가 3. 상징놀이능력 평가 4. 인지능력(말소리 모방, 몸짓 모방, 수단-목적, 인과관계, 기억력, 범주화, 사물 영구성) 평가

3. 언어발달기

의미	1. 어휘 이해 및 표현능력 평가(반의어, 위치어 등 포함) 2. 의문사 이해 및 표현능력 평가(누구, 무엇, 어디, 왜, 어떻게 등) 3. 2~3낱말 의미관계 유형 및 빈도분석
구문 문법형태소	1. 문법형태소 발달 평가 2. 2~3낱말 의미관계 지시 이해평가(단서 없을 때 ⇨ 단서 있을 때 비교)
화용	초기 의사소통 기능분석 ⇨ 대화기능 분석[1]
기타	부모와의 의사소통 평가

4. 고급문법기

의미	1. 의문사 이해 및 표현 평가(누구, 무엇, 어디, 왜, 어떻게, 언제) 2. 어휘 이해 및 표현능력 평가 〈학령기 경우 더 평가해야 하는 것〉 □ 교과서 어휘 □ 한자어, 다의어, 추상어 등 □ 비유, 속담, 관용표현 등
구문 문법형태소	1. 복잡한 문장 이해 2. 문장 분석(말하기 및 쓰기자료 활용) 1) 문법형태소와 구문의 오류분석 2) 복잡한 구문의 사용 -단문에 대한 복문의 비율, 복문의 유형, 접속사 사용 3) 붕괴-쉼, 중지, 반복, 수정

화용	1. 대화기능분석 〈 담화능력 〉 2. 대화 능력 1) 대화 주제(개시, 유지, 전개, 전환 및 종결) 2) 대화단절의 복구(혹은 대화 수정 혹은 명료화 요구하기 및 답하기) 3) 사용역 4) 전제기술 5) 간접요청 등 3. 이야기 산출 - 이야기 문법, 결속표지 사용 등 4. 사건 기술하기(경험 설명하기 포함) 5. 설명하기(설명글) - 시간에 따른 설명, 원인/결과 설명, 묘사, 문제해결 등
기타	문해능력평가

5. **중도복합장애 (주로 학령기가 되어서도 언어이전기 혹은 첫낱말기에 해당하고 다른 장애를 동반한 중복장애의 경우)**

말소리 발달	산출음소목록작성
의미	1. 어휘 이해 및 표현능력 평가(표현의 경우 몸짓 관찰과 표현어휘 목록 작성) 2. 의문사 이해 및 표현 평가(누구, 무엇, 어디 등)
구문 문법형태소	지시 따르기
화용	초기 의사소통 기능 분석
기타	1. AAC 평가 - 상징능력, 어휘평가, 신체능력평가, 환경평가 등 2. 문해능력 평가

3) 평가 방법

(1) 공식검사

대상아동에 따라 평가해야 하는 내용이 조금씩 달라지지만, 발화가 가능한 거의 모든 아동은 생활연령에 맞는 공식검사와 자발화분석으로 평가를 시작하게 된다. 표준화된 공식검사 실시에 대해서는 모두 잘 알고 있으리라 간주하고 자세한 설명은 생략한다. 〈표 3〉에 언어장애아동을 위한 공식검사와 대상연령을 한 눈에 볼 수 있도록 정리해놓았다.

〈표 3〉 공식검사의 목적과 대상연령

검사 도구명	검사 목적	대상연령									
		1세	2세	3세	4세	5세	6세	1학년	3학년	6학년	16세~
SELSI	영유아의 수용 및 표현 언어능력 측정 선별검사	4-35개월									
K M-B CDI	영유아의 어휘사용력, 제스처와 놀이, 문법 수준 평가	8-36개월 영아용:8-17개월 유아용:18-36개월									
PRES	아동의 수용 및 표현언어 능력 측정		2-6세								
REVT	수용 및 표현 어휘능력 측정		2;6~16세 이상 성인								
구문의미 이해력 검사	구문의미이해력 측정				4세-3학년(9세)						
KONA 한국어 이야기평가	이야기 능력 평가 * 준거참조검사				4세-6학년						
언어 문제 해결력 검사	논리적인 사고과정을 언어화하는 상위의 언어기술 측정					5-12세					
LSSC	학령기아동의 언어능력 평가							초등1-6학년			
KOLRA	전반적인 언어기반 읽기평가							초등1-6학년			

공식검사는 아동의 생활연령에 맞추어 가능한 것을 모두 실시하면 된다. 부모가 언어발달에 문제가 없다고 해도(예, 발음만 문제가 있어서 치료하고자 하는 경우), PRES 같은 전반적인 언어검사를 실시하여 문제유무를 확인하는 것이 좋다. 또한 청력문제나 구강운동기능에 대한 평가도 병

행되어야 한다. 생활연령에 맞지 않아도 언어수준을 알고 싶어 표준화된 검사도구를 비공식적으로 사용하는 경우도 종종 있다. 그런 경우 평가보고서에 이에 대해 언급하고, 제시된 규준자료와 직접비교할 수 없으므로 결과해석을 조심스럽게 해야 한다.

검사 실시순서는 아동의 특성에 맞게 조절한다. 앞에서 언급한 바와 같이 문제행동을 통제하고자 한다면 공식검사부터 실시하는 것이 좋을 수 있다. 소극적인 아동이라면 처음에 놀이를 통해 상징놀이능력이나 자발화분석, 의사소통능력 관찰을 시도할 수도 있고, 공식검사 중에서도 상대적으로 아동이 편하게 실시할 수 있는 것을 우선으로 평가할 수도 있다.

때로는 아동의 건강상태나 주의집중 정도 등에 따라 공식검사를 한 번에 실시하기 어려울 때가 있다. 공식검사는 필요한 경우 2~3회로 나누어 실시해도 된다. 단, 검사의 일부를 실시한 후 그 다음 나머지 검사까지의 시간적 간격이 너무 길지 않도록 주의해야한다. 1주일 이내에는 검사의 나머지 부분을 연결해서 평가하는 것이 좋다.

아직까지는 공식검사도구로 모든 언어영역을 충분히 측정하지 못하고 있으며 해당 대상연령대도 제한적인 실정이다. 그렇지만 새로운 공식검사도구들이 지속적으로 출시되고 있으므로 언어치료사들은 새로운 검사도구에 대한 정보에 민감해질 필요가 있다.

(2) 비공식검사

공식검사는 언어장애 유무를 판별하기 위해 반드시 필요한 검사이다. 그렇지만 공식검사 결과만으로는 치료목표를 결정하기 위한 구체적인 정보를 얻을 수가 없다. 또한 치료효과를 확인하고자 공식검사를 다시 실시하는 것도 바람직하지 않다. 이를 위해서는 자발화분석과 심화검사같은 비공식검사와 행동관찰을 실시해야만 한다.

① 자발화분석

자발화분석은 형식적이고 치료사-주도적인 공식검사와 달리 자연스러운 상황에서 아동의 의사소통 행동을 분석할 수 있는 장점이 있다. 또한 의미와 화용, 구문, 문법형태소, 조음 · 음운영역을 모두 평가할 수 있다. 그러나 안타깝게도 평가할 수 있는 사항이 많은 만큼 분석을 위해 시간과 노력이 많이 필요하기 때문에 임상현장에서는 자발화분석을 아예 포기하는 언어치료사들도 많이 있다. 그렇지만 올바른 치료목표설정을 위해서도, 치료효과의 평가를 위해서도 자발화분석은 힘들어도 반드시 해야 하는 평가이다.

그러므로 여기에서는 자발화분석의 요령에 대해 언급하고자 한다. 모든 대상아동에게 가능한 많은 사항을 분석해보면 좋겠지만 현실적으로 어려움이 있으므로 기본적으로 반드시 분석해야하는 사항에 대해서 설명하고자 한다.

자발화수집

첫째, 자발화수집은 상황에 따른 아동의 언어능력을 이끌어내기 위해 대상과 맥락을 다양하게 수집하는 것이 좋다. 치료실에서는 부모와 아동, 치료사와 아동, 만일 있다면 아동의 형제와 아동의 발화를 수집하는 방법이 있다. 각 10분 정도 녹화를 하여 분석하면 되는데, 발화수집을 하면서 아동과 부모의 상호작용을 함께 관찰하면 더 효율적이다. 부모의 상호작용 스타일과 사용하는 언어특성, 친숙한 상대일 때의 아동의 언어를 관찰한다. 형제가 있을 경우 형제와 자유놀이하는 상황에서 발화수집을 하여 아동의 언어가 성인이 대상이었을 때와 다른 점이 있는지 관찰하고, 또한 형제를 치료에 소집단으로 참여시켜 유지와 일반화에 도움이 되게 할 수 있는지 여부도 판단한다.

둘째, 발화수집시간을 절약하는 방법으로는 평가과정에서의 아동의 발화를 수집하는 방법이 있다. 예를 들자면 아동이 자신의 생각을 설명해야하는 언어문제해결력검사를 실시할 때 아동의 말을 녹음하여 자발화분석 자료로 사용할 수 있다.

셋째, 언어출현기에는 자발적으로 표현하는 말이 적다. 이 시기에는 부모와 언어치료사가 아동의 표현어휘를 그때그때 기록하여 목록을 작성하는 방법을 사용하면 된다. K M-B CDI와 같은 체크리스트를 활용해도 되지만 검사도구 목록에 없는 어휘를 산출하는 경우도 있으므로 부모나 언어치료사가 작성한 목록과 함께 병행하도록 한다.

넷째, 학령기 아동의 경우에는 글쓰기 자료 분석도 병행한다. 특히 복잡한 구문사용능력 평가를 위해서는 쓰기자료가 더 도움이 될 수도 있다.

다섯째, 발화수집은 100~200 발화를 권하고 있지만 최소 70 발화정도 모아도 간략 분석은 가능하므로 포기하지 말고 최소한의 자료라도 모아서 분석하도록 한다.

자발화분석 (조음 · 음운영역의 분석은 다음 장 참고)

첫째, 우선 전사자료를 보면서 단어 대 문장비율을 적는다. 문장들도 단문 대 복문(이어진문장과 안은문장)의 비율을 적는다.

둘째, NDW, TTR ; 공식검사로 어휘발달의 지체여부는 알 수 있다. 따라서 아동의 어휘능력을 알기위해 반드시 실시할 필요는 없다. 다만, 발화는 나오는데 어휘 종류의 수가 적은 아동 즉, 몇 가지 안 되는 단어로 말을 반복적으로 하는 아동의 경우는 어휘 다양도 증가를 위해 NDW와 TTR을 산출해야 한다.

예를 들어, 자폐를 동반한 이○○ 아동은 거의 모든 발화가 한 낱말 발화였고, 그 중 80%가 "아니야" 라는 말이었다. 따라서 다양한 어휘사용이 이○○ 아동의 치료목표에 포함되었다. 언어치료사는 평가초기에 NDW와 TTR을 산출하였고, 이후 치료 진전여부를 알아보기 위해 정기적으로 NDW와 TTR을 산출하여 초기 수치와 비교하였다.

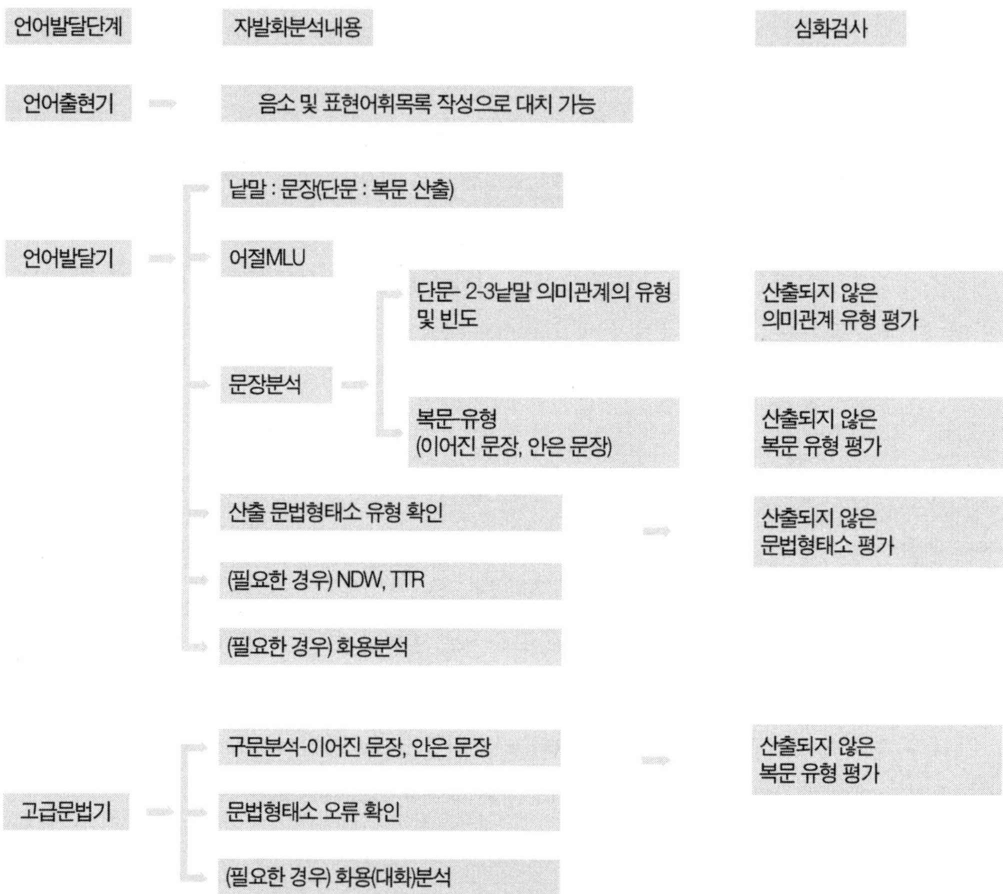

〈그림 1〉 자발화분석과 심화검사

셋째, 의미관계분석; 2~3 낱말로 된 단문은 의미관계분석을 하도록 한다. 산출 의미관계 유형뿐아니라 산출 빈도도 중요한데, 극히 낮은 빈도로 산출되는지 비교적 여러 번 산출되는지 정도만 파악해도 도움이 된다.

넷째, MLU 분석; 문법형태소나 낱말을 분석하는 것이 부담된다면 어절 MLU를 산출하도록 한다. 만일 구문복잡성 증가 혹은 문법형태소 습득이 치료목표라서 그 효과를 객관적으로 평가하고자 할 경우에는 MLUw나 MLUm를 산출하여 치료 전, 후의 진전여부를 알아봐야 한다.

다섯째, 구문분석; 전사자료 중 복문에 해당하는 발화는 구문분석을 한다. 이어진 문장과 안은 문장의 유형을 확인하도록 한다.

여섯째, 문법형태소분석; 문법형태소는 언어발달기에 문장발달과 함께 발달한다. 따라서 2~3 낱말 의미관계를 분석할 때와 이어진 문장의 유형을 분석할 때 어떠한 문법형태소가 나오는지도 함께 확인한다. 우리나라 문법형태소 종류에 대한 표를 참고하여 출현여부를 간단히 표시하는 방법이 있다.[1] 고급문법기에 들어선 아동이라면 자발화나 쓰기자료에서 보이는 문법형태소 오류를 중심으로 확인한다.

일곱째, 화용 영역; 평가과정을 통해 아동과 상호작용하면서 혹은 대화하면서 화용적으로 부적절하다고 생각되는 경우에 분석을 시도한다. 또는 부모나 교사가 '엉뚱한 말을 자꾸 해서 말이 이어지지 않는다'고 보고할 경우에도 분석해본다. 화용능력을 분석해야 하는 경우에는 자발화 전사를 할 때 대화 상대자의 발화도 전사해야 한다.

② 심화검사

심화검사는 매우 다양한 목적을 위해, 다양한 방법으로 만들 수 있다.[4] 여기에서는 자발화 분석의 단점을 보완하기 위해 실시하는 심화검사에 대해서 언급하고자 한다. 자발화분석은 언어평가과정에서 반드시 포함되어야 하는 중요한 평가이지만 단점이 있다. 분석에서 나타나지 않은 언어능력들의 경우, 대상아동이 표현하지 못하는 것인지 아니면 아동이 표현할 수 있는 것이지만 자발화를 수집하는 상황에서 사용될 기회가 없어서 나타나지 않았던 것인지 구별할 수가 없다. 그러므로 자발화수집 결과를 보고 몇 가지 평가를 더 실시해서 심도 있게 분석해야 하는 상황이 생긴다. 이 중에서도 의미관계와 복문의 유형, 형태소의 경우는 심화검사를 실시해야 하는 대표적인 경우이다.

만일 대상아동이 2~3 낱말 의미관계를 사용하는 아동이라서 이를 분석했다면, 자발화에서 산출하지 않았던 의미관계 유형을 모아서 아동이 정말 산출하지 못하는 것인지 아닌지를 다시 확인해야한다. 마찬가지로 이 단계의 아동들은 문법형태소도 함께 발달시키므로 산출하지 않은 것으로 분석된 문법형태소도 심화검사를 통해 재확인해야 한다. 심화검사 결과 아동이 아직 습득하지 못한 것으로 판명된 의미관계 유형과 복문 유형, 문법형태소는 발달순서를 참고하여 치료목표에 반영하도록 한다.

③ 의사소통행동 관찰

의사소통에 문제가 있을 경우에는 어떠한 유형의 의사소통이 나타나는지 평가한다. 주로 관찰을 통해 평가되지만, 놀이상황에서 수동적으로 아동의 행동을 관찰하는 것을 의미하는 것은 아니다. 치료사는 평가하고자 하는 의사소통 행동을 유도하기 위해 각 유형의 의도를 표현할 수 있는 기회를 인위적으로 만들어줘야 한다. 기회는 각각의 의사소통 유형당 최소 3회 정도는 제공하는 것이 좋다.

의사소통 행동을 평가할 때에는 그 유형뿐 아니라 빈도와 방법을 모두 평가하도록 한다. 예를 들어, 거부하기 경우 빈도가 낮아서 5번 기회에 한 번 정도만 거부를 한다면, 거부하기 유형이 나타난다 해도 치료목표에 포함시켜서 거부하는 의사소통 빈도를 높여줄 필요가 있기 때문이다. 빈도는 기회의 수에서 출현 수를 평가하여 수치로 제시하면 된다. 그렇지만 이미 다른 검사를 실시하는 과정에서 여러 가지 의도를 보였다면, 표현하고 있는 의사소통 유형들을 일부러 다시 평가할 필요는 없을 것이다. 이런 경우에는 언어치료사가 간단히 5점이나 3점 척도로 평가하여 기록해도 된다.

의사소통의 방법이란 아동이 해당 유형의 의도를 어떠한 방식으로 표현하는지에 대한 평가를 말한다. 만일, 요구하기 기능이 나타난다고 해도, 성인의 팔을 질질 끌어당기거나 바닥에 누워 생떼를 쓰는 방법을 사용한다면 적절한 의도전달 방법이 아닐 것이다. 이러한 경우에는 요구하기 기능이 출현하고, 그 빈도가 높다고 해도 '몸짓이나 구어를 사용하여 적절한 방법으로 요구하기'가 치료목표에 포함되어야 한다.

초보언어치료사들은 빈도나 방법 평가를 빠뜨리는 경우가 자주 관찰되므로 이를 기억하기 위해 다음의 〈표 4〉를 활용하도록 제안한다. 진전평가를 할 때에도 이 표를 활용하여 재평가하여 초기 평가 결과와 비교한다면 새로운 의사소통 유형의 출현여부나 빈도의 증가, 적절한 방법의 사용 여부에 대해 쉽게 평가할 수 있을 것이다.

〈표 4〉 초기 의사소통 유형, 빈도, 방법 평가표 (예시)

초기 의사소통 유형	출현여부	표현방법	빈도				
			1	2	3	4	5
행동과 사물 요구하기	∨	갖고 싶은 장난감이나 먹고 싶은 간식이 있는 곳으로 엄마의 팔을 붙잡고 끌고 간다.					∨
거부하기(저항하기)	∨	팔을 뻗어 손을 흔들어(빠이빠이 하듯이) 표현			∨		
언급하기(명명하기)							
대답하기	∨	이름을 부르거나 질문을 하면 상대방을 바라보며 "예-" 하고 대답한다.	∨				
부르기							
인사하기							
대답과 정보 요구하기(질문하기)							
기타							

④ 의문사의 이해와 표현 평가

대화에는 의문사를 포함하는 질문이 상당부분을 차지한다. 그러므로 아동이 다른 사람의 질문을 이해하기 위해서는 의문사를 이해하고, 대답할 수 있어야 한다. 의문사 평가와 관련해서 주의할 점이 있다.

첫째, 언어이해력이나 인지발달이 늦은 아동의 경우에는 '누구야?', '이거 뭐야?' 등의 의문사는 이해하고 있어도 조사가 붙거나 준말 형태로 변한 '누가~?', '누굴~?', '뭘~?', '어딜~?' 등을 질문하면 이해하지 못하는 경우도 있다. 따라서 평가와 치료 시에 이러한 점을 충분히 고려해야 한다.

둘째, 의문사의 이해와 의문사를 사용한 표현을 평가할 때에는 아동의 발달연령을 고려하도록 한다. 예를 들어, 계절과 같은 긴 단위의 시간개념이 습득되어야하는 '언제'는 5세 이후에 습득되기 때문이다.

셋째, 문제해결력검사에 나오는 수준의 질문에 답을 못한다고 해당 의문사를 이해하지 못한다고 판단하는 언어치료사도 간혹 있는데, 주의해야 한다. "왜 우산을 썼을까?"는 대답할 수 있는 아동도 "친구 집에 갔는데 친구를 만나지 못한 일이 왜 생겼을까?"는 대답 못할 수도 있다. 이건 문제해결력능력이 부족한 때문이지 '왜' 의문사 이해를 못해서 대답을 못 하는 것은 아니기 때문이다.

⑤ 상징놀이능력 검사방법

모든 행동관찰평가가 그러하듯 상징놀이능력검사 또한 언어치료사가 조금 더 적극적으로 아동의 행동을 유도해야 한다.

우선, 여러 가지 상징놀이행동이 나타날 기회를 늘리기 위해 인형과 가구가 갖추어진 인형의 집, 목욕놀이세트, 여러 인형블록이 있고 집이나 가게, 자동차를 만들어 놀 수 있는 블록놀이세트, 소꿉놀이세트 등을 준비한다. 언어치료사는 아동에게 장난감을 주고 함께 놀면서 아동이 어떠한 상징놀이행동을 보이는지 관찰한다. 만일 아동이 아무런 상징놀이행동을 보이지 않으면 언어치료사가 자연스럽게 시범을 보인다. 예를 들어, 빗으로 머리를 빗은 다음, "너도 빗어 봐"라며 아동에게 빗을 건네준다. 시범을 보여도 아동이 별다른 상징놀이행동을 보이지 않는다면 아동의 손을 잡고 상징놀이행동을 시도해 본다. 이러한 방법으로 장난감을 이용해서 여러 가지 기회를 제공하면서 아동의 행동을 관찰하면 된다.

4) 지속적 평가

평가의 또 다른 주요 목적은 대상아동에게 실시한 언어치료가 과연 효과적이었는지를 알아보는 것이다. 이것을 지속적 평가라고 하는데, 치료를 진행하면서 매 회기 혹은 정해진 간격으로 치료효과를 평가하거나, 목표 달성여부를 위해 필요할 때마다 평가하기 때문에 지속적 평가라고 한다. 공식검사보다는 자발화분석이나 다른 비공식검사를 사용하게 되며, 언어치료의 효과를 보다 객관적으로 입증하기 위해서 필요하다. 지속적 평가는 치료계획을 세울 때 어떤 방법으로 평가할지 구체적으로 계획하는 것이 좋다.

2. 치료목표 세우기

◇◇◇◇◇◇◇◇◇◇◇◇◇

치료접근 방법은 발달적 접근 방법과 기능적 접근 방법, 크게 두 가지로 나눌 수 있다. 발달적 접근 방법은 주로 영유아에서 학령전기, 초기 학령기까지의 언어지체아동이나 학령기의 언어학습장애아동에게 해당된다. 반면에 기능적 접근 방법은 중도의 복합장애아동, 언어장애 청소년이나 성인에게 적용하는 경우가 많다. 물론 언어목표에 따라 두 가지 접근 방법을 병행할 수도 있으며, 아동의 기능수준과 생활연령을 고려하여 결정하도록 한다.

발달적인 치료접근을 할 경우에는 언어 평가를 통해 아동의 현재 언어발달 상태를 파악하고, 정상발달단계에서 현재 발달단계의 다음 단계를 치료목표로 결정한다. 예를 들어, 현재 아동이 다양한 두 낱말 의미관계 문장을 산출하다면 정상적으로는 그 다음에 더 길어진 세 낱말 의미관계 문장을 산출할 것이므로 이를 목표로 한다. 아동의 현재 언어능력이 생활연령에 맞게 발달 중인 것으로 평가된다면 문제가 없는 것으로 간주하게 된다. 그러므로 아동을 평가한 결과를 보고, 생활연령을 고려하여 아직 습득하지 못한 부분이 있으면 그것을 치료 목표로 하면 된다. 즉, 평가에서 생활연령에 비해 언어발달이 낮은 부분, 문제가 있다고 판단된 것을 그대로 치료 목표로 삼으면 된다.

이렇게 정상 발달을 기준으로 장단기목표를 위계적으로 세우기 위해서는 언어치료사들이 정상언어발달에 대한 지식을 가지고 있어야 한다. 언어발달 교재를 참조하거나 한국아동을 대상으로 한 언어발달특성 연구결과를 참고하면 된다. 여기에서는 한국아동을 대상으로 연령별 언어발달특성을 언어의 다섯가지 영역별로 간략히 정리해놓은 표를 소개하고자 한다. 대략적인 발달의 흐름을 기억하는데 도움이 될 것이다.

〈표 5〉 한국어 발달 이정표(Korean Language Development Index)(배소영, 1995)[7]

영역 나이	말소리	의미	구문구조	문법형태소	화용	이야기
0	옹알이 [m,n,p' ,t' , k' ,b,d g]				몸짓과 소리로 의도 표현	큰소리, 과장된 소리에 가끔 반응
1	ㅁㄴ ㅃㄸㄲ ㅂㄷㄱ	명사 이거 뭐 동사(줘, 가, 먹어, 앉아)	한낱말+억양	종결어미(-야, -자)	이름하기(언급하기) 부르기 대답하기 모방하기 요구하기	물어뜯거나 찢는다. 찾기도 한다.
2	ㅍㅌㅋ ㅎ	동사(끼워, 빼, 떼, 까) 부사(더, 많이, 또) 누구 어디 관계어(크다-작다)	두낱말 조합 세낱말 조합	의존명사(-거) 주격조사(-가) 주제보조사(-는) 보조용언(-줘) 연결어미(-고)	자기중심적 자기주장과 반응	간단한 내용 질문에 대답 친숙한 이야기 가능 처음 본 이야기 산출 시도
3	ㅉㅈㅊ	왜 어떻게 이렇게	한국어 기본구조	종결어미(다양)	대체로 적절	명사 나열 서술어 나열
4	음절끝소리들 ㅁㄴㅇ ㅂㄷㄱ ㄹ	(길다-짧다) 언제	구확대 활발 (동사, 형용사 포함 명사구, 다른 두 동사 사이 다른 낱말 삽입)	높음(-요) 의존명사(-수) 목적격조사(-를) 인용(-고) 관형사형+과거:(-는) 형태소수 급증(연결어미 다양)	탈자기중심	단순나열 이야기 기본구조 갖춤 언어구조 다양화

5	ㅅ* ㅆ*	접속부사 (그래서, 그런데, 그러니까, 그러면) (넓다-좁다)	피동(참고:-지다) 사동(-게하다) 겹문 다양한 절 삽입 (명사절 제외)			사건포함 이야기 기본구조 갖춤

1. 이 자료들은 각 나이별 자료에서 나이별 특징이 드러나고 활발하게 사용되는 것으로 75%이상의 완성도를 보일 때를 기준으로 그 연령대에 습득되어야 할 것으로 보았다.
2. *는 75% 완성도에 이르지 못한 것.

장단기 목표를 결정했을 때에는 각 목표를 결정한 이유를 근거에 입각하여 말할 수 있어야 한다. 즉, 장단기목표에 적혀있는 사항은 반드시 평가보고서에 문제를 보이는 것으로 보고되어 있는 것이어야 한다. 평가를 잘 하는 것이 목표설정을 잘 하는 방법이다. 언어치료사들이 종종 실수 하는 경우를 예로 들자면 다음과 같다.

자발화분석 결과 아동이 대상-행위, 행위자-행위, 장소-행위의 2낱말 의미관계 유형만 산출했다. 언어치료사는 장기목표로 2낱말 의미관계 유형 및 빈도 증가를 계획하고, 자발화에서 보이지 않았던 수식-행위, 공존자-행위, 소유자-실체, 도구-행위, 수혜자-행위를 각각 단기목표로 결정했다. 그러나 막상 치료회기에서 가르치려고 했더니 아동은 손쉽게 수식-행위, 공존자-행위, 소유자-실체를 말하였다.

⇨ 이런 실수는 아동의 능력을 정확히 평가하지 못한 때문이다. 자발화에서 보이지 않았던 2낱말 의미관계유형을 대상으로 심화검사를 실시하지 않았기 때문에 아동의 언어능력을 정확히 판단하지 않은 상태로 치료목표를 결정한 것이 원인이다.

그러므로 치료목표에 적혀있는 언어능력은 평가결과 아동이 이제 막 습득하기 시작했거나(즉, 표현 빈도가 매우 낮은 경우), 습득하지 못했다는 것이 입증된 것이어야 한다.

장기목표는 언어의 다섯 가지 구성요소에서 문제를 보이는 영역을 모두 포함시킨다. 간혹 자폐아동에게는 의사소통이 중요하다고 초기 의사소통 유형의 증가만 목표로 가르치는 경우가 있다. 또 명료도가 너무 낮은 아동은 어차피 말을 해도 의도가 통하지 않으므로 조음치료를 먼저 해야 한다고 조음훈련만 목표로 하는 경우도 본다. 치료회기의 많은 시간을 의사소통이나 조음치료에 할애할 수는 있지만, 다른 영역(예, 의미, 구문 등)에도 문제를 보인다면 그것들도 함께 치료해야 한다. 그러므로 치료경험이 많지 않은 언어치료사일수록, 문제를 보이는 영역은 모두 장기목표에 넣는다는 생각으로 치료목표를 결정하도록 한다.

또한 평가부분에서도 언급한 바와 같이 수용과 표현능력에 격차를 보이는 아동의 경우에 치료목표를 언어표현에만 맞추지 않도록 주의한다. 간혹 현장에서 치료하는 언어치료사를 보면 구어산출이 안 된다고 초기 산출되는 낱말을 가지고 표현연습만 하는데, 만일 아동의 언어이해능력이 좋다면 그 수준에 맞추어 어휘와 구문이해증가도 목표에 포함시켜서 치료하도록 주의해야 한다.

단기목표를 기술할 때에는 조건과 목표행동, 준거를 명확히 적는다. 이때 일반화를 함께 계획하는 것이 좋다. 일반화란 치료실에서 배운 것을 아동 일상생활의 자연스러운 대화상황에서 자발적으로 사용할 수 있는 것이므로, 단기목표의 '조건'을 '일상 활동에서'라든가 '대화상황에서'와 같이 일반화상황까지 고려하여 적어주면 된다. '치료실의 구조화된 상황'이나 '치료사가 제시한 그림카드를 보면서'와 같은 것은 일반화된 상황이라고 보기 어렵지만, 대상아동이나 치료목표에 따라 언어치료사의 판단에 따라 적용할 수 있다.

〈표 6〉에서는 흔히 치료목표가 되는 사항을 각 구성요소별로 정리해 놓았다. 또한 발달에 따른 순서대로 정리해 놓았으니 전반적인 흐름을 보고 아동의 치료목표 결정에 활용하길 바란다.

〈표 6〉 언어 다섯 구성요소별 치료목표

영역	목표	보충설명
의미	어휘	□ 명사에 너무 치중하지 않도록 주의한다. 특히 언어출현기 아동의 경우 두 낱말 연결을 위해 서술어 역할을 할 수 있는 동사와 형용사를 신경 써서 가르쳐야 한다.
	의문사의 이해 및 표현	□ 아동의 인지능력에 맞게 발달순서대로 가르친다.

<table>
<tr><td rowspan="2">구문</td><td>의미관계 유형 & 빈도 높이기</td><td>□ 의미관계 분석은 의미영역에 포함되지만 사실상 2~3낱말 의미관계가 형태소와 더불어 문장 내 위치가 어느 정도 고정되면서 구문발달과 연결되므로 편의상 구문형태에 적어놓았다.
□ 평가결과 아동이 아직 습득하지 못했거나 사용빈도가 매우 낮은 의미관계 유형들 중에서 정상발달아동이 많이 사용하는 고빈도 유형을 참고하여 그 순서대로 단기목표에 기술하여 가르친다.[1]</td></tr>
<tr><td>〈 발달에 따른 구문영역 언어치료목표 〉
□ 표현낱말 50개 이상(서술어 포함)
⇩
2 낱말 의미관계(단문)
⇩
3 낱말 의미관계(단문)
⇩
다양한 품사를 수식하는 수식어 포함연습(단문)
⇩
이어진문장
⇩
안은문장</td><td>□ 다양한 품사를 수식하는 수식어 포함연습을 하면 자연스럽게 각종 구 연습이 된다.
□ 이어진문장은 각종 구 연습과 유사한 시기에 가르치면 되므로 구 연습과 순서가 조금 바뀌어도 상관없다.</td></tr>
<tr><td>문법
형태소</td><td>□ 일부 종결어미, 시제, 주격조사, 공존격조사, 장소격조사 등
⇩
다양한 종결어미, 목적격조사, 도구격조사, 수여격조사, 인용 등
⇩
다양한 연결어미 등</td><td>□ 문법형태소(예, 연결어미를 제외한 시제, 조사 등) ; 2~3낱말 의미관계 유형을 배울 때 문법형태소 중 아동이 이해 및 표현하지 못하는 것들을 발달 습득 순으로 가르친다[1]
□ 연결어미 ; 구문에서 기본문장을 다양하게 산출 가능해지면 연습한다. 연결어미를 충분히 연습한 이후 그 연결어미를 사용하여 이어진 문장을 연습한다.</td></tr>
<tr><td>화용
(담화)</td><td>□ 의사소통 이전 단계: 공동주의, 공동행위, 주고받기, 다양한 전형적 일과나 스크립트 만들기, 아기와의 간단한 놀이 만들기(부모교육 함께 실시)
⇩
초기 의사소통의 유형, 빈도, 방법(요구하기 등)
⇩
초기 의사소통 기능이 더 세분화되고 발달한 대화기능분석
⇩
담화능력(우측 내용참고)</td><td>〈 담화능력 〉
1. 대화 주제(개시, 유지, 전개 및 전환, 종결), 대화 단절의 복구(=수정=명료화 요구하기 및 답하기), 사용역, 전제기술, 간접요청 등
2. 이야기 산출 - 이야기 문법, 결속표지 사용 등[4]
3. 사건 기술하기(경험 이야기하기 포함)
4. 설명하기(설명글) - 시간에 따른 설명, 원인/결과 설명, 묘사, 문제해결 등</td></tr>
<tr><td>문해
능력</td><td>읽기와 쓰기</td><td>□ 학령기의 경우
□ 구어와 연관 지어 함께 연습한다.</td></tr>
<tr><td>기타</td><td>상징놀이행동, 주의집중, 착석, 문제행동 소거 등</td><td>치료활동을 통해서 간접적으로 지도한다. 직접적인 언어치료 목표에 포함시키지는 않는다.</td></tr>
</table>

3. 치료하기

◇◇◇◇◇◇◇◇◇

평가를 끝내고 그 결과에 따라 치료목표를 결정하면 본격적으로 치료에 들어간다. 여기에서는 치료 전반에 대한 이론적 설명보다는 임상현장에서 치료를 할 때 도움이 되는 사항을 위주로 설명하고자 한다.

1. 치료 목표와 구체적인 내용을 결정할 때 고려해야 할 사항
2. 회기의 진행
3. 일반화
4. 부모상담 및 가족지원
5. 치료접근법
6. 자폐범주성장애 아동의 언어치료
7. 영유아의 언어치료
8. 다문화가정 아동의 언어치료
9. 통합된 어린이집/유치원에서의 언어치료
10. 학령기 아동의 언어치료
11. 청소년의 언어치료
12. 보완대체의사소통의 평가와 중재

1) 치료목표와 구체적인 내용을 결정할 때 고려해야 할 사항

평가를 통해 아동에게 필요한 언어치료목표를 결정한 이후에는 치료회기에 들어가서 각각의 단기목표를 가르치게 된다. 이렇게 치료를 진행시킬 때 몇 가지 생각해봐야 할 사항이 있다.

첫째, 가능한 한 아동에게 기능적이고 의사소통에 도움이 되는 것을 가르쳐야 한다. 언어치료사들이 이미 잘 알고 있는 내용이지만 의외로 언어치료를 할 때 자주 소홀히 하는 사항이기도 하다.

예를 들어, 어린 아동에게 어휘를 가르칠 때 정상발달을 하는 아동들은 흔히 개, 돼지, 소, 사자, 코끼리, 기린 등의 여러 가지 동물이름을 배우게 된다. 그렇지만 언어발달이 늦은 장애아동의 경우에는 앞에서 열거한 동물이름 보다는 개, 고양이, 새, 벌레, 개미같이 주변에서 흔히 보는 동물이름을 배우는 것이 더 쓸모 있을 수 있다.

또 다른 예로, 조음치료를 위해 /ㅈ/으로 시작하는 낱말을 선택할 때에도 '잠자리', '자두' 보다는 '(코)자', '가자', '과자', '자꾸' 와 같이 아동에게 더 필요한 낱말을 먼저 가르치도록 한다.

둘째, 새로운 것을 가르칠 때에는 한 번에 하나씩만 가르쳐야 한다. 한 번에 두 가지를 생각하는 것은 인지능력이 떨어지는 장애아동에게 어려운 과제가 될 수 있다. 그러므로 새로운 것을 배울 때에는 이미 알고 있는 맥락에서 가르쳐야 한다.

언어치료사들이 흔히 실수하는 예를 들자면, 연결어미 '~서', '~는데' 를 가르칠 때 새로 배우고 있는 연결어미를 사용하여 이어진 문장을 말하게 하는 것이다. '배가 고파서 밥을 먹었어요.'

아동의 입장에서는 '~서' 도 생소한 문법형태소이고, '이어진 문장' 도 생소한 구문이다. 그래서 동시에 이 두 가지를 생각하며 말하는 과제는 더 어려울 수밖에 없다.

이런 경우 언어치료사는 우선 연결어미부터 충분히 연습시켜야 한다. "얘가 왜 밥을 먹었어?", "배가 고파서". 연결어미를 적절히 사용할 수 있게 된 이후에야 습득한 연결어미들을 이용하여 이어진 문장을 만드는 연습에 들어가도록 한다. "배가 고파서 밥을 먹었어요"

셋째, 아동의 조음·음운능력을 고려한다. 언어발달장애아동은 조음·음운장애를 동반하는 경우가 많다. 조음·음운문제가 있는 아동에게 새로운 어휘를 가르치고자할 때, 아동이 발음 가능한 어휘를 먼저 선택해서 가르치는 것이 좋다. 아동이 흔히 초기에 습득하는 모음이나 양순음 등으로 시작되는 어휘(예, 우유, 바나나, 나, 업어, 안아, 아니야 등등)를 먼저 가르치면 의사소통 성공 경험을 많이 가질 수 있게 된다.

또한 산출가능한 음절의 수도 고려한다. 아동은 자신이 처리할 수 있는 음절수가 있다. 표현가능한 음절수는 언어능력이 발달함에 따라 점차 늘어나게 된다. 예를 들자면, 2음절의 단어를 주로 말할 수 있는 아동은 '할머니'를 '함니'로 줄여서 말하게 된다. 이후 3음절을 말할 수 있게 되면 '할머니'라고 할 수 있지만, 여전히 그 이상 음절의 단어는 축약해 버린다. '할아버지'를 '하부지', '아이스크림'을 '아크임' 등으로 축약하는 것이 그 예이다. 표현가능한 음절수가 증가함에 따라 점차 '할아버지', '아이스크림'등의 다음절 단어를 말 할 수 있게 된다. 그러므로 아동에게 단어를 가르칠 때에도 아동이 쉽게 표현할 수 있는 음절수를 고려한다. 만일 1음절밖에 따라하지 못하는 아동에게 아동이 좋아하는 '바나나'를 가르친다면 아동은 '바' 혹은 '나'만 말할 것이다. 이 경우에는 아동이 1음절만으로 표현해도 칭찬해준다. 점차 모방가능한 음절수를 늘려주면 아동도 조금씩 완전한 단어를 사용할 수 있게 된다. 초보언어치료사들이 자주 질문하는 것이 아동에게 인사하기를 가르치기 위해 '안녕하세요?'를 시키는데 아동은 '안ㄴ-여?'만 말하거나 '안.녕.하.세.요.'를 한 음절씩만 따라한다는 것이다. 이런 경우에는 차라리 '안녕'만 가르치는 것이 좋다. 실제 사례를 들자면, 초보 언어치료사가 모방을 잘하는 2학년 자폐아동에게 구어로 거부하기를 가르치기 위해 '하기 싫어요!'를 연습시키는데, 아동이 좀처럼 구어를 사용하지 않고 물건을 집어던지거나 사람을 밀치는 행동으로 거부표현을 한다고 고민하였다. 이 아동에게 '싫어요!'로 가르치도록 권유하였는데, 아동은 즉각적으로 '싫어요!'라는 말을 사용하며 거부표현을 시작하였다.

넷째, 교수가능성을 고려한다. 우리가 가르치고자 하는 것들이 모두 쉽게 가르칠 수 있는 것은 아니다. 예를 들어 신체나 마음의 상태를 표시하는 '심심하다, 아프다, 짜증이 나다, 덥다, 춥다, 화나다, 기분이 좋다, 신나다, 졸리다'와 같은 서술어는 그림카드나 설명으로 가르치기 어렵다. 그러므로 치료목표를 선정할 때 치료사가 보다 쉽게 가르칠 수 있는, 즉 교수가능성이 높은 것을 먼저 선택하게 된다. 그렇지만 기본 형용사와 같은 서술어는 가르치기 어렵다고 안 가르칠 수는 없으므로 어떻게 가르칠 것인지 고민해봐야 한다. 사례로 든 서술어는 사람 얼굴모형을 가지고 감정 상태를 표시해본다든지, 상황을 설명하여 이해시키는 방법을 임상현장에서 많이 사용하고 있는 듯하다. 그렇지만 상태 서술어는 아동이 실제 해당 상태에 처했을 때 평행발화로 표현해주는 것이 더 좋다. 그러므로 부모와 연계하여 매 순간 아동의 감정이나 신체 상태를 말로 표현해주는 것이 도움이 될 수 있다.

2) 회기의 진행

본격적으로 치료회기에 들어가면 아동의 파일에 매 회기의 회기수를 적어주는 것이 좋다. 치료회기수를 적어주면 아동의 언어습득 진전속도를 가늠하기 편리하다.

한 회기에서는 보통 3~4개의 활동을 준비하게 된다. 대부분의 경우에 치료회기 처음에는 앉아서 집중하는 활동을 배치하고, 집중력이 떨어지는 후반에는 움직임이 더 많고 자유로운 활동을 배치하게 된다.

만일 아동의 집중력이 떨어지거나 고집을 부리는 행동 등으로 치료를 진행시킬 때 어려움이 있다면, 치료회기 처음에 그날 준비한 치료활동들을 알려주고 순서를 선택하게 하는 것도 시도해볼 만하다. 아동이 스스로 활동을 선택하게 되면 동기화에 도움이 된다. 또 자신이 몇 가지 활동을 해야 하는지 미리 알게 되면 좀 더 끝까지 활동에 참여하게 되는 효과가 있다.

반대로 치료가 끝나도 놀이를 계속하려고 고집부리는 아동이 있다면 치료 종료를 미리 준비시키도록 한다. 벽시계를 보면서 언제 치료가 끝나게 되는지를 미리 알려준다. 긴 바늘이 오는 곳에 표시를 해도 좋다. 그리고 치료가 끝나기 20분전, 10분전, 5분전에 미리 시계를 가리키면서 마음의 준비를 시키도록 한다. 한 달쯤 지속하면 아동들이 점차 순응하게 된다.

마지막으로, 회기를 진행시킴에 따라 장기치료목표를 고르게 진행시키고 있는지 점검해야 한다. 대부분의 경우 5개 내외의 장기목표를 세우게 된다. 언어치료사는 회기를 진행하면서 목표로 했던 장기목표를 각 회기에 고르게 분포시켜서 모두 치료를 진행시키고 있는지도 확인해볼 필요가 있다. 간혹 한두 가지 장기목표만 집중적으로 가르치는 언어치료사가 있다. 예를 들어 1~2개월을 어휘만 연습시키고, 어느 정도 목표를 달성하면 그 다음에는 의사소통 기능만 가르친다거나하는 경우가 있다. 각각의 장기목표는 의미, 화용, 구문 등 아동이 문제를 보이는 영역에서의 목표를 기술하고 있다. 언어의 이 다섯 구성요소들은 서로 영향을 미치면서 발달하기 때문에 특별한 목적이 없는 한 치료를 할 때에는 장기목표를 고르게 진행시키는 것이 바람직하다.

3) 일반화

언어치료의 최종 목적은 가르친 내용을 아동이 유지하고 치료실 이외의 일상생활에서 사용할 수 있게 되는 것이다. 특히 치료사중심법을 사용하는 경우 일반화 문제를 염두에 두어야한다. 치료목표 부분에서 언급한 것처럼 일반화는 장단기목표에서부터 계획하도록 한다. 분리된 개별 언어치료실에서 치료를 진행하는 입장에서 가장 간단히 일반화 연습을 할 수 있는 방법은 치료실 이외의 장소에서 언어치료를 실시해보는 것이다. 치료실 복도나 건물에 있는 자판기, 건물 밖에 있는 가게 등에서 배운 것을 연습시켜 본다. 또 대상자를 바꿔보는 것도 좋다. 함께 온 엄마나 형제, 센터의 다른 치료사, 외부 가게의 사람 등을 대상으로 배운 것을 연습시켜본다.

유지와 일반화에 도움이 되는 것 중 하나는 자기감시(self-monitor) 능력의 증진이다. 정상발달을 하는 경우 대략 만 5세 이후부터 메타언어능력이 발달하므로 이 시기에는 자기감시능력을 키워줄 수 있다. 치료 중에 아동 스스로 자신의 말이 맞았는지 아닌지 판단할 기회를 꾸준히 제공하면 자기감시능력 발달에 도움이 된다. 또는 '예쁘게 말하기'시간을 매일 10분정도 갖고 이 시간동안은 스스로 오류를 고칠 기회를 갖게 한다. 아동이 '예쁘게 말하기'를 자각할 수 있도록 자기감시를 하는 시간동안 셀로판지와 수수깡 혹은 종이로 만든 색안경을 끼고 있게 하거나, 모자를 쓰고 있게 하거나 손에 마술 지팡이를 들고 있게 해도 도움이 된다.

일반화의 경우도 평가를 통해 달성여부를 객관적으로 판단하도록 한다. 자발화를 수집해서 가르친 내용에 중점을 두어 간략히 분석하는 것이 좋은 평가 방법이 될 수 있다.

4) 부모상담 및 가족지원

부모상담은 치료에 중요한 역할을 차지한다. 상담을 통해 부모에게 치료내용을 전달하고 치료내용의 연습이나 유지, 일반화와 같이 부모와 협력할 사항을 논의하며 치료실 밖에서의 아동의 언어수행에 대한 정보를 얻게 된다. 처음 치료를 시작할 때 상당수의 언어치료사들이 부모 상담에 대한 부담을 갖게 된다. 언어치료와는 달리 부모상담에 대해 많이 배우거나 연습할 기회가 적기 때문이다.

부모상담 시간에는 치료시간에 어떠한 활동을 했고, 아이가 재미있어했다는 식의 막연한 보고를 하는 것보다는 '오늘은 ~을 가르쳤습니다, ~활동을 통해 연습했는데 00가 어떻게 반응했습니다. 다음에도 계속 연습을 할 것입니다(혹은 다음에는 ~을 해볼 생각입니다 등). 집에서는 ~ 해주세요'는 식으로 치료내용과 그 결과를 설명하는 것이 좋다.

부모에게는 긍정적으로 말해주는 것이 좋다. 아동의 부족한 점을 얘기해야 하지만 대신 그와 함께 장점에 대해서도 강조해준다. 그러기 위해서는 언어치료사도 아동에게서 좋은 점을 찾을 수 있어야 한다. 특수교사들이 개별화교육계획을 작성할 때에 아동의 현행수준, 즉 문제점을 평가하는 것뿐 아니라 아동의 강점을 기술하는 것도 같은 이유이다. 우리도 아동의 강점을 의도적으로 찾고 부모에게 알려주어 부모가 아동에 대한 긍정적인 인식을 가질 수 있도록 도울 필요가 있다. 경험이 많은 언어치료사들은 부모의 긍정적 인식이 아동에게 좋은 영향을 미칠 수 있음을 잘 알고 있을 것이다.

음식물을 강화물로 사용하거나 치료활동 중 음식을 먹는 활동을 계획할 때에는 부모와 미리 상담하도록 한다. 아동의 건강과 관련된 사항이므로 부모의 의견을 듣도록 한다. 또한 컴퓨터나 기기를 활용한 치료방법, 교통수단 이용하기, 실제로 돈을 주고 물건사기와 같은 안전과 돈의 지출에 관련된 언어치료를 실시하기 전에도 부모와 먼저 상담하도록 한다.

간혹 부모상담시간에 아동의 언어치료와 상관없는 다른 일들을 하소연하는 부모가 있다. 그 동안 쌓였던 과도한 스트레스를 풀지 못해 하소연을 하거나 눈물을 흘리신다. 부모상담시간은 언어치료의 연장과 같으므로 언어치료사는 언어치료에 대한 이야기에 초점을 맞추고 섣불리 상담을 시도하지 않도록 주의한다. 상담에 대한 기본을 알고 있으면 좋지만 본격적인 상담은 충분히 훈련받은 전문가에게 맡기는 것이 좋다. 다만 언어치료사는 이러한 부모의 마음을 공감해주면서 부드럽게 화제를 바꾸도록 한다. 아동이 한 말에 대해 묻거나 하여 감정적이 되지 않을 수 있는, 객관적인 질문에 대한 대답을 유도한다. 그래도 부모님이 이야기를 끝맺지 못하는 일이 지속적으로 발생한다면 언어치료사는 치료가 끝났을 때 아동을 데리고 치료실 밖으로 나가 부모상담을 하든지, 다음 시간의 아동 부모님께 말해서 치료시간이 되면 아동을 치료실에 들여보내도록 하여 다음 치료가 진행되어야하므로 상담을 끝맺어야함을 자연스럽게 알려서 상담시간을 지키도록 유도한다.

집에서 연습할 것이 있는 경우에는 구체적으로 제시하도록 한다. 예를 들면 치료시간에 배운 어휘목록을 제공하거나 발음 훈련해야할 낱말목록을 제시한다. 집에서 연습을 시키는 등 부모가 협조적일 경우에는 격려를 많이 해드리는 것도 치료사의 몫이다. 그렇지만 만일 부모가 협조를 하지 않는다 해도 이에 대해 부모를 함부로 판단하지 않는 것이 좋다. 부모에게는 장애아동을 책임져야 하는 중압감도 있을 수 있고 다른 여러 사정이 있을 수도 있다. 무엇보다 부모의 제일 중요한 역할은 자신의 아이를 사랑하고 돌보는 것이므로 이러한 역할 만으로도 충분하다고 생각해야한다.

5) 치료접근법

언어치료 방법으로는 세 가지 접근법이 있는데 치료사중심법과 아동중심법, 절충법이 그것이다. 치료사중심법은 행동주의 모델의 영향을 받아 언어자극을 주고 반응을 이끌며 이를 위해 단서와 강화, 피드백을 제공한다. 반복훈련을 통해 짧은 시간에 상당량의 연습이 가능하여 치료시간 측면에서 효율적이라 할 수 있다. 그렇지만 치료에 참여하지 않으려고 고집부리는 아동이나 너무 수동적인 아동에게 적용하는데 어려움이 있으며 배운 것을 쉽게 일반화하지 못하는 문제를 해결해야 한다. 반면 아동중심법은 자연스러운 상황에서의 엄마와 아동 간의 상호작용을 연구하여 여러 가지 치료기법을 발달시켜 적용한 접근법이다. 초기 언어발달단계 아동에게 특히 효과적이며 이해와 산출 모든 측면에서 도움이 된다. 마지막으로 두 가지 접근법의 장점을 취하고자 한 절충법이 있다. 절충법에는 자발적인 의사소통을 중시한 환경언어중재(Milieu teaching), 언어 이전기를 위한 환경언어중재(Prelinguistic Milieu teaching), 집중적 자극, 스크립트 치료 등이 포함된다.

치료사중심법은 언어치료사들에게 익숙한 접근법이라서 적용하는 데 어려움을 못 느낀다.

절충법도 프로그램에서 제공하는 단계를 따라 치료를 진행시키면 되므로 역시 상대적으로 어려움이 적다. 여기에서는 치료사 개인 역량의 차이에 따라 치료효과가 달라질 수 있는 아동중심법에 대해 몇 가지 이야기해보려 한다.

아동중심법은 일반화가 잘 되고, 비순응적인 아동의 참여를 용이하게 하며, 수동적인 아동의 발화개시를 유도하는 등 치료사중심법의 단점을 어느 정도 보완할 수 있는 장점이 있다. 또한 어린 영유아의 치료에도 적합하다. 아동이 좋아하는 교구나 활동을 선택하게 함으로써 동기화와 치료효과를 높이며 자발적인 의사소통과 발화 빈도를 증가시키는 데 도움이 된다. 다만, 아동의 관심사를 따라가다 보니까 간혹 언어치료사들이 아동의 의도에 끌려다니며 그냥 놀아주기만 하는 모습을 볼 수 있는데, 아동중심법을 제대로 적용하기 위해서는 항상 여러 상황에 대한 준비를 하고 철저히 계획을 세워 치료에 임해야 한다. 아동중심법을 적용하는 것에 대해 다음의 사례를 통해 살펴보고자 한다.

김ㅇㅇ은 3세 10개월 된 남아로 단순언어장애아동이다. ADHD 진단을 받은 것은 아니지만 행동이 부산스럽고 주의집중시간이 짧으며 책상이나 선반에 기어 올라가기를 좋아한다. 또 물건을 집어 던지는 것을 좋아하고 매우 활동적이다. 언어이해는 좋은 편이고 초기 의사소통 기능은 고르게 산출되지만, 자발적 표현이 많지 않고, 간혹 한 두 개의 두 낱말 의미관계 문장을 사용할 수 있는 초기 언어발달단계에 해당한다. 치료목표는 일상생활에서 사용하는 고빈도 어휘를 가르치는 것과 두 낱말 의미관계 유형 및 빈도를 증가시키기, 다양한 문법 형태소 습득, 자발적인 표현 증가, 대화에서 상대방을 바라보며 상대방의 말을 들어주고, 말차례 지키기이다.

언어치료사는 아동의 치료시간 전에 치료실에서 불필요한 장난감들을 치우고, 아동이 좋아하는 자동차놀이와 레고놀이세트, 볼링세트 등을 준비해놓았다. 몇 가지 활동 중 아동이 선택한 활동을 할 계획이었다. 회기의 목표는 고빈도 어휘공부와 '대상-행위' 와 '행위자-행위' 의 빈도를 높이는 것, 그리고 상대방의 말에 주의를 기울이며 대화차례를 지키는 연습이다. 아동이 어느 장난감을 선택할지 알 수 없으므로 각각의 활동에서 가르칠 수 있는 어휘를 생각했고, 의미관계의 예를 만들어 놓았다. 예를 들어, 자동차놀이에서는 '차 밀어' , '내가 밀께' 등이고, 레고놀이세트에서는 '집 만들어' , '내가 꽂을래' 등이다. 볼링세트에서는 '이거 세워' , '내가 했어' 등을 계획했다.

치료시간이 되자 김ㅇㅇ 아동이 치료실에 들어왔다. 김ㅇㅇ 아동은 손에 불지 않은 풍선을 서너 개 들고 있었는데, 유치원에서부터 가져온 것이었다. 아동은 풍선을 불려고 끙끙대며 다른 장난감은 거들떠보지 않았다. 언어치료사는 아동이 흥미를 보이는 풍선놀이로 활동을 변경해야했다. 처음에는 풍선 한 개를 불어서 풍선치기 놀이를 시작했다. 풍선치기 활동을 통해 '불다,' '커지다' , '더' , '묶다' '치다' , '떨어지다' , '올라가다' 등의 기본어휘를 반복해서 연습했다. 평행발화를 사용하기도 하고, 자연스럽게 아동에게 질문하여 대답을 유도하기도 하였다. 20여 분을 풍선을 바꿔가며 논 후에는 '대상-행위'

와 '행위자-행위' 의 빈도증가를 위해 의미관계 연습을 하였다. 이미 알고 있는 어휘를 주로 사용하고, 새로 배운 어휘는 복습차원에서 문장 내에서 들려주었다. '내가 했어', '풍선 던져' 등. 말차례지키기의 경우에는 풍선을 주고받는 활동을 대화 순서와 연결하여 차례를 지켜 말하면서 풍선을 건네주도록 하였다. 치료가 끝날 때 부모상담을 하면서 수업 중 연습한 어휘와 두 낱말 의미관계 문장의 예를 기록하고, 복사본을 어머니에게 드리고 집에서 풍선치기 놀이를 할 때 복습해줄 것을 말씀드렸다.

아동이 관심을 보이는 활동을 하면 아동이 적극적으로 참여하기 때문에 치료사입장에서도 치료하기 수월한 점이 있다. 그렇지만 미처 준비하지 못한 활동을 선택했을 때에 융통성 있게 대처할 수 있어야 한다. 이를 위해서는 최근 가르치고 있는 아동의 단기 목표들을 기억하고 새로운 활동에서 그 목표들을 어떻게 적용할지 즉흥적으로 생각할 수 있어야 한다. 처음에는 치료실에 있는 놀이활동들을 생각하며 어떻게 목표를 가르칠지 미리 궁리해둘 필요가 있지만, 계속 노력하면 치료에 대한 아이디어가 점차 풍부해지는 것을 체험할 수 있게 된다.

한편, 아동이 한 가지 활동만 집착하는 경우에는 다양한 활동을 못해서 곤란하게 된다. 예를 들어 자동차에 집착하는 발달장애아동이 있을 경우 매 회기 같은 활동을 반복하다보면 더 이상 그 활동을 통해 가르칠 것이 없어지게 된다. 이런 경우에 대한 사례는 다음과 같다.

박○○은 9세 남아로 발달장애를 동반한 언어발달장애아동이다. 전반적인 언어능력과 어휘력이 현저히 지체되어 3~4세 수준에 머물고 있고 자발적인 발화빈도가 매우 낮다. 초등학교 2학년에 재학 중인데 다른 사람과 상호작용이 원활히 이루어지지 않고 행동문제가 있어서 행동치료를 받고 있다. 두세 낱말로 이루어진 문장 사용은 가능한데 대부분은 초기에 나타나는 의미관계 유형에 국한되어 있으며 문법형태소의 오류가 많다. 낱말수준의 읽기와 쓰기는 가능하지만 읽기이해력은 지체되어있고 문제해결력도 크게 떨어진다.

박○○ 아동은 학교가 끝나고 여러 치료실을 전전한 끝에 언어치료실에 오게 되는데, 항상 지치고 울적한 상태였다. 착석은 잘 되지만 치료를 진행하면 책상에 엎드리거나 짜증을 내거나 혹은 반응을 보이지 않고 멍하니 앉아있다. 언어치료사는 늘 지쳐있는 아동이 측은하기도 하고, 아동을 치료에 적극적으로 참여시키고 싶기도 해서 아동중심법을 사용하여 아동이 좋아하는 자동차놀이를 활용하기로 했다. 아동은 책상위에 자동차 모형을 몇 개 올려놓고 번갈아가며 미는 행위를 반복하는데, 좋아하는 활동을 할 때에는 보다 적극적으로 변하고 자발화 빈도가 높아지며 무엇보다 즐거워한다.

처음에는 자동차와 관련된 어휘를 최대한 생각해서 가르치고 자동차밀기를 활용하여 대화 차례맡기를 연습하며 의미관계와 형태소 연습을 시도하였으나 몇 회기 지나서는 같은 활동으로는 더 이상 가르칠 것이 없었다. 그래서 두 번째로 자동차놀이 활동을 더 확장하기로 하고 우선 자동차길을 만들기 시작했다. 횡단보도가 있고 신호등이 있으며 굴곡과 터널이 있는 다양한 자동차길 모형을 활용하여 자동차놀이를 확장하고 새로운 어휘를 연습하였다. 이후 세 번째로는 자동차길 옆에 주유소를 만들어 주유소에 들러 주유하는 상황을 포함시켰다. 자동차에는 아동의 가족 인형을 태우기 시작했다. 새로운 어휘와 구문, 주유소에서의 대화상황을 충분히 연습한 다음에는, 네 번째로 레고로 집을 만들어 최종 도착지를 집으로 하고 외출 전후에 집에서 이루어지는 간단한 상황을 도입하였다. 다섯 번째로는 여기에 학교를 포함시켰고, 여섯 번째는 아동의 가족이 자주 가는 마트를 포함시켰다.

이런 식으로 처음의 자동차를 단순히 밀고 당기는 놀이 활동을 점점 일상생활처럼 확장시켜서 각 상황에서 필요한 어휘를 가르치고, 구문과 문법 연습을 하였으며, 대화상황을 연습하고 간단한 문제 상황을 도입하여 해결방안을 소개하였다.

이후에도 세차를 하는 상황, 마트에서 물건을 사는 상황, 학교에서 버스를 타고 현장학습을 가는 상황 등등을 지속적으로 도입하며 점차 구어 뿐 아니라 기능적인 읽고 쓰기까지 회기 치료목표에 포함시켰다.

사례에서 본 바와 같이 아동이 좋아하는 활동을 언어치료사가 함께하면 여러 가지 장점이 있는데 그 중 한 가지가 친밀한 관계 형성이다. 아동은 점차 언어치료사와 보내는 시간을 즐거워하고 함께 놀아주는 파트너로 인식하면서 활동이나 대화에 쉽게 참여하게 된다. 나중에는 언어치료사가 새로운 놀이 활동을 제시하여도 놀이파트너로서 놀이를 함께 선택한다는 느낌을 갖게 되므로 거부감이 없고, 아동이 좋아하는 자동차를 매개로 놀이를 확장하는 것이므로 여전히 즐거운 마음으로 활동에 참여하게 된다. 언어치료사의 입장에서는 언어목표를 가르치면서 아동이 즐거워하는 모습을 볼 수 있어서 보람을 느끼게 된다.

6) 자폐범주성장애(ASD) 아동의 언어치료

자폐범주성장애 아동은 다른 언어발달지체아동들과는 달리 독특한 언어특성을 보이는 것으로 알려져 있다. 가장 대표적인 것이 '반향어'일 것이다. 이미 잘 알고 있다시피 반향어는 자폐아동만의 특성은 아니다. 자폐 뿐 아니라 지적능력이 떨어지는 중도장애아동의 경우에도 반향어를 보이며, 초기 언어발달시기의 발달장애아동도 반향어를 사용한다. 이 아동들의 경우에는 성인이 뭔가를 물어봤을 때 그 질문을 그대로 따라하는 경우가 많다. 아동을 가만히 관찰하면 자신의 대답 차례에 반향어를 사용하곤 한다. 아동의 입장에서 자신이 뭔가 대답을 해야 하는데 상대방이 하는 말을 알아듣지 못했거나 대답해야하는 말을 알 수 없을 경우에 그대로 들은 말을 따라하는 것으로 추측된다. 다행히도 아동의 언어이해와 표현능력이 좋아짐에 따라 이러한 반향어는 점차 사라지게 된다. 그렇지만 자폐범주성아동의 전형적인 반향어는 쉽게 바뀌지는 않는다. 언어치료사는 아동의 반향어 사용특성을 활용하는 방법을 궁리해 볼 수 있다.

정○○은 변조된 반향어를 사용할 수 있는 아동이다. 언어치료사가 아동에게 "공놀이 할까?" 라고 물으면 아동은 "자동차 할까!" 로 대답하곤 한다. 언어치료사는 아동의 반향어를 바른 형식의 대답으로 바꾸어주고자 질문형식을 바꾸기 시작하였다.

SLP: "공놀이 할래?"

아동: "자동차 할래!"

또는 선택형 질문을 사용하여,

SLP: "공 갖고 놀래? 자동차 갖고 놀래?"

아동: "자동차 갖고 놀래!"

다음은 경도의 고기능 자폐 아동의 사례이다.

김○○은 초등학교 2학년에 재학 중인 자폐아동이다. 어릴 때부터 청각적 자극을 좋아해서 동화 테이프 듣기를 좋아했다. 자발화가 많지 않고 하루 종일 자신이 들은 동화 내용을 통째로 암기해서 중얼거린다. 가장 좋아하는 동화는 '아기돼지 삼형제' 이다. 치료실에 들어오면 언어치료사와 시선을 맞추지 않고, 언어치료사가 가까이가면 최대한 거리를 유지하기 위해 도망 다닌다.

언어치료사는 아동과의 상호작용과 친밀감형성을 먼저 해야겠다고 판단하였다. 아동의 마음을 편하게 해주기 위해 언어치료사는 치료실의 문 앞에 앉고 아동은 대각선 반대편에 떨어져 앉도록 허용했다. 치료실에 들어오면 아동은 자신의 자리에 가서 앉아 혼자 '아기돼지 삼형제' 이야기를 중얼거린다. 언어치료사는 아동의 말 사이사이에 끼어들어 이야기를 연결해갔다.

아동: "어느 날 늑대가 나타났어요"

SLP: (얼른 끼어들어서) "늑대는 초가집을 후~하고 불어버렸어요"

아동: (언어치료사를 흘끗 바라보고 잠시 멈칫하더니) "늑대는 초가집을 후~하고 불어버렸어요"

아동은 처음에 자신의 이야기가 방해를 받아 당황하는 듯 하더니 점차 언어치료사의 차례를 예견하고 적응을 하게 되고, 이후에는 언어치료사가 한 내용의 다음 내용을 이어서 말하게 되었다. 언어치료사가 일부러 틀린 내용을 이야기할 경우에는 무심코 "아니에요, 늑대는..." 와 같이 정정하는 반응을 보이기도 했다.

언어치료사는 '아기돼지 삼형제' 이야기의 장면 그림들을 A4용지로 만들어 이야기를 진행함에 따라 아동에게 보여주었다. 아동은 언어치료사가 들고 있는 그림을 바라보기 위해 언어치료사 쪽으로 시선을 두게 되고 자연스럽게 눈맞춤의 기회도 증가하였다.

이와 같이 '아기돼지 삼형제' 이야기하기를 활용하여 아동과 친밀감을 형성하고 말차례를 주고받게 된 이후에는 언어치료사가 창작 동화를 만들었다. 내용은 김ㅇㅇ아동의 일상을 다룬 것으로 주로 가족들과 친구들과의 대화로 구성된다. 아동과 가족의 얼굴 사진을 붙인 간단한 그림을 보여주며 이야기 테이프처럼 반복해서 이야기해주었다. 흥미 있게 바라보던 아동은 이야기가 반복됨에 따라 대화들을 암기하게 되었다. 언어치료사는 '아기돼지 삼형제' 에서 했던 것처럼 이번에도 아동과 이야기를 번갈아 하는데, 아동의 대화는 김ㅇㅇ아동이, 성인이나 친구의 대화는 언어치료사가 차례를 맡아 말하도록 유도하였다. 이후 연습하고 있는 내용을 부모님께 드리고 집에서도 유사한 대화를 진행하여 아동이 암기해서 말하는 대화문장을 실제 생활에서 적용할 수 있도록 협조를 부탁했다.

연습하는 대화상황을 점차 다양하게 하고, 각 대화를 연습하면서 부족한 문법형태소나 문형, 어휘연습을 포함시켰다. 이 과정에서 어머니의 협조가 도움이 많이 되었다. 어머니는 아동이 주로 상호작용하는 사람들과 대화 상황에 대한 정보를 주시고, 언어치료사는 그 대화상황을 역할놀이 식으로 아동과 연습했다. 해당 그림에 말풍선을 사용해 대화를 적어주고 약간씩 변형해가며 대화를 연습하였다. 부모님은 치료실에서 연습한 대화상황 그림을 참조하여 가정에서 일반화시키는데 협조하셨다.

자폐범주성장애 아동의 또 다른 특성 중 하나는 집착행동이다. 집착행동은 소거를 해도 집착 대상이 바뀌어 다시 나타나곤 한다. 아동이 집착하는 행동이 문제행동일 경우에는 빨리 소거하는 것이 좋다.

예를 들어, 이ㅇㅇ아동은 하루 종일 비누로 거품을 내며 손을 씻는다. 비누의 매끄러운 감촉을 좋아하는 행동이지만 손에 자극이 지속되어 벌겋게 부르트기 시작했다. 아동의 부모는 비누를 아동에 눈에 띄지 않게 치우고 밀가루 반죽놀이와 같이 보다 안전한 다른 활동으로 유도하였다.

그렇지만 많은 자폐아동은 숫자에 집착하거나 회전하는 물건 등에 집착하는데, 언어치료사 입장에서는 이것을 문제행동으로 보고 소거시키기보다는 치료활동으로 활용하는 것이 효과적일 수 있다. 다음은 아동이 집착하는 것을 활용한 간단한 치료 사례들이다.

정○○은 숫자에 집착을 보이고, TV에서 보았던 퀴즈쇼의 진행자말을 반복해서 중얼거리며 혼자 웃는다. 예를 들면, "네~ 맞았습니다", "이것은 무엇일까요? 두둥둥둥...".

2낱말 의미관계를 연습하기 위해 숫자와 퀴즈쇼를 활용하였다. A4용지에 1,2,3...의 숫자를 하나씩 크게 적어서 징검다리처럼 바닥에 늘여놓고 퀴즈쇼를 진행하였다.

먼저 1번이 적힌 종이위에 서서 아동이 마이크를 잡고 "이것은 무엇일까요? 두둥둥..."을 한 다음, 언어치료사가 내는 퀴즈를 맞춘다. 언어치료사가 그림을 보여주거나 인형을 움직이거나 직접 행동을 보여주고 아동이 본 것을 말로 표현하는 것인데, 아동이 맞게 말하면 퀴즈를 맞춘 것이다. 여러 가지 2낱말 의미관계에 해당하는 행동을 하고 아동이 맞추면 된다. 예를 들어, 엄마인형이 아기인형에게 뽀뽀를 하는 것을 보면, 아동은 '엄마가 아기한테 뽀뽀해요!' 라고 맞추면 된다.

아동이 바르게 말하면 언어치료사가 다시 마이크를 아동에게 주고, 아동은 "네~ 맞았습니다!" 라고 소리 지른다. 아동이 퀴즈를 맞추면, 그 다음 2번 종이로 깡총 뛰어가 2번 문제를 푼다. 이렇게 번호차례로 종이 위를 뛰어다니며 각각의 퀴즈를 풀면서 회기 목표로 한 의미관계를 연습했다.

윤○○은 공룡에 대한 집착이 너무나 강해서 아침에 눈을 뜨고 밤에 잠을 잘 때까지 공룡에 대한 얘기만 하는 아동이다. 언어치료사는 모든 활동에 공룡을 활용하였다. 공룡 인형을 모아서 엄마, 아빠, 윤○○, 동생 이름을 붙이고 인형놀이를 하며 치료를 진행하거나, 공룡인형을 움직여 피동과 사동 연습을 하였다. 또한 기존의 동화책에 공룡그림을 붙여 복사한 자료로 이야기책을 만들었다. 기존의 이야기를 공룡을 주인공으로 각색하여 이야기 이해와 말하기 연습을 시켰다.

박○○은 지하철노선에 대한 이야기를 좋아한다. 치료실에 들어오면 "선생님, 3호선!" 라고 말을 시작하며 지하철 3호선에 있는 모든 정차역의 이름을 줄줄 말하곤 한다. 3호선이 끝나면 2호선, 그 다음에는 5호선. 서울에는 지하철노선이 많아서 아동의 이야기는 끝이 없다. 기억력도 참 좋다.

언어치료사는 지하철노선표 말하기활동을 이용하여 회기목표인 이어진 문장 말하기를 가르치고자 했다. 언어치료사는 지하철노선표를 크게 만들고, 아동이 주로 다니는 역에 집이나 치료실, 학교 등의 장소를 그려 넣었다. 아동과 엄마의 사진인형을 준비하고 이야기를 만들기 시작했다. 예를 들어 "백화점에 가려고 잠실에서 내렸어", "백화점에 가려고 했는데 백화점 문을 닫았어", "오늘은 성수역에 들렀다가 집에 갈 거야". 나중에는 아동에게 "왜 잠실에서 내렸어?" 라고 질문하고 아동이 문장으로 대답하도록 하였다.

자폐범주성장애 아동의 치료가 어려운 또 다른 원인은 순응적이지 않은 아동 때문이다. 고집을 부리며 문제행동을 보이는 아동에게는 언어치료사가 거부할 상황을 만들지 않는 것이 바람직하다. "이거 하고 싶니?" "이거 하자, 좋아?" "선생님, 싫어?"와 같은 질문은 피하는 것이 좋다. 분명 부정적인 대답이 들려올 것이다. 그보다는 "이거 해보자", "이거 재미있지?"와 같이 언어치료사 스스로 긍정적인 분위기를 유도하는 것이 좋다.

문제행동이라는 것은 같은 행동을 어떻게 규정하는지에 따라 달라질 수 있다. 책상에 바르게 앉아서 언어치료사가 하자는 활동을 착하게 따라하지 않는다고 모두 비순응적이거나 문제행동을 보이는 것으로 생각할 수는 없다. 앞에서 언급하였듯이 아동의 행동이 건강에 위험한 것일 경우에는 행동치료 전문가에게 의뢰하여 도움을 받는 것이 좋다. 그렇지만 때로는 치료사중심법만을 고집하려는 언어치료사에게도 책임이 있을 수 있다. 아동의 태도와 관심사에 따라 아동중심법이나 절충법을 적절하게 적용할 수 있어야 한다. 중도복합장애 아동일수록 자신의 의도가 전달되지 못해 문제행동을 보이는 경우가 종종 있다. 이러한 경우 우리는 아동이 보이는 비순응 행동의 원인을 찾아보고 우선적으로 그 원인을 제거해주는 방법을 사용해봐야 한다. 의도가 전달될수록 문제행동이 줄어들 수 있다. 이 책의 마지막 장에서 문제행동에 대한 접근 사례를 더 다루기로 하겠다.

많은 자폐범주성장애 아동은 중도복합장애이다. 지적능력이 떨어지고 자폐성향이 있으며 언어능력도 많이 지체되어 있는 아동에게는 기능적인 접근을 하는 것이 좋으며 보완대체의사소통을 적용하는 것도 고려해야한다. 보완대체의사소통의 적용에 대해서는 이 장의 마지막 부분에서 다루고 있다.

7) 영유아의 언어치료

요즈음은 언어치료실을 찾는 대상의 연령 폭이 점점 넓어지고 있는 추세이다. 학령기 장애학생들도 늘고 있지만 점점 더 어린 나이에 언어치료실을 찾는 경우도 늘고 있다. 만 2세 전후부터 "우리 아이가 다른 애들보다 말을 안 하는데 무슨 문제가 있는 건가요?"라며 평가를 의뢰하기도 하고, 다운증후군과 같이 장애를 가지고 태어난 아이들도 조기에 언어치료를 받는다.

영유아를 평가하고 치료할 때에는 언어발달이 다른 발달과 별개로 독립적으로 이루어지는 것이 아님을 기억해야한다. 나이가 어릴수록 발달 영역 간에 서로 영향을 미치고 있다. 특수교육분야에서는 전반적인 발달을 크게 다섯 가지 영역으로 나누고 있다. 언어발달, 인지발달, 사회성발달, 대·소근육발달, 신변처리기술의 발달이 그것이다. 특수교사들도 언어치료 장단기목표에 해당하는 IEP(Individualized Education Plan: 개별화 교육 계획)를 세워서 교육을 하는데, 이 다섯 영역에서 각각 교육해야하는 목표를 기술하고 있다. 특히 영유아의 경우에는 가족도 교육서

비스의 대상으로 포함하는 IFSP(Individualized Family Service Plan: 개별화 가족서비스 계획)을 세워서 교육을 실시한다. 영유아 언어치료는 이러한 전반적인 발달과정 중 언어발달에 상대적으로 더 큰 영향을 미치는 사항들을 고려하여 진행시킨다.

언어이전기 평가사항을 참조하여 영유아를 평가한 후 문제가 있다고 판단되는 것들을 중점으로 치료에 들어간다. 이 시기는 말소리발달과 더불어 의도성의 발달, 언어이해와 의사소통적인 상호작용이 발달하는 시기이다. 좀 더 큰 아동들에게 하는 것 같은 구강구조 및 기능평가는 곤란하지만 그 대신 섭식발달여부를 관찰하여 발달이 늦다고 판단되면 섭식발달을 유도하도록 한다.[4] 발성량이 적은 영유아는 많이 웃게 만들어 소리산출량을 증가시켜준다. 아동의 발성을 그대로 모방하며 발성으로 주고받기를 하거나, 옹알이를 좀 더 발전된 단계로 발달시킨다. 또한 다양한 모음과 자음을 들려주고 모방을 유도하도록 한다. 이러한 치료는 영유아가 편안한 상태에서 소리를 낼 때 주로 이루어지기 때문에 치료실에서만 실시하기에는 어려움이 있다. 그러므로 부모에게 어떻게 말소리를 발달시키는지 시범을 보여주고, 가정에서 온 가족이 기회가 될 때마다 소리를 모방하거나 유도하도록 협력해야 한다.

영유아 언어치료에는 가족의 역할이 중요하다. 앞에서 설명한 영유아의 말소리 발달을 위해서도, 상호작용과 의사소통 의도 발달을 위해서도, 그리고 언어학습을 위한 맥락을 조성하기 위해서도 가정에서의 협력이 중요하다. 그러므로 영유아 언어치료에는 부모교육이 중요한 비중을 차지하게 된다. 대부분의 부모교육은 다음의 단계로 이루어진다.

〈표 7〉 부모교육의 단계

1단계	이론적 설명	정상 언어발달단계, 현재 아동의 언어발달수준, 앞으로 언어발달을 위해 해주어야 하는 사항들과 그 이유를 설명한다.
2단계	시범과 연습	먼저 언어치료사가 아동과 놀이를 하면서 자연스럽게 시범을 보인 후, 어머니가 본대로 연습하도록 한다. 언어치료사는 필요한 경우 개입한다. 엄마와 아동의 상호작용은 녹화한다.
3단계	자기감시	녹화된 비디오를 보면서 스스로 문제점을 찾아보도록 유도한다.
4단계	유지	배운 내용을 집에서 지속적으로 실시하고, 언어치료실에서 정기적으로 확인 및 재교육을 한다.

언어치료사와 매우 친숙해진 경우라도 교육을 받고 비디오 녹화까지 한다고 하면 대부분의 어머니들은 매우 긴장하게 된다. 여러분들도 처음 실습을 시작했을 때를 생각해보면 공감할 것이다. 그러므로 최대한 편안한 분위기를 조성해야하고, 칭찬과 격려가 필요하며 문제점은

가능한 어머니 스스로 찾아내도록 유도한다. 만일 어머니 스스로 문제점을 찾지 못할 경우에는 언어치료사가 "어머니, 어머니가 이렇게 해보면 아이가 어떻게 할까요? 한 번 해볼까요?"라고 제안하는 식으로 유도해 본다.

한꺼번에 모든 것을 연습하면 누구나 힘들어 한다. 교육내용을 한, 두 개씩만 선택해서 충분히 연습한 다음에 다른 내용으로 넘어가도록 한다. 한 두 번의 부모교육으로는 배운 내용이 쉽게 유지되지 않으므로, 정기적으로 치료시간 중 십분 정도의 시간을 내서 아동과 어머니의 상호작용을 점검하고 필요한 경우 재교육 시간을 갖는 것이 좋다.

여기에서 문제는 언어치료사 자신도 부모교육을 제공할 만큼 충분히 훈련되어있지 않다는 점이다. 특히 어머니가 굉장히 재미있게 놀아주는 경우에는 아동도 즐거워하고 상호작용도 좋아 보이기 쉽다. 그렇지만 재미있고 활달하게 놀아주는 것이 반드시 아동의 언어발달에 좋은 것만은 아니므로 주의해야 한다. 아동이 스스로 의도표현을 할 기회를 충분히 주거나 충분히 기다려주는 것이 언어발달에 더 중요하므로 이러한 점을 놓치지 말고 찾아낼 수 있어야 제대로 된 교육을 실시할 수 있다.

부모교육을 통해 다음의 사항들을 발달시키도록 한다.

- 영유아와 주고받기
- 행동모방하기(모방을 통해 다양한 몸짓표현 유도)
- 말소리모방하기(모방을 통해 다양한 음소산출 유도)
- 함께 대상에 주목하기(공동주의)
- 함께 공통적인 활동에 참여하기(공동활동)
- 다양한 놀이를 소개하며 엄마와 아이 간의 익숙한 놀이 개발하기(예, 까꿍놀이)
- 예측 가능한 행동을 위한 반복되는 일상활동(루틴)과 스크립트 개발하기

아동이 의도표현을 많이 하게 되고 구어를 산출하게 되면 아동중심법에서 사용하는 여러 가지 언어치료기법을 응용하여 부모에게 가르치도록 한다.

- 아동의 관심사 따라가기
- 아동에게 집중하여 시선 맞추기
- 천천히 말하기
- 아동의 언어수준에 맞게 단순하고 쉽게 말하기

- 아동의 관심사나 의도를 파악하여 말해주기(평행발화 포함)
- 아동의 바른 말을 모방해주기
- 아동의 말을 확장해주기

영유아가 의도적으로 의사를 표현하기 시작하면 의사소통의 유형을 늘리고 의도표현빈도를 증가시키며 발성을 동반한 관습적인 몸짓으로 표현하도록 가르친다. 이 과정에서 다양한 의사소통 유혹방법을 활용하여 자발적으로 의사표현을 하도록 해야 한다. 다양한 의사소통 유형을 가르치되, 특히 '언급하기(혹은 명명하기)'를 의도적으로 연습시키는 것이 좋다. '언급하기'는 정상발달을 보이는 아동들에게서 많이 보이는 기능인데, 불행히도 많은 언어장애아동의 경우 자발적으로 언급하는 빈도가 매우 낮다. 초기 의사소통에서의 '언급하기' 기능은 구어가 발달함에 따라 '대화 개시하기' 기능으로 발달하게 된다. 그러므로 대화의 사회적인 기능을 충족시키기 위해서 '언급하기'를 가르치는 것이 바람직하지만, '요구하기'나 '거부하기'처럼 치료효과가 쉽게 나타나지 않으므로 꾸준히 연습해야 한다. 다음은 언급하기 기능을 위한 치료사례이다.

정○○은 자폐를 동반한 언어장애아동으로 한 낱말 수준의 구어표현이 가능하고 요구하기와 거부하기, 인사하기를 주로 보이는데, 언급하기 기능은 전혀 사용하지 못하고 있다. 정00은 작은 자동차모형들을 무척 좋아한다. 언어치료실에는 여러 가지 모양의 자동차모형들이 많이 있는데, 언어치료사는 아동이 치료실에 들어오기 전에 치료실 여기저기에 자동차모형을 배치한다. 주로 아동의 손이 닿지 않는 곳에 올려놓고, 일부는 책이나 휴지로 반쯤 가려놓기도 한다. 아동이 치료실에 들어오면 자동차찾기 게임을 해서 자기가 찾은 자동차는 자기가 가지고 놀 수 있다는 설명을 해주고 놀이를 시작한다.

처음에는 언어치료사가 시범을 몇 번 보여준다. "아! 버스다! 저거 버스다!" 버스를 가리키며 언급하기 모델을 보여준 후 "내가 찾았으니까 이건 내가 가지고 놀 거야" 하며 버스를 갖는다. 아동이 다른 모형을 찾아서 언어치료사를 부르거나 혹은 자동차모형을 달라고 요구할 경우에는, "아! 자동차다! 자동차가 있구나!" 하며 시범을 보인다. 아동이 언어치료사를 모방하여 자발적으로 언급하기를 못 할 경우에는, 언어치료사는 아동의 요구를 못 알아듣는 척하며 자동차모형이 있는 근처의 다른 사물을 얘기해보기도 한다. "응? 뭐 찾았어? 이거? 책?" . 아동이 "자동차!" 라고 말하면 다시 시범을 보이며 자동차모형을 내려주도록 한다. "아~ 자동차! 자동차 있네! 니가 찾았어? 자! 여기 있어. 이건 니꺼" .
이런 식으로 활동을 바꿔가며 언어치료사가 시범을 보이고, 아동이 스스로 언급할 기회를 지속적으로 만들어주면 아동도 자연스럽게 언급하기를 시작하게 된다.

아동의 능력에 따라서 숨은그림찾기 놀이를 하거나(예, "아! 나 찾았어!", "00 찾았다!"), 좋아하는 간식이나 인형 차지하기 놀이(예, 앞에 놓은 간식이나 인형 중에서 "나 00좋아!"라고 먼저 말하는 사람이 00을 갖게 되는 놀이) 등으로 응용하여 아동이 자신의 생각이나 감정을 스스로 표현하도록 가르친다.

다음의 사례는 '언급하기'를 연습할 수도 있고, '부르기' 기능을 연습할 수도 있는 사례이다. 여기에서는 '부르기' 연습을 예로 적었다. 부르기는 아동이 성인을 불러야하는 상황을 만들고 유도하면 되지만, 생각보다 연습기회를 많이 만들기 어려워서 재미있는 놀이상황처럼 만들어 연습하였다.

이○○은 초기 의사소통기능 중 '부르기' 기능을 연습하려고 한다. 이00은 어두운 것을 무서워하지 않는다. 치료실 전깃불을 켰다, 껐다하는 것을 재미있어한다. 치료실 창문은 밖에서 안쪽이 보이지만 안에서는 바깥이 잘 보이지 않는 반투명거울(one way vision mirror)이다. 그렇지만 치료실의 전깃불을 끄면 창밖이 잘 보이게 된다. 언어치료사는 아동의 어머니와 미리 얘기를 해놓고 창 밖에 서있도록 했다. 방의 불을 끄면 창 밖에 서있는 아동의 어머니가 보인다. 창문에 갑자기 나타난 아동의 어머니를 보면서 언어치료사가 '아~ 엄마다! 엄마~' 라고 시범을 보인다. 아동의 어머니는 '엄마~' 라고 부르는 소리를 듣고 손을 흔들어 아는 척을 한다. 아동도 엄마를 발견하고 반가워한다. 언어치료사는 아동에게 '엄마~' 를 부르게 시킨다. 아동이 '엄마~' 를 부르면, 아동의 어머니는 반갑게 손을 흔든다. 치료사가 불을 켜면 창문에서 엄마 얼굴은 사라지고 다시 거울이 나타난다. 아동이 '엄마~' 를 부르면 다시 불을 꺼서 엄마가 나타나게 하고, 그 엄마를 보면서 '엄마~' 를 부르면 다시 엄마가 웃으며 손을 흔들었다. 이 활동은 아동이 그만 둘 때까지 반복하였다.

의도적인 의사표현이 나타나면 구어를 사용한 의사표현을 위해 아동의 의도를 성인이 말로 표현해주도록 한다. 이 외에도 어휘이해를 발달시키고 성인의 지시를 이해할 수 있도록 다양한 품사의 어휘를 충분히 반복적으로 들려준다.

나이가 어리고 주변 탐색을 통해 인지능력을 발달시키는 시기이므로 어휘를 가르칠 때에는 실물을 활용하여 직접 만지고 움직여보고 감각을 통해 정보를 습득할 수 있도록 하며, 행위 동사를 습득할 수 있도록 직접 움직이는 활동을 많이 활용하도록 한다. 다양한 놀이 활동을 소개함으로써 간접적으로 상징놀이능력의 발달을 유도하고, 인지능력의 발달도 지속적으로 확인하여 필요한 경우 도움을 줄 수 있도록 한다. 다음은 영유아 단계의 언어장애아동을 위한 활동성이 많은 활동의 예시들이다. 물론 학령전 시기의 아동들에게 폭넓게 적용할 수 있다. 아동의 언어치료목표 중 각 활동들을 하면서 가르칠 수 있는 것을 생각해서 적용한다.

깨끗한 빈 상자를 몇 개 준비한다. 작은 상자는 신발이나 모자, 옷을 만들다. 상자에 구멍을 뚫거나 테이프를 이용하여 끈을 붙여서 아동의 양 어깨에 걸치면 치마나 바지가 된다. 큰 상자는 몇 개를 이용하여 작은 집을 만든다. 창문을 뚫고, 지붕을 얹고, 문을 만든다. 상자 몇 개를 이어서 미로 같은 길을 만들고, 아동이 그 사이를 기어다니게 해도 된다.

커다란 보자기나 무릎담요를 준비한다. 아동을 보자기나 무릎담요위에 눕히고 김밥말이 놀이를 한다.

훌라후프와 푹신하고 넓은 매트를 준비한다. 훌라후프를 통과해서 아동이 지나가면 게임에 이기는 것으로 설명한다. 천천히 훌라후프를 굴리면서 그 사이를 아동이 통과하게 해도 좋고, 매트 앞에서 언어치료사가 훌라후프를 손으로 들고 땅에서 약간 띄운 후 아동이 그 사이를 통과해 매트로 뛰는 놀이를 해도 좋다.

8) 다문화가정 아동의 언어치료

우리나라에서 다문화가정이 급속히 늘어남에 따라 다문화가정 아동들이 치료센터에 의뢰되는 경우가 조금씩 늘고 있다. 언어발달이 지체된 대부분의 다문화가정 아동들은 다문화지원센터에서 언어지도사가 제공하는 언어지도를 받고 있다. 이 중에서 언어발달장애로 판명된 아동들은 언어치료센터에서 치료를 받기도 한다.

다문화가정 아동의 언어평가와 치료는 다른 언어발달장애 아동의 평가 및 치료와 근본적으로 동일하다. 언어치료사가 다문화가정 아동을 담당하게 되었을 때 고려해야할 사항은 아동이 보이는 문제가 언어차이로 인한 것인지 언어장애인지를 확실히 해야 하는 것이다. 공식검사의 한계 때문에 언어치료사는 비공식검사를 적절하게 적용할 수 있어야 한다. 역동적 평가나 무의미낱말 따라하기와 같은 언어처리능력 평가를 실시하도록 한다. 또한 외국인 부모(대부분은 엄마)의 한국어 실력과 아동과 대화를 할 때 사용하는 언어, 아동의 양육과 의사소통에 대한 문화적 차이 유무에 대한 정보를 알고 있어야 한다.

다문화가정 아동 역시 영유아시기에 언어지도에 의뢰되는 경우가 많다. 엄마의 한국어가 아직 서투른 시기이므로 언어지도사 혹은 언어치료사의 역할이 상대적으로 중요할 수 있다. 영유아를 대상으로 할 경우에는 앞에서 언급한 영유아의 언어치료를 고려하면서 다문화가정의 특성 역시 고려하여 치료를 제공해야 한다. 언어차이로 인한 문제일 경우 언어지도의 효과는 매우 좋은 편이다. 그렇지만 현장에서 다문화가정 아동들을 지도/치료하고 있는 언어지도사와 언어치료사들의 의견에 의하면 어휘나 문법오류와 같은 문제가 여전히 남아있는 경우가 많으며 특히 학령기가 되어 읽기쓰기에 어려움을 보이기도 한다고 한다.[8] 그러므로 다문화가정 아동들을 담당하게 되었을 경우에는 지속적인 추적평가와 위험군 아동을 위한 예방차원의 치료제공도 고려해야할 것이다.

중도입국한 이중언어사용 학생의 경우에는 외국인을 위한 한국어 교재를 활용할 수도 있다. 시중 서점에서 쉽게 구입할 수 있는데, 유명 대학별로 출판되어있고 교재마다 각각의 장점이 있으므로 비교해보고 필요한 것을 선택하면 된다. 한국에서의 여러 가지 상황을 설정하여 한국어를 가르칠 수 있도록 교재가 구성되어 있으며, 각 장마다 일상생활에서 많이 쓰이는 기능적인 표현과 문법을 정리해놓았다. 단계별로 있으니 대상 학생에게 활용할 교재를 선택하도록 한다. 국립국어원사이트에서도 외국인을 위한 한국어 자료를 제공하고 있으니 참고하면 좋다.

9) 통합된 어린이집/유치원에서의 언어치료

교육청 혹은 치료센터에 소속되어 있으면서 어린이집이나 유치원을 방문하여 치료하는 순회 언어치료사의 경우에는 치료실에서 언어치료를 제공하는 것보다 크나큰 이점이 있을 수 있다. 그것은 학급 내에서 언어장애아동을 평가하고 치료할 수 있다는 점이다. 그렇지만 아직까지는 어린이집의 별도의 공간에서 장애아동을 치료하는 곳도 많은 것으로 알고 있다. 방문치료를 하는 언어치료사들은 원장님과 대화를 통해 학급에서 치료를 제공하는 방법을 모색하도록 해야 한다. 자유놀이시간이나 야외활동, 놀이터나 강당에서 활동을 할 때만이라도 학급의 또래들과 함께 있는 상황에서 치료를 하도록 노력해야 한다. 통합된 상황에서 언어평가와 치료를 할 때 고려할 사항은 다음과 같다.

첫째, 자발화수집을 할 때 가능한 아동과 교사의 상호작용모습, 아동과 또래와의 상호작용모습을 수집, 분석하도록 한다. 교사의 말은 대부분 지시적이고 설명적인 특성을 가지고 있다. 장애아동을 담당하는 통합지원교사가 아동의 언어발달을 촉진시키기 위한 언어를 사용하면 아동의 언어발달에 크게 도움이 되기 때문에 교사의 말 스타일을 분석해보는 것이 도움이 된다. 또한 아동이 또래와 사회적 의사소통을 어떻게 하는지 분석하고, 사용역이 나타나는지도 살펴본다.

둘째, 순회치료사의 경우에는 미리 환경을 구조화할 시간적 여유가 없기 때문에 교실의 자유놀이시간에는 아동중심법 사용이 도움이 된다.

셋째, 학급에서 언어치료를 제공하는 가장 큰 장점은 일반아동과의 사회적 의사소통을 발달시킬 수 있다는 점이다. 이를 위해서 언어치료사는 학급의 일반아동들과도 친밀감을 형성하고 언어치료에 참여하도록 유도해야 한다. 사회적 의사소통을 촉진하기 위한 몇 가지 전략을 소개하면 다음과 같다.

① 일반아동과 함께 놀 기회 만든다.
② 일반아동이 장애아동에게 직접 말하지 않고 언어치료사에게 질문하는 경우가 많은데, 그 질문방향을 언어장애아동에게 돌려서 직접 묻고 답하도록 유도한다.
③ 언어장애아동과 또래 간 대화의 기회를 만들어준다.
④ 장애아동이 해야 할 말을 처음에는 그대로 시범 보여주고 이후에 구어로 지시하도록 한다.

예를 들어, 처음에는 " '고마워' 그래야지" ⇨ 이후에는 "고맙다고 해야지"
처음에는 "니가 친구한테 말해. '나도 할래' "
⇨ 이후에는 "니가 하겠다고 친구한테 말해"

⑤ 또래모델을 활용한다. 즉, 아동이 답해야 할 말을 일반 아동에게 먼저 질문하여 대답을 듣게 하고, 그 대답을 모델로 제공, 그 다음에 언어장애아동에게 대답시킨다.

예를 들어, 언어치료사 "이걸로 뭘 만들 거야?"
또래 1 "저는요, 이걸로 로봇 만들꺼에요"
또래 2 "저는요, 의자 만들꺼에요"
장애아동 "저는요, 빠방~ 만들꺼에요"

⑥ 장애아동과 또래간의 동등한 친구관계를 형성해준다. 간단한 게임방법이나 책의 내용, 퀴즈의 정답 등을 미리 언어장애아동과 연습한 후, 또래와 함께하는 활동에서 또래들이 모를 경우 장애아동이 알려줄 수 있도록 자연스럽게 상황을 조성한다.

넷째, 통합어린이집/유치원에서는 개별 장소에서 그룹치료를 하는 경우가 많다. 아동들을 함께 모아서 여러 가지 활동을 진행하고 언어치료사가 주관적으로 '사회성이 좋아진 것 같다', '애들이 서로 대화를 잘 하게 됐다'라고 말하는 것으로는 부족하다. 그룹치료를 할 때에는 그룹을 잘 구성하는 것도 중요하지만, 치료의 목표를 명확히 하고, 이를 객관적으로 평가하는 것도 매우 중요하다.

다섯째, 경우에 따라서는 학급 내에서 언어장애아동을 개별적으로 가르치는 것도 필요하다. 그렇지만 치료사중심으로 치료를 진행해야하는 경우나 조음훈련처럼 집중적인 치료를 해야 할 경우에는 별개의 장소에서 진행하는 것이 좋다. 그것이 더 효율적이기도 하고, 또래에게 '장애아동'이라는 불필요한 인식을 주지 않는 방법이기도 하다.

여섯째, 통합어린이집/유치원에서 언어치료를 하기 위해서는 원장님이나 통합지원교사, 일반교사들과의 팀협력이 중요하다. 교사들과의 협력이나 교사교육을 통해 치료내용을 연습하거나 유지시키는 것이 매우 큰 도움이 되기 때문이다. 교사에게는 구체적인 언어치료방법을 시범보이는 것이 가장 큰 도움이 된다.[5] 한편 개별언어치료를 받고 있는 아동이 있다면 담당 언어치료사와 연락해서 정보를 얻고 협력하여, 개별 언어치료시간에 배운 내용을 어린이집/유치원에서 유지시키고 일반화시키는 것도 좋은 방법이다.

10) 학령기 아동의 언어치료

학령기가 되면 교육과정에 근거한 언어치료를 실시하게 된다. 어휘를 선정할 때에도 교과서를 활용하고, 인터넷 용어도 포함시킨다. 교과서 어휘의 빈도를 분석한 자료 등 언어치료에 도움이 될 만한 정보들을 찾아서 활용하면 된다.[3] 문해력 향상도 언어치료목표에 포함될 수 있는데, 구어와 연결하여 가르치면 좋다.

화용적인 측면에서는 기능이 좋은 아동의 경우에 담화능력을 키워주도록 한다. 앞에서 언급하였듯이 담화에는 대화하기, 이야기하기, 사건 기술하기(경험 설명하기), 설명하기(설명글) 등이 포함되는데, 각각이 하나의 장기목표가 될 수 있다. 그만큼 각각의 목표에서 가르칠 것이 많기 때문이다. 대화하기의 예를 들어도, 주제개시와 유지, 전환, 종결능력이 필요하고 대화 단절시 명료화 요구를 하거나, 청자의 명료화 요구에 수정하여 답할 수 있어야 한다. 또한 대화 상대방에 따른 전제기술, 사용역 등도 갖추어야 하는 기술이다.

치료방법은 학령전기 아동과 크게 다르지는 않지만, 대상아동의 생활연령과 관심사를 고려한 교재교구를 선택하도록 한다. 언어치료사들이 학령기 아동을 어려워하는 것은 가르쳐야

하는 내용이 많을뿐더러 치료방법에 대한 경험이 부족하기 때문인 듯싶다. 학령전 아동을 위한 교재교구는 쉽게 접할 수 있지만 학령기가 되면 치료사들이 필요한 교재교구를 직접 찾아서 준비해야하는 경우가 많기 때문일 것이다. 언어치료사들은 교과서나 국어 교육용 참고서도 찾아보고 언어장애관련 교재들에 제시되어 있는 방법들도 적용하도록 한다.[2,4] 학령기 언어치료활동의 예를 들자면 다음과 같다.

명료화 요구하기 연습을 위해서 아동이 관심을 보이는 주제의 이야기를 몇 문단 적어 읽으며 녹음을 한다. 이때 의도적으로 정보를 불충분하게 제공하거나 발음을 불명료하게 해서 알아듣기 힘든 부분을 만든다. 녹음된 이야기를 아동에게 들려주고 알아듣지 못하는 부분을 찾아내 질문하게 시킨다. 이 과정을 마치 퀴즈처럼 진행하거나 찾아야할 부분의 개수를 다 찾으면 좋아하는 활동을 보상으로 제공하도록 한다.

녹음된 이야기 듣기 과제를 어려워하는 아동은 조금 더 쉬운 단계부터 시작한다. 자료를 구하기 어려우면 청각장애아동을 위한 듣기 훈련교재를 수정하여 활용해도 된다. 엉뚱한 내용이 들어있는 단문을 듣고 찾아내기부터 시작하여 점차 난이도를 높여 연습하면 된다.

만일 주제유지가 안 되는 아동이라면 아동과 말하고 싶은 주제를 결정한다. 그 주제를 상징하는 그림을 그리거나 사진을 준비한 후, 그 주제에 대해 알고 있거나 하고 싶은 말을 몇 가지 생각해보도록 한다. 필요하면 글로 적게 시킨다. 그리고 언어치료사와 해당 주제로 대화를 나누는데, 말차례를 지키기 위해 마이크를 주고받으며 대화를 진행한다. 주제를 벗어나면 주제 그림을 가리키며 주제를 벗어나지 않도록 단서를 준다. 주제에 벗어나지 않고 대화를 지속하는 사람이 이기는 것으로 해도 좋다. 아동에게 성취감을 주기위해 언어치료사는 적당한 선에서 일부러 다른 주제의 얘기를 해서 져주는 것도 필요하다.

담화능력 중 '사건 기술하기'는 자신의 '경험 말하기'를 포함한다. 경험을 말하는 것은 일상대화에서 많은 부분을 차지하게 된다. 특히 친구와 있었던 일, 학교에서 선생님이 한 얘기 전달하기, 동생과 싸우게 된 이유, 방학 중에 한 일 말하기 등은 모두 경험 말하기에 해당된다. '이야기'를 잘 하면 경험도 잘 설명할 수는 있다. 그렇지만 우리의 일상생활에서 '이야기'는 주로 자신이 본 드라마나 영화 줄거리를 말하는 상황이 더 많다. 일상 경험은 이야기문법에서 나타나는 계기사건, 시도, 해결과 같은 요소가 불필요한 경우도 많다. 그러므로 아동이 자신의 경험을 말하도록 연습할 때에는 이야기문법을 활용하는 방법도 있지만 더욱 간편하게는 육하원칙에 맞게 말하는 연습을 시키는 것이 좋다. 서점에 가면 특수교사용 국어관련 교재들이 출판되어 있다. 또는 일반아동의 말하기 발달을 위한 교재도 찾아볼 수 있다. 이러한 교재들 중에는 육하원칙에 맞게 말하고 쓰는 연습을 하는 것도 있으므로 활용해도 좋다. 또는 치료실에서 간편하게 육하원칙의 여섯 가지 기본요소를 표시하는 아이콘을 준비하고, 각 아이콘을 나열한 후 자신의 경험을 여기에 맞추어 말하는 연습을 시켜도 된다. 나중에는 여섯 아이콘을 아동 스스로 보면서 단서로 활용하여 조리 있게 말하는 전략을 가르치도록 한다. 육하원칙에 맞게 경험 말하기가 가능하면 여기에 덧붙여 그 경험에 대한 자신의 생각이나 느낌을 말하는 연습도 포함시키면 좋다. 예를 들어, 아동이 부모와 주말에 뒷산에 운동을 갔다 왔는데 너무 피곤했다든지, 재미있었다든지 하는 생각이나 느낌을 말하게 한다. 그렇게 하면 대화가 훨씬 자연스럽고 자신의 생각이나 느낌을 타인과 공유할 수 있게 된다.

사회적 의사소통의 경우는 실제 상황에서 연습하는 것이 가장 바람직하다. 그렇지만 아직은 학교에서 언어치료를 제공하기에 어려움이 있으므로 치료실에서 최대한 노력하는 수밖에 없다. 그룹치료를 활용하는 것도 좋은 방법인데, 학령기 아동들이 관심 있어 하는 활동을 잘 선택하여 진행하도록 한다. 그룹을 만들지 못하는 경우에는 상황그림이나 비디오클립을 활용한다. 학교에서의 여러 가지 상황을 그림으로 제시하는 책자들이 있으니 구입해서 활용하거나, 드라마나 애니메이션에서의 친구들 간의 대화상황 일부를 함께 보면서 연습할 수 있다. 외국의 비디오클립 자료도 구매할 수는 있지만 학교상황이 한국과는 차이점이 있어서 이를 감안하여 활용해야 한다. 요즈음엔 교육용 앱으로 구매할 수도 있으므로 어떠한 앱이 개발되어 있는지 관심을 갖고 찾아본다. 미국의 유명한 앱들은 일부 기기에서만 사용할 수 있으므로 주의하도록 한다. 학교상황을 다루는 만화책을 이용할 수도 있다. 교실에서 친구들과의 대화 부분을 선택하여 언어치료사와 함께 역할을 나누어 읽도록 한다. 그 다음에는 대화를 가리고 말풍선만 남겨놓은 후 적당히 대화를 나누는 연습을 할 수 있다.

친구들이 대화하는 상황에 끼어들어 함께 대화할 수 있도록 가르치고 싶은 경우에는 앞에서 언급한 자료들을 활용하여 친구들의 대화를 먼저 듣고 무슨 이야기를 나누고 있는지 아동에게 생각하게 시킨다. 대화의 주제를 알아내면 아동이 그 주제에 대해 무슨 얘기를 할 수 있는지 생각하게 한다. 이후 대화에 끼어들 때 사용할 수 있는 표현들을 연습한 후, 친구들과 함께 공동의 주제로 얘기하는 상황을 연습시킨다.

11) 청소년의 언어치료

초등학생 언어장애아동의 경우에는 어느 정도 발달적 접근을 시도하게 된다. 그러나 초등학교 고학년이 되면 교과과정이 어려워져 장애아동들이 학업을 따라가기 어려워진다. 언어장애학생이 이후 청소년기를 거쳐 성인이 되면 이에 따라 언어치료 내용과 방법도 달라져야한다. 경도의 언어학습장애학생의 경우에는 지속적으로 교육과정에 기반을 둔 언어치료를 실시하는 것이 좋다.

그렇지만 아직까지는 임상현장에서 경도의 언어학습장애학생보다는 지적장애와 같은 다른 장애를 동반한 언어장애학생들을 더 많이 볼 수 있다. 초등학교 고학년이 된 복합장애학생이나 언어학습장애 청소년의 경우에는 기능적인 접근을 고려해야 한다. 이들 학생들이 성인이 되었을 때 가능한 한 독립적으로 생활할 수 있도록 준비시켜야 한다.

기능적 접근을 위해서는 대상 학생의 일상에 대해 알아둘 필요가 있다. 면담을 통해 정보를 충분히 얻도록 한다. 주거지 주변의 지역사회에 대한 정보나 여가생활, 이동수단 등에 대한 정보를 포함시킨다. 성인이 되어 독립적으로 생활하는 데 필요한 기능이 무엇인지 생각하고 대상 학생의 상황과 연결시켜서 우선적으로 필요한 기술을 중심으로 언어치료사로서 제공해야할 언어치료를 생각해야 한다. 다음의 〈표 8〉에는 독립적 생활을 위해 필요한 기술을 일부 정리해놓았다. 개인마다 차이가 있으므로 참고하여 활용하기를 바란다.

〈표 8〉 독립적 생활을 위해 필요한 기술

시간 알기	시계보기, 시간 개념, 시간 약속하기 등
외모 가꾸기	머리, 손톱 등 단정히 하기, 옷 빨아입기, 목욕 자주하기 등의 청결관리, 기후에 맞게 옷 갖춰 입기 등
건강 돌보기	병원, 약국 이용, 약 구별하기, 집안 온도 조절하기, 통풍시키기, 집안 청결 등
음식하기	인스턴트 및 냉동음식 요리하기, 보관방법, 유통기간 확인, 청결유지 등
물건사기	가격알기, 계산하기, 카드사용이나 현금지불, 거스름돈 받기, 광고전단 보기, 세일 상품 알기, 가격 비교하기 등
집안일 하기	청소, 세탁, 설거지, 냉장고 정리 등
전화걸기	전화메모 받아 적기, 주문하기, 문의하기, 광고전화 거절하기, 잘못 걸려온 전화 대응하기, 콜택시 부르기 등
문자나 메일 주고받기	가족이나 친구와 문자, 메일 주고받기, 학교 홈페이지 이용하기, 댓글달기 등
손님 맞이하기	누군가 벨을 눌렀을 때의 상황에 대처하기, 손님이 들렀을 때 대접하기 등
이동	동네 돌아다니기, 대중교통 이용하기, 길 묻기, 교통표지판 이해, 지도보기 등

간단한 직업	직장에서 필요한 어휘와 대화, 읽기, 쓰기 등
여가생활하기	게임하기(간단한 게임의 규칙 이해하기, 보드게임, 스포츠 관람 등), 운동, 등산, 극장, 외식, 친구 만나기, TV 보기 등
규칙을 이해하기	장소에 따라 경고문 등을 이해, 규칙에 따르기 (예) 애완견을 데리고 들어올 수 없는 장소, 산에서는 불을 사용하면 안 되는 것, 도서관에서는 조용히 해야 하는 것 등 규칙의 개념을 알고, 공지된 규칙을 읽고 이해하기
재미를 위한 읽기, 정보를 얻기 위한 읽기	뉴스 자막 읽고 이해, 인터넷 기사와 검색어 읽기, 전단지 읽기, 아파트 공지문 읽기, 책이나 잡지 읽기 등

예를 들어, 혼자 요리를 할 수 있기 위해서 언어치료시간에는 인스턴트식품을 요리해볼 수 있다. 학생은 마트에 가서 식품코너의 푯말을 읽고 찾아가기, 유사한 식품들 설명 읽고 비교해보기, 선택한 물건 계산하고 영수증 확인하기, 식품에 적혀있는 설명서 읽고 요리하기, 유통기간과 보관방법 찾아 읽고 의미 이해하기 등을 할 수 있어야한다. 그러므로 이 과정에서 필요한 어휘와 읽기활동 등을 언어치료시간에 가르치면 된다.

청소년기 학생의 기능적인 언어치료는 프로젝트 수업으로 진행시킬 수도 있다. 아동의 의미, 담화, 구문, 형태, 조음 영역에서의 목표를 위에서 예를 든 요리하기 활동에 포함시켜 가르치면 된다.

요리하기를 주제로 여기에서 알아야할 어휘를 공부하고, 요리에 대한 문장을 치료목표 구문을 활용하여 말하거나 읽게 하고, 각 상황에서 필요한 대화를 하고, 마트에 다녀온 경험을 말하게 시키거나 요리과정에 대해 치료사에게 설명시킬 수 있다. 관련 어휘를 활용하여 조음훈련을 할 수도 있다.

또 다른 예로는 일기예보 알아보기 활동이다. 인터넷이나 휴대폰에 있는 날씨 동영상을 듣고 이해하기, 날씨와 관련된 모르는 주요 어휘 확인하여 공부하기, 날씨에 맞는 옷입기, 날씨에 관련된 아이콘 이해하기 등의 활동을 하면서 구문이나 조음훈련도 실시할 수 있다. 문제해결이나 설명하기 등의 담화영역의 공부도 적용할 수 있다. 집에서는 부모가 '내일의 날씨' 를 아동에게 물어보게 하고, 날씨에 맞게 우산을 준비하거나 자외선차단제를 바르거나 하게 한다.

기능적인 접근을 할 때 주의해야 하는 점은 언어장애학생의 안전에 대한 것이다. 예를 들어 이동수단을 가르치거나 불을 사용한 요리를 하는 것은 안전과 연관된 문제이므로 언어치료사 단독으로 치료를 진행시키지 않도록 주의한다. 부모의 동의를 받고, 학생을 담당하는 특수교사가 이를 치료목표로 한 경우에 한하여 언어치료사가 협력하여 언어적인 부분을 가르치는 것이 바람직하다. 예를 들어 버스를 타고 집과 직장을 오가는 훈련을 할 경우, 특수교사는 한 달 이상을 매일같이 대상 장애인을 따라다니면서 버스타기 과제를 분석하고 차근차근 단계별로 버스 이용법을 가르치게 된다. 대상자가 이용하게 될 버스 회사와도 미리 연락을 해놓고, 만에 하나 길을 잃을 경우를 대비해 부모나 교사와 연락을 취하는 방법도 모두 함께 훈련을 한다. 언어치료사는 이 과정에서 언어적으로 필요한 도움을 제공하도록 한다. 이 외에도 전화 혹은 인터넷으로 물건을 구입하는 것도 돈의 쓰임새와 관련된 것이므로 부모와 상의하여 진행하도록 한다. 간혹 기능적인 접근을 하면 좋다고 판단되는 학생인데 부모는 여전히 발달적으로 공부를 시키기를 바라는 경우도 있다. 언어치료목표를 정하는 것은 언어치료사가 단독으로 하는 것이 아님을 명심하고 부모와의 충분한 논의를 통해 최종 결정하도록 하는 것이 좋다.

12) 보완대체의사소통(Alternative Augmented Communication : AAC)의 평가와 중재

아동언어발달장애의 평가와 치료에 대해 마지막으로 다루고자 하는 것은 보완대체의사소통(이하 AAC)에 대한 것이다. 편의상 AAC의 평가와 중재를 여기에서 함께 설명하겠다. 또한 언어치료실에서 가장 활용하기 쉬운 것을 위주로 설명하려 한다. 예를 들어, 언어치료실에서 AAC를 사용할 대상들은 주로 생활연령이 학령기 이후이면서 언어이전기 혹은 초기 언어발달기의 아동들이다. 또는 자폐범주성장애아동에게 보완적으로 사용할 수 있으며 뇌병변장애아동이 대상이 될 수도 있다. 뇌병변장애아동 중에서 마비가 심한데 지능이 높거나 혹은 최중도 아동들은 임상현장에서 자주 만나지는 않기 때문에 이들을 위한 AAC 중재는 여기에서 생략하고자 한다. 뇌병변장애가 있는 경우에는 운동능력에 대한 면밀한 평가를 실시해야 한다. AAC 도구도 종류가 매우 많은데, 여기에서는 임상현장에서 가장 사용하기 편리한 의사소통판 사용을 중심으로 설명하였다. 이 책은 '치료를 할 때 언어치료사가 최소한 이것은 해야 합니다'를 다루고자함으로 AAC에 대해서도 상세한 내용을 모두 다룰 수는 없으며, 더 자세한 정보가 필요한 경우에는 학생 때 배웠던 내용을 복습하거나 관련 교재를 찾아보길 권한다.[6]

(평가)

선호하는 것의 선택이 가능? (설명 ①) ⇨ No ⇨ 선택하기 중재

⇩ Yes

이해하고 선택할 수 있는 상징은? (설명 ②) ⇨ No ⇨ 상징습득 중재
(글자?⇨그림?⇨사진?⇨모형?⇨실물?)

⇩ Yes

상징의 크기와 개수? (설명 ③)
상징의 범주화? (설명 ④)
상징 연합? (설명 ⑤)
어휘/표현? (설명 ⑥)

⇩

상징을 사용한 AAC 중재

〈그림 2〉 AAC 평가와 중재과정

위의 그림에 대한 설명은 다음과 같다.

(1) 우리에게 오는 중도복합장애아동들 중에는 좋아하는 것을 선택하지도 않는 아동이 있다. 이들은 살아오는 동안 지속적인 의사소통 실패 경험으로 인해 의도표현을 하지 않는 경우가 많다. 그러므로 이 아동들은 상징을 사용하기 이전에 우선 좋아하는 것을 선택하는 연습부터 해야 한다.

① 먼저 부모에게 정보를 얻거나 혹은 치료실에서 여러 가지 사물과 활동을 함께하며 아동이 좋아하는 것을 찾아야 한다. (예, 토끼인형)

② 이후 아동이 좋아하는 것과 무관심한 것을 제시하여 어떤 것이든 아동이 선택한 것을 아동에게 건네준다. (예, 토끼인형과 자동차)

③ 만일, 아동이 자신이 좋아하는 것을 받지 못하면 거부표시를 하거나 흥미를 잃는다. (예, 자동차를 건네주면 받아서 옆에 놔버린다)

④ 잠시 후 다시 선택하게 시킨다.

⑤ 아동이 자신의 선택행동에 따라 좋아하는 것을 받을 수 있음을 학습할 때까지 반복한다.

(2) 선택이 가능한 아동이라면 아동이 사용할 수 있는 AAC 상징에 대한 평가를 실시한다. 이 평가는 중재를 할 때 어떤 상징을 사용할지 결정하기 위한 것이다. AAC 중재를 하기 위해

서는 그림상징을 이해하고 있는 것이 가장 바람직하다.

① 아동이 평소 자주 사용하여 기능을 알고 있는 사물 10개와 해당 그림을 준비한다. 그림 2개(사물과 같은 그림, 다른 그림) 중 제시하는 사물의 그림을 찾도록 시킨다.

② 그림 구별을 못하면 사진과 사물을 짝짓게 시키고, 혹시 과제수행을 못하면 모형과 실물을 짝짓게 시킨다. 때로는 축소형 모형(혹은 부분 모형)을 그림이나 사진보다 더 어려워하는 아동도 있음을 고려한다. 기능이 좋은 아동의 경우는 글자를 읽을 수 있는지 여부도 확인한다.

(3) 아동이 상징을 이해할 수 있다면, 한 번에 보고 선택할 수 있는 상징의 크기와 개수를 평가한다. 의사소통판을 만들 경우, 어떤 크기의 그림을 몇 개 정도 두었을 때 아동이 선택가능한지 알아보기 위한 것이며, 점차 상징의 크기를 줄이고 개수를 늘여 나열해보며 평가하면 된다. 평가 결과에 따라 의사소통판 한 면에 보여줄 그림/사진 상징의 크기와 개수를 결정하게 된다.

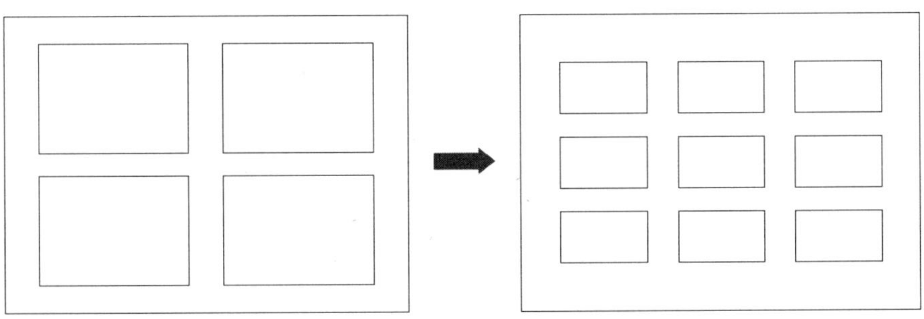

(4) 상징 평가 결과 구별 가능한 상징을 사용하여 상징 범주화 능력을 평가한다. 예를 들어, 여러 개의 그림들 중 음식그림을 모두 고르게 한다. 범주화가 가능한 아동은 그림을 범주화시켜서 의사소통판 책자를 만들 수 있다. 예를 들면, 상황별로 그림을 모아서 의사소통판에 붙일 수 있는데, 식사상황에서 하고 싶은 말, 욕실에서, 혹은 놀이상황에서 하고 싶은 말에 해당하는 상징으로 각각의 의사소통판을 만든다. 그리고 각 의사소통판을 엮어서 책자를 만든다. 아동이 어떤 상황에서 표현하고 싶은 말이 있을 경우 해당 페이지를 넘겨 그 곳에 붙여있는 그림들 중 선택하여 의도를 표시하는 연습을 시킨다.

(5) 상징 범주화와 더불어 상징 연합능력도 평가한다. 언어치료사의 지시에 따라 순서대로

2~3 가지 상징을 고르게 한다. 예를 들면, "빵이랑 우유 주세요."라고 들은 경우 아동이 '빵 그림'을 선택한 이후 '우유 그림'을 선택하는지 평가한다.

이것이 가능한 아동은 2 낱말 의미관계 유형별로 지시를 듣고 그림 지적하기 연습이 가능하다. 그리고 이후 2 낱말 의미관계 유형별로 자신의 의사를 표현할 수 있도록 연습한다.

예) SLP: "뭐하고 싶어?"
아동: '과자' 사진과 몸짓으로 '먹어요' 표시 ("과자 먹고 싶어요" 의사표현을 함)
예) SLP: "공부 끝나고 어디 갈 거야??"
아동: '집' 사진과 '가다' 의 그림 선택 ("집에 가요" 라는 의도 표현)

(6) 어휘 평가는 AAC를 사용할 때 가장 중요한 평가라고 할 수 있다. 그림을 지적하여 의사를 표현하기 전에 아동이 의도를 표현하는 데 필요한 어휘가 무엇인지 알아야한다. 부모에게 정보를 제공받아서 아동이 어떤 의도를 표현하는 것이 좋은지 판단하여, 해당하는 그림들을 준비해야 한다. 그 그림들로 의사소통판을 구성한다.

다음은 AAC를 사용한 언어치료 사례이다.

김○○은 6;4세의 발달장애를 동반한 언어발달지체 아동이다. 공식검사를 실시했을 때, 언어이해와 어휘이해는 4세 수준정도이지만 표현검사는 실시 불가능하였다. 기본적인 '누가, 어디, 무엇' 의문사 이해가 가능하였다. 부모님이 이해 가능하다고 보고한 표현어휘가 9개 정도 되었는데 다른 사람은 쉽게 이해하기 어려웠다. 초기에 발달되는 /ㅂ, ㅃ, ㅍ, ㅁ, ㄷ, ㄸ, ㅌ, ㅈ, ㅊ, ㄱ, ㄲ, ㅎ/음소들이 산출 가능하지만, 정조음 빈도가 낮고 그나마 일부모음 /ㅏ, ㅓ/에서만 산출 가능하였다. 어머니의 보고에 의하면 2 년 동안 타기관에서 언어치료를 받아왔는데 주로 그림카드를 지적하여 언어이해를 늘려주는 치료를 받았다고 한다. 착석이 잘 되고 선택하기도 잘 되고 이해하여 지적할 수 있는 그림과 사진상징이 많은 편이었다. 의사소통에 대한 치료는 특별히 받지 않았고, 의사전달의 실패 경험이 많아서인지 의도를 잘 표시하지 않았으며 쉽게 포기해버리는 모습을 보였다. 대답하기, 거부하기, 요구하기가 낮은 빈도로 출현하였는데, 대답하기의 경우는 무조건 '네' 를, 거부하기와 요구하기는 비관습적 몸짓으로 표현하였다. 자유롭게 놀게 하면 여러 장남감들을 만지작거리며 뭘 해야 할지 모른 채 멍하니 앉아있고, '아, 아, 아' 와 같은 소리를 반복하기도 한다.

치료회기에 들어가서는 의사소통 기능의 유형, 빈도, 방법 향상시키기와 산출음소목록 확장, 의문사 이해, 이해 및 표현어휘 늘리기, 들은 문장을 이해하여 지시 따르기 등을 지도하였고, 표현어휘수가 늘어남에 따라 2 낱말 의미관계로 의도 표현하기 연습에 들어갔다. 의사를 표현할 때에는 구어와 몸짓과 그림상징 지적하기를 병행하도록 하였다. 또한 아동에게 여러 가지 활동과 놀이를 소개하여 놀이를 발달시키면서 좋아하는 것을 만들어주었다.

AAC 중재를 위해 부모님과 상담을 통해 의사소통의 성공경험이 중요함을 설득하고, 구어로 의도를 표현할 수 있을 때까지 그림 지적하는 것을 병행하기로 결정하였다.

한 회기의 1/3은 구어표현을 위해 산출음소의 정확도와 빈도를 증가시키는 연습을 하였다. 아동의 표현 수준을 감안하여 아동에게 기능적인 어휘로 연습을 하고, 정확한 구어로 의사를 전달하는 것의 중요성을 강조하기 위해 보상계획을 세웠다. 예를 들어, /ㅍ/소리연습을 할 때, '포'를 정확히 발음하면 아동이 좋아하는 포도를 한 알씩 건네주었다. /ㄱ/소리의 경우, 아동이 "가"를 정확히 말 할 때마다 치료실 밖에 있는 엄마에게 다녀오게 하거나 치료실 내 아동이 가보고 싶어 하는 장소에 다녀오는 것을 허락했다. 또는 치료가 끝날 무렵에 "가"를 산출시켜 바르게 말하면 집에 가도록 했다.

나머지 1/3 정도는 언어이해 향상을 위한 활동을 하였고, 남은 시간에 AAC를 활용한 의사소통 향상 연습을 실시하였다. 그림상징을 사용하여 의도표현을 연습하고, 의도를 표현할 때 사용할 수 있는 상징수가 50개가 넘게 되었을 때 두 개의 상징을 연합하여 문장으로 의도를 전달할 수 있도록 하였다. 문장은 구어와 마찬가지로 2 낱말 의미관계 유형들을 고르게 연습시켰다. 구어가 가능하면 구어를 우선으로 하고, 그 다음에는 몸짓, 마지막에 그림상징을 사용하여 의도를 표현하도록 시도하였다. 예를 들면, 대상-행위의 '돈까스 먹어'는 "공부 끝나고 집에 갈 때 뭐 하고 싶어?" 질문에 "돈까스 먹을래"를 '돈까스 사진 + 먹는 몸짓'으로 표현하게 연습하고, 잘 했을 경우 엄마가 돈까스 집에 들렀다가 집에 가도록 했다. 아동의 어머니는 매우 적극적이고 성실하셔서 사진/그림 상징을 들고 다니며 돈까스 집에 들어가기 전에 같은 질문 "집에 가기 전에 뭐 하고 싶어?"를 하고, 아동이 "돈까스 먹어"라는 의도를 정확히 전달하면 가게에 들어가 음식을 먹곤 했다. '도구-행위'의 경우는 "이거 뭘로 칠할 거야?" 질문에 "크레파스로 칠할래요"를 크레파스 그림을 가리키기 + 칠하는 몸짓으로 표현하게 하였다. 이와 같이 다양한 2 낱말 의미관계를 여러 방법을 조합하여 표현하게 연습하면서 점차 아동이 구어로 표현 가능한 말로 대치하도록 노력하였다. 1년이 지난 다음부터는 조금씩 구어로 두 낱말 문장 산출이 가능해졌다.

이와 같은 AAC 평가와 중재를 할 때 몇 가지 생각해볼 것이 있다.

첫째, 몸짓을 사용하여 의사소통하는 것도 AAC 중재에 포함되기는 하지만, 언어치료사의 경우 언어이전기 아동에게 몸짓과 발성으로 의사소통하는 것을 가르치는 것은 당연한 일이므로 여기에서 다루지 않았다.

둘째, AAC 중재를 할 때에는 반드시 구어사용 연습과 병행해야한다. 그렇지 않으면 그나마 나오던 발성도 줄어들 수 있으므로 주의해야 한다.

셋째, 중도장애아동일수록 일반화를 위해 아동의 실제 상황인 집이나 학교, 지역사회에서 언어치료를 실시하는 방법을 모색해야한다. 중도아동일수록 일반화에 어려움이 있고, 영유아의 경우처럼 언어를 연습한 맥락에 의존하는 성향이 높기 때문이다.

넷째, 이 장에서는 언어치료실을 자주 찾는 아동들을 중심으로 AAC를 설명하고 있지만, AAC의 주된 대상이 되는 뇌성마비 아동은 지적능력이 좋은 아동들도 있다. 지적능력에 따라 훨씬 수준 높은 AAC 중재가 가능하며, 로우테크나 하이테크 AAC 도구를 활용하는 경우도 많다. 최근에는 다양한 AAC 관련 앱들도 출시되어 있다.

다섯째, AAC를 성공적으로 사용하기 위해서는 대화상대자의 역할이 무척 중요하다. 주된 대화상대자는 부모님인데, 언어치료실을 찾는 아동의 부모는 모두 구어발달을 기대한다. 그래서 AAC 사용을 권유하면 구어발달을 포기하는 것으로 받아들이고 불안해하거나 거부하는 경우가 많다. 언어치료사는 이러한 부모의 불안감을 해소시키기 위해 시간을 갖고 충분히 설득할 필요가 있다. 아동이 오랜 시간동안 의사전달이 안 되는 상태로 지낸다면, 나중에 구어사용이 가능해진다해도 의도표현을 하지 않게 된다는 사실을 설명하고, 말을 할 수 있을 때까지 그림상징을 한시적으로 그리고 보완적으로 사용하여 의사소통 능력을 키워야함을 설득한다. 그리고 치료를 할 때 그림 사용과 함께 항상 구어를 강조하여 함께 가르칠 것임을 강조한다.

여섯째, 중도복합장애 아동들은 비록 언어연령은 어리지만 생활연령이 있기 때문에 치료활동을 할 때 아동의 생활연령에 맞는 것을 선택하도록 주의한다.

일곱째, 의사소통판은 휴대가 편리하지만, 특정 장소에서 늘 사용하는 어휘들은 해당 장소에 의사소통판을 부착시켜놓아도 편리하다. 식탁, 욕실, 거실, 자동차 등 각 장소에서 아동에게 필요한 어휘로 구성한 의사소통판을 만들어 언어치료실에서 연습을 한 후, 부모님과 아동을 연습시키고, 해당 장소에 부착하여 사용하게 하면 된다. 교사와 협력할 경우에는 학교 교실에서도 활용할 수 있다.

마지막으로 아동이 의사소통판을 이용하여 의도를 표현하고 간단한 대화를 할 수 있다고 해도 대화상대자가 항상 아동을 바라보고 있을 수는 없다. 그러므로 아동은 의도를 표현하고 싶을 때 다른 사람을 부르거나 주의를 환기시킬 수 있어야 한다. 아동이 소리를 낼 수 있으면 아무 소리라도 내도록 연습시키지만 필요할 경우에는 의사소통판 한 구석에 소리가 나는 것을 달아줘도 좋다. 어린 아기들이 신는 신발 중에는 걸을 때마다 '뻑-뻑-' 소리가 나는 신발이 있다. 손으로 살짝 누르면 이런 소리가 나는 것을 대형마트에서 구입할 수 있다. 다양한 크기가 있으므로 선택하여 구매하면 된다. 사람을 부르는 소리(예, "엄마")를 저장하는 간편 칩을 구매해도 되고, 자전거 용품점에서 자전거 벨을 구입할 수도 있으므로 쓰임새에 맞게 선택하도록 한다.

◆◆◆

언어치료를 하다보면 시간의 흐름과 더불어 언어치료대상이 바뀌는 것을 알 수 있다. 90년대 초만 해도 단순언어장애나 학령기 아동들은 언어치료실에서 보기 힘들었다. 그러나 부모님이 언어치료의 필요성을 인식하게 되면서 경도의 언어장애아동들이 점차 센터에 오게 되었다. 이후에는 학령기 학생들도 치료실을 많이 찾게 되었다. 이 시기에는 치료경력이 많은 언어치료사들도 상대적으로 생소한 학령기 아동의 언어치료를 어려워해서 대학원에 진학하고, 학회나 협회의 교육도 학령기 언어치료에 관한 것을 많이 제공했다. 최근 몇 년간은 영유아와 다문화가정 아동들이 증가하고 있으며 경도의 언어학습장애학생이나 청소년들도 늘고 있는 추세이다. 따라서 언어치료사들은 치료 경력이 많다 해도 새로운 대상이 증가함에 따라 지속적으로 공부를 해야 할 필요성이 있다. 관련 교재를 공부하거나 전문가 교육을 받거나, 다른 동료 언어치료사들과 사례모임을 갖는 등의 방법을 통해 꾸준히 공부하고 노력하면 반드시 유능한 언어치료사가 될 것으로 생각한다.

참고문헌

1. 김영태(2014). 아동언어장애의 진단 및 치료(2판). 서울: 학지사
2. 김정미 · 이윤경 · 윤혜련(역)(2014). 언어와 읽기장애(3판). 서울: 시그마프레스
3. 김한샘(2009). 초등학교 교과서 어휘 조사 연구. 서울:국립국어원 www.korean.go.kr
4. 김화수 · 김성수 · 박소현 · 정부자 · 이상경 · 이은경 · 권유진(역)(2014). 영유아에서 청소년까지 언어발달장애; 듣기, 말하기, 읽기, 쓰기와 의사소통하기(4판). 서울: 박학사
5. 박소현(2007). 장애유아 통합교사를 위한 언어치료 지원요구 분석 및 교사지원교육 효과 연구. 박사학위논문. 서울: 이화여자대학교 대학원.
6. 박은혜 · 김영태 · 김정연(2008). 파라다이스 보완대체 의사소통 기초능력평가. 서울: 파라다이스복지재단
7. 배소영(1995). 언어발달장애. 한국언어청각임상학회(편). 1995년도 전문요원교육. 서울: 도서출판 한학문화
8. 오소정 · 박소현(2014). 다문화가정 아동의 언어평가 및 언어치료 · 촉진교육의 실제. 『특수 교육』, 13(3), 249-271.

chapter

02

조음 · 음운장애

chapter 02

조음 · 음운장애

언어치료실에 방문하는 대상자의 많은 수는 조음음운장애를 동반한다. 왜냐하면 구개열과 같이 말산출 기관(혀, 입술, 치아, 입천장 등)의 구조적 문제로 인해, 혹은 청력 손실, 신경학적 장애로 인해 오류를 보이기도 하고 음소의 습득이 늦거나 음운체계에 대한 지식이 부족하여, 또는 습관적으로 잘못 산출하는 등 다양한 원인으로 말소리의 오류를 보일 수 있기 때문이다.

단순히 '발음이 좋지 않다, 못 알아듣겠다, 혀 짧은 소리를 낸다, 아기같이 발음한다.'로 의뢰되는 대상자를 어떻게 하면 정확하게 진단하고 치료할 수 있을까? 조음장애진단과 치료는 때로는 가장 쉽다고 여겨지기도 하고 가장 어렵다고 느껴지기도 한다.

이 장에서는 조음음운장애를 진단하고 치료할 때 사전에 이해하고, 실시해야 하는 기본적인 내용을 정리하고자 한다.

1. 조음음운평가

◇◇◇◇◇◇◇◇◇◇◇

1) 평가 전

평가를 시작하기 전 언어치료사는 말지각 발달, 말소리 발달, 음운인식 발달을 포함하는 조음음운발달을 이해하고 있어야 한다. 예를 들어 /ㄱ/음소를 정확하게 산출하지 못하더라도 대상자의 생활연령에 따라 정상발달에서 보이는 오류일 수도, 그렇지 않을 수도 있기 때문이다.

조음음운발달 중 조음음운 산출에 많은 영향을 미치는 말소리 발달단계를 간단히 살펴보면 다음과 같다. 아이들은 태어나 1세까지 모음과 같은 소리를 산출하는 발성단계, [구구구]와 유사한 소리를 나타내는 쿠잉단계, 다양한 발성유형을 보이는 확장단계, CV음절이 반복되는 반복적 옹알이 단계, 다양한 자모음이 산출되는 변형적 옹알이 단계를 거쳐 첫 낱말이 출현된다. 그리고 50개 정도의 낱말을 표현하는 시기(2세경)를 지나 학령기 전까지 말소리를 습득하게 된다. 이 때 1~2세경의 유아들은 특정 음운 산출에 일관성이 적고 할 수 있는 음절만을 말하여 이 시기에만 나타나는 음절축약을 보인다. 반면 2~4세경의 아동들은 오류를 보이더라도 치경 마찰음을 치경 파열음으로 대치하는 등의 일관성을 보이며 4~7세에는 우리 말소리의 습득이 안정화 된다.[8]

우리가 다루는 조음음운장애는 낱말 이상의 언어단위에서 사용한 자음과 모음을 분석대상으로 한다. 그러므로 모음과 자음의 발달도 확인해야 한다. 우리나라 단모음과 /j/계열의 이중모음은 3세 이전에 거의 습득되고, /w/계열 이중모음과 /ɰi/는 5세 이후에도 계속 발달된다. 그리고 자음은 만 3~4세까지 /ㅅ, ㅆ, ㄹ/를 제외한 모든 자음이 습득된다. /ㅈ, ㅊ, ㅉ, ㅅ, ㅆ/는 모음 /ㅣ/와 결합할 경우 먼저(3세경) 발달하고 종성 /ㄹ/는 3세에, 초성 /ㄹ/는 5세경에 발달하는 등 문맥에 따라 습득 연령의 차이도 있다. 만약 5세인 아동이 /ㄹ/를 오조음 하여 의뢰되었다면 보다 일찍 발달하는 종성 /ㄹ/는 정조음 하는지, 모든 위치에서 오조음을 하는지 등의 문맥에 따른 자극 반응도를 살펴본 후 그에 적절한 상담이 이루어져야 할 것이다.

아래 표는 우리말의 자음 습득 연령에 관한 연구결과를 요약한 것이다. 우리말 자음 발달에 대한 연구는 연구대상, 연구절차, 연구자료가 조금씩 다르기 때문에 그 결과도 다르게 나타나지만 비음과 파열음이 먼저 발달하고, 파찰음, 유음과 마찰음이 발달하는 순서에는 큰 차이가 없다.

〈표 1〉 우리말 자음 습득 연령(해당 연령의 75%내외의 아동이 습득한 연령)[3]

	ㅁ	ㅂ, ㅃ, ㅍ			ㄴ	ㄷ	ㄸ	ㅌ	ㅅ	ㅆ	ㄹ	ㅈ, ㅉ, ㅊ	ㄱ	ㄲ	ㅋ	ㅇ	ㅎ
김민정 배소영	3	2			3	3	2	3			5	3	3	3	4	4	2
김영태	2	2			2	2			4	3	5	3	2	2	2	2	
엄정희	3	3			3	3					종성 5	3	3	3	3	3	3
배소영	2	2.5	2	2.5	2	2.5	2	3	3	3.5	4	3.5	3	2	3	2	3

2) 평가

조음음운평가는 면담을 통한 배경 정보 수집 ⇨ 공식적 검사 ⇨ 비공식적 검사 순으로 이루어지거나 상황에 따라 배경 정보 수집 ⇨ 비공식적 검사 ⇨ 공식적 검사 순으로 이루어진다. 예를 들어 대상자의 주의집중능력이 짧은 경우 공식적 검사를 먼저 실시하여 오류를 보이는 음소를 확인하고, 비공식적 검사를 통해 자극반응도 및 맥락에 따른 반응 등을 살펴본다. 하지만 소극적이거나 선뜻 검사에 임하지 못하는 대상자의 경우 비공식적 검사를 우선 실시하여 자연스러운 대화상황을 유도한 후 공식적 검사를 실시할 때 보다 효율적일 수 있다.

(1) 면담

언어치료사는 면담을 통해 대상자의 연령, 성별, 주호소, 언어발달 및 신체 발달력, 수술력, 가족력, 양육력 및 환경적 요인과 기질적 장애 혹은 동반 장애가 있는지 등의 여부를 알아본다. 만약 대상자가 아동일 경우 평가약속을 위한 전화통화시 양육자와의 면담을 통해 정보를 얻을 수 있으며 이 때 아동의 성향, 사회성, 선호하는 놀이나 활동에 대한 정보도 함께 얻는다면 좋을 것이다. 실제로 조음에만 문제가 있어 의뢰되는 경우도 있지만, 전반적 발달 및 언어발달에 문제가 있거나 또래 관계가 좋지 않은 경우도 있다. 그리고 요즈음은 TV나 스마트폰 등의 미디어매체를 너무 일찍 접했거나 오랜 시간동안 노출되어 사회성 및 언어발달의 어려움 뿐만 아니라 말을 웅얼거리는 경우도 종종 보게 된다. 이럴 경우 아동에게 어떤 어려움이 있는지 특히 문제가 되는 상황은 어떤 것이 있는지에 대해 구체적으로 물어 보아야 한다. 대개 조음평가와 함께 간단한 언어평가를 실시하기도 하지만 인터뷰 내용을 바탕으로 보다 자세한 평가를 실시할 수도 있다.

〈표 2〉 구개열아동의 배경정보를 얻을 때 질문할 내용[12]

1. 일반적인 정보(이름, 나이, 성별, 주호소, 발달력, 교육력, 이전 평가결과 등)
2. 수술적 처치(봉합수술, 2차 수술 혹은 보철 등의 여부)
3. 치과적 문제(교합에서의 문제)
4. 증후군
5. 청력(중이염 경험, 기간, 처치 등)
6. 기타정보(사회성, 선호하는 놀이 및 활동 등)

※ 청각장애, 신경학적 장애로 인한 말장애는 각 영역 참조.

(2) 검사

면담이 성공적으로 이루어졌다면 실제적인 검사가 이루어져야 할 것이다. 검사는 선별검사와 진단검사로 나누어볼 수 있다. 선별검사는 주로 진단검사를 실시하기 전 대상자가 연령에 맞는 말소리 발달을 하고 있는지 확인하기 위해 실시한다. 자기소개, 수세기, 요일 말하기 등의 과제수행으로 평가하는 비공식방법이 있고, 한국어 표준 그림 조음음운검사(석동일 외, 2010) 내 선별검사와 같은 공식적인 방법이 있다.

진단검사는 선별검사 결과 더 자세한 평가가 요구되는 대상자 혹은 선별검사가 이루어지지 않았으나 뚜렷한 주호소가 있는 대상자의 장애의 유무, 중증도, 치료의 필요성 등을 알아보기 위해 실시하며 공식적, 비공식적 검사로 나뉜다.

어떤 검사이든 조음 검사를 시작하기 전에는 검사 시 필요한 도구 및 녹음기 혹은 녹화도구를 준비하고 공식적 검사의 경우 검사의 지침을 숙지하고 연습하여 실시 · 분석할 수 있도록 해야 한다.

① 구강구조 및 기능평가

언어치료사는 구강구조 및 기능을 평가하기 전 각각의 구강 구조 및 기능이상이 말소리에 어떠한 영향을 미치는지에 대해 알고 있어야 한다. 예를 들어 연구개 구조 및 기능을 평가할 때에는 연구개의 좌우 대칭성, 발성시 연구개 상승 등을 확인해야 할 뿐 아니라 평가결과와 공명과의 관계를 이해하고 있어야 한다. 이와 같은 구강구조 및 기능은 조음기관 구조 · 기능 선별검사(SMST) 혹은 구강조음기관의 기능선별검사(OSMSE-R) 등을 활용하여 평가할 수 있다. 각 구조 평가 시에는 전반적인 상태 및 크기, 대칭성 등을 확인하고, 기능 평가 시에는 속도, 강도, 범위, 정확성 및 근긴장도 등을 고려하여 살펴보아야 한다. 이외에 호흡 및 연장발성, 교대운동 등을 함께 평가한다.

아동기 말실행증(Childhood Apraxia of Speech, 이하 CAS)은 제한된 자음/모음 목록, 비일관적인 조음오류, 초분절적인 오류(운율, 강세), 모색 행동 등의 특징을 보이는 것으로 알려져 있으나 정의에 대해서는 여전히 학자들간 논란이 있다. 하지만 CAS는 조음장애, 일반아동들에 비해 길항반복운동(DDK) 과제 중 일련운동속도(SMR)과제에서 유의하게 느린 반응을 보여 감별진단에 유용하다는 의견을 보인다. 아래 〈표 3〉은 최정윤, 한진순(1998)의 정상아동과 성인의 교대운동 속도에 대한 연구결과이다.[10]

〈표 3〉 정상아동과 성인의 교대운동 속도

	파 평균(SD)	타 평균(SD)	카 평균(SD)	파타 평균(SD)	파카 평균(SD)	타카 평균(SD)	파타카 평균(SD)
유아층	18.7(8.6)	20(9)	17.2(8.7)	9.2(4.3)	9(3.6)	9.2(4.6)	5(2.5)
학령전층	22(1.8)	25.2(3.5)	22(2.1)	12.5(2.3)	10.5(1.2)	11(0)	7(0)
저학년층	31.7(1.7)	31.7(0.9)	29.2(1.7)	17.2(0.5)	16.7(2.2)	18.7(3.8)	12.2(0.5)
고학년층	35.7(4.6)	35.7(1.8)	32.5(1.7)	18(3.5)	15.5(1.9)	16.5(3.3)	10.7(0.9)
청년층	46.5(6.6)	46.7(7.3)	42.7(6.9)	24.7(4.5)	20.7(2.9)	25.5(7)	15.2(2.5)
장년층	41.2(2.5)	40.7(3.3)	39.7(2.9)	22.7(2.2)	21(3.7)	22.7(3)	15(1.4)
노인층	41(6)	41.5(5.5)	40(6.6)	22(4.3)	20.5(3.8)	21.7(4.1)	15(4.3)

(단위: 7초간 반복 횟수)

② 표준화된 조음음운검사

표준화된 검사는 짧은 시간 안에 우리말 음소를 모두 확인할 수 있으며 또래와의 규준비교가 가능하여 대부분의 대상자들에게 실시하게 된다. 대표적인 공식적 검사들을 간략히 살펴보면 〈표 4〉와 같다.

〈표 4〉 표준화된 조음음운검사

	우리말 조음음운평가 (U-TAP)	아동용 발음평가(APAC)	한국어 표준 그림 조음음운검사(KS-PAPT)
사용 연령	2세~6세	2~6세	3세~6세
단어 검사	30개 단어, 19개 자음, 10개 단모음	37개 단어 19개 자음, 모음 없음	선별 30/정밀 75개 단어 19개 자음, 7개 단모음
문장 검사	16개 문장, 따라 말하기	8개 문장 따라 말하기, 대화하기	없음
장점	간편하게 사용가능함.	후행하는 모음 환경과 어중 종성 맥락을 고려함.	단어 길이 문맥에 따른 심화검사가 가능함.

평가 시 언어치료사는 대상자가 자발적으로 목표 낱말을 산출할 수 있도록 유도하지만 쉽게 산출하기 어려워한다면 모방을 유도할 수 있다. 또한 오류를 보이는 목표단어를 일음절씩 따로 발음하게 하거나 조음동작을 천천히 따라 말하게 하여 자극반응도를 확인한 후 치료에

접목하기도 한다.

③ 비표준화된 검사

대화표본 수집

말소리발달수준이 매우 낮아 검사 지시를 제대로 수행하지 못하거나 비협조적이어서 공식 검사가 불가능할 때 혹은 보다 자연스러운 발화로 공식적 검사에서 얻은 표본의 대표성을 확인하고 말명료도 및 운율을 평가하기 위해 대화표본을 수집한다.[2] 그러나 목표 음소가 모두 포함되지 않을 수 있고 규준 비교가 어렵다는 단점이 있다.

언어치료사는 대화표본을 수집하기 전 대상자의 연령에 맞는 놀잇감 혹은 대화주제를 미리 준비해 두어 자연스러운 대화를 이어갈 수 있도록 한다. 만약 아동일 경우 선호하는 장난감만을 가지고 놀며 한 두 단어만을 반복할 수 있다. 이 때 평가자는 새로운 놀이를 유도하기보다 아동의 놀이에 참여, 조금씩 새로운 환경을 제시하며 다양한 발화를 유도하는 것이 좋다. 또한 소극적인 아동일 경우 긴 설명이나 추상적인 답을 요하는 질문보다 인지적 부담이 없고, 쉽게 답할 수 있는 질문으로 발화를 유도해 보는 것이 좋다. 따로 시간을 내어 대화표본을 구하기도 하지만 검사를 시작할 때 '이름이 뭐야? 몇 살이지? 어느 유치원(학교) 다녀? 제일 좋아하는 건(과일, 장난감 등) 뭐야? 왜 그게 제일 좋아?'와 같이 간단한 대화 및 인사를 나누며 얻기도 한다. 만약 성인이 평가를 받으러 왔다면 가능한 상담하기 적절한 장소를 선택하는 것이 좋다. 대부분의 치료실이 아동에 적합하게 구성되어 있어 책상이며 의자를 비롯한 주위환경이 불편할 수 있기 때문이다. 또한 직업이나 생활연령에 맞는 관심사 혹은 시사에 대한 주제 및 질문을 선택해놓도록 한다. 성인이기 때문에 자연스럽게 대화할 수 있을 거란 생각에 준비를 소홀히 하면 어색한 시간이 주어질 수도 있다.

명료도

명료도는 화자의 메시지를 청자가 이해한 정도이며 평정법, 명료도 지표 등으로 평가 가능하다. 평정법은 '완전히 이해 불가능함'과 '완전히 이해 가능함' 사이에 5개 혹은 7개의 간격을 두고 알아들은 정도를 표시하는 등간척도법이 대표적이다. 명료도 지표는 화자가 발화한 것과 청자가 알아들은 것의 일치율을 산출하는 것으로 가장 많이 사용되는 방법은 음절이다.

$$\text{명료도지표}=\frac{\text{알아들은 음절(단어 또는 문장)}}{\text{발화한 전체 음절(단어 또는 문장)}}\times 100$$

명료도와 정확도는 차이가 있다. 물론 정확도가 높을 때 명료도가 높을 수도 있지만 반드시 그렇다고는 할 수 없다. 예를 들어, 일관된 오류패턴을 보이는 대상자의 경우 부정확한 발음을 보이더라도(낮은 정확도) 예측 가능하여 보다 쉽게 알아들을 수 있기(높은 명료도) 때문이다.

자극 반응도 검사와 문맥검사

자극반응도 검사는 첫째, 중재 없이 획득할 수 있는 소리가 있는지 결정하기 위해, 둘째, 훈련을 시작할 발화의 수준과 유형을 결정하기 위해, 셋째, 일반화가 일어날지를 예측하기 위해 사용된다.[6] 자극 반응도 검사는 언어치료사가 대상자에게 시각적, 청각적 단서 및 다양한 단서를 이용하여 자극을 제시하여, 오류를 보이는 음소를 어느 정도 모방가능한지 확인을 한다.

또한 문맥검사는 오류를 보이는 음소가 다양한 문맥에서 어떻게 달라지는지를 확인한다. 즉, 목표 음소가 앞/뒤에 위치한 자음이나 모음에 어떤 영향을 받는지, 단어의 길이에 따라 영향을 받는지, 단어의 친숙함 정도, 청자의 친숙함 정도에 영향을 받는지 혹은 단어에서는 가능한데, 문장에서도 가능한지 등을 확인한다.

자극반응도 검사와 문맥검사는 치료와 밀접한 관련이 있다. 예를 들어 1음절 따라 말하기는 자극반응도와 문맥검사를 함께 실시하기에 유용하다. /ㄱ/를 오조음 하는 아동이라면 청각적, 시각적 단서를 제공하여, 'ㄱ+ㅏ, ㄱ+ㅓ, ㄱ+ㅗ, ㄱ+ㅣ, 아+ㄱ..' 중 어느 상황에서 정조음이 가능한지 확인한다. 이 때 가능한 음운환경을 이용하여 다양한 수준에서 목표음소를 확립할 수 있다.

오류패턴분석

오류패턴분석은 산출된 오류음소들 간에 나타나는 공통된 패턴을 찾아 치료에 접근함으로써 치료의 효율성을 높이고 일반화를 촉진하는데 이점이 있어 실시한다. 임상현장에서 사례를 많이 접하지 않은 언어치료사들은 오류패턴을 분석하거나 분석하여 치료에 적용하기가 어렵다고 느껴 오류패턴분석을 하지 않는 경우가 있다. 그러나 대상자의 조음오류에 일정한 패턴이 있다면 오류패턴분석이 필요하다. 예를 들어 4세 아동이 '땅콩'을 [땅꽁]이라고 한다면 아동이 다른 맥락에서 /ㅋ/를 산출할 수 있는지 확인해야 한다. 만약 아동이 '코', '크다, 커'는 적절하게 산출할 수 있지만, '토끼'를 [또끼]로 산출한다면 아동은 /ㅋ/를 비일관적으로 산출하는 것이 아니라 탈기식음화 또는 긴장음화 오류를 보이고 있다고 분석하는 것이 적절할 것이다.

국내에서 개발된 대표적인 조음검사들은 오류패턴 분석방법에 조금씩 차이가 있다. U-TAP과 KS-PAPT는 오류패턴을 '생략 및 첨가 음운변동', '대치 음운변동'으로 나누고, APAC은 '전체단어변동'과 '음소변화변동'으로 나눈다. 따라서 각 검사의 지침을 숙지하고 분석해야 한다. 오류패턴 분석과 관련해 조음음운영역의 교재를 참고해 더 자세히 공부하고 숙련되기 위해 연습할 필요가 있다.

앞서 제시한 검사이외에도 청각선별검사, 구강감각 기능검사, 음운인식검사 등도 대상자에 따라 함께 실시하여야 한다.

3) 평가 후

언어치료사는 공식적, 비공식적으로 평가된 정확도 및 명료도와 발달적 적합성, 자극 반응도, 오류패턴분석 등을 검토하여 말소리 산출에 문제가 있는지를 판단하여야 한다. 문제가 있다면 문제의 특성은 어떤지를 확인하고, 치료가 필요한지를 결정하여야 한다. 마지막으로 타 영역의 평가 및 지원이 요구되는지를 파악하여 필요한 경우 의뢰하여야 한다.

잠깐! 다음은 조음평가 시 참고사항이다.

설소대가 짧아 수술여부를 고민하는 조음장애

간혹 아동의 부정확한 발음이 짧은 설소대 때문인 것으로 생각하시어 언어치료사에게 수술여부를 묻는 부모님을 만나게 된다. 설소대는 얼마나 짧아야 정말 짧다고 할 수 있을까? 일반적으로는 혀끝이 하트모양이 될 때, 혹은 혀끝이 위로 올라가지 않을 때 설소대가 짧다고들 한다. 물론 설소대 성형술은 혀 운동성의 제한을 해소시킬 수 있다. 하지만 수술만으로 우리가 원하는 /ㄹ/발음이 나오지는 않는다. 그러므로 이비인후과 상담을 권하면서 언어치료사는 혀의 운동성을 높이는 구강훈련을 포함한 조음치료를 실시하는 것이 바람직할 것이다.

낱말표현 이전의 언어발달장애

유의미발화이전의 아이들에게는 조음능력향상보다 언어발달능력 향상을 꾀하기 마련이다. 하지만 조음능력과 언어능력이 따로 나뉘어져 있다기보다 밀접히 연결되어 있다는 선상에서 낱말표현 이전의 아이들의 경우 자발적인 발성에서 산출되는 자음과 모음의 음소목록을 작성하고, 발성빈도, 자음의 비율 등을 확인하는 것이 좋다. 이는 조음치료 시 산출 가능한 다양한 음소 및 음운환경을 만들어 주는데 적용할 수 있으며, 치료의 예후나 진전을 알아보고자 할 때에도 활용할 수 있다.

구개열 아동

구순구개열의 경우 눈에 띄는 구조적 이상으로 병원에서 1차 수술이 이루어진 후 말평가를 위해 언어치료실에 오는 경우가 대부분이나 점막하 구개열인 경우 간과되는 경우가 있다. 부정확한 발음과 더불어 콧소리가 많이 난다고 의뢰된 경우 구개열을 의심하게 되나 눈에 띄는 수술 징후가 없고 구개열과 관련된 부모의 보고가 없을 경우 더욱 그렇다.

점막하 구개열은 촉진으로 확인 가능한 경구개의 bony notch(경구개 가운데가 움푹 들어감), 연구개 가운데의 푸른 빛(얇아 보임), 이중 목젖 등의 특징을 보인다고 알려져 있으므로 평가 시 확인해야 한다. 하지만 초기 임상가가 변별하기는 어려워 점막하 구개열 소견이 보인다면 간단한 의뢰서를 작성하여 의료기관에 의뢰할 필요가 있다. 왜냐하면 공명장애의 경우 치료적 효과가 크지 않고, 보철 및 보조 장치를 요할 수 있기 때문이다.

청각장애

조음검사를 실시하기 전, 검사자가 들려주는 목표음소를 정확히 듣고 있는지에 대한 평가가 우선되어야 한다. 예를 들어 고주파수음인 /ㅅ/의 경우 정확히 듣지 못해 대치하거나 왜곡할 수 있으므로 검사자가 들려주는 목표음소가 어떤 소리인지 그림을 찾아보게 하거나 글씨를 쓸 수 있는 경우 글씨로 써 확인하는 것이 좋다.

뇌병변장애

뇌병변장애의 경우 조음정확도가 높아도 짧은 호흡, 부적절한 쉼 등으로 인해 의사소통이 원활하지 못한 경우가 있다. 이에 언어치료사는 호흡방법, 분당 흡기 수 등을 휴식시와 발화시로 나누어 살펴보아야 한다. 왜냐하면 쉼을 조절하는 것만으로 명료도가 증진되는 경우가 있기 때문이다.

4) 평가 사례

(1) 시도치료로 종결된 사례

이○○ 아동은 5세 4개월 남아로, 아동의 어머니는 특별히 아동이 발음이 나쁘다고 생각해 본 적이 없었으나, 유치원 선생님이 발음이 이상하고, 특히 읽기를 할 때 /ㅆ/를 산출하지 못하는 것 같다고 하여 조음평가를 권유해 본 기관에 의뢰되었다. 아동은 쾌활하고 말이 많았다. REVT와 PRES, 구문의미이해력 검사를 실시한 결과 아동은 정상범위의 발달을 하는 것으로 평가되었다. 대화상황에서 화용적인 면에서도 특별한 문제가 없었으나 말속도가 매우 빨랐다. 간혹 자의적인 표현(감시카메라→칠십키로카메라)을 사용할 때를 제외하고 아동의 말은 대부분 이해 가능하였다. 공식적인 조음평가에서도 모든 음소를 적절하게 산출할 수 있었다. 자발화 상황에서 연구개파열음이나 설측음 뒤에 오는 어중의 /ㅆ/가 /ㅉ/로 대치(칠십[칠찝])되거나 왜곡(택시에서 /씨/가 파찰음[찌]과 마찰음[씨]이 섞인 소리로 산출)되고 어중초성에 위치한 /ㄹ/가 과도음으로 대치되거나 생략(키로[키오])될 때가 있었다. 유치원 선생님에 의해 문제가 제기된 읽기 맥락에서문제를 확인하기 위해 아동이 관심을 보이는 짧은 그림책을 읽어보도록 하자 과거형어미를 포함하는 낱말을 읽을 때 연음규칙을 적용하지 못하는 오류를 보였다(했어요[핸어요]). 아동이 오조음한 음소는 어두초성에서는 모두 정조음하였고, 어중 초성에서도 낱말 수준에서는 정조음 할 수 있었다.

오조음한 /ㅆ/, /ㄹ/의 경우, 아동이 완전습득연령에 도달하지 않았고, 어중과 아동이 어려워하는 문맥의 낱말에서 자극 반응도가 있었다. 그리고 아동은 평가 후 녹음된 말소리를 듣고 오류를 보인 음소에 대해 같은 맥락에서 스스로 수정할 수 있었다. 아동은 구강운동능력에 비해 지나치게 말속도가 빨랐고, 읽기를 습득하는 과정에서 음운규칙을 적용하지 못해 어려움을 보인 것으로 판단되었다. 따라서 1회기의 시도치료과정에서 첫째, 읽기에서의 음운규칙에 대해 아동의 수준에서 이해할 수 있도록 간단히 설명해 주고 적용해 보도록 하였다. 둘째, 아동에게 빠른 말속도를 조절하여 정조음을 산출하도록 하였다. 셋째, 아동의 빠른 말속도와 관련해 모니터링해 주도록 부모교육을 실시하였다.

6개월 뒤 재평가하기로 하였는데, 이후 전화면담에서 아동의 말소리가 개선되었으며 문제가 없다고 보고되었다.

(2) 기능적 조음장애의 평가사례

김○○ 아동은 만 5세 7개월 남아로 부정확한 발음을 주소로 의뢰되었다. 어머니의 보고에 의하면 출산 전, 중, 후의 이상이 없었고, 신체발달 및 전반적인 발달에는 이상이 없었으나 설소대가 짧아 만 4세경 설소대 절개술을 받았다고 한다. 가정에서의 의사소통에는 문제가 없으나 유치원에서 친구들이 한 번만에 못 알아들으면 짜증을 내거나 입을 다물어버리는 등의 행동을 보여 교사의 권유로 내원하게 되었다고 한다. 이에 아동의 언어발달능력을 평가해본 결과(REVT, PRES, 구문의미이해력) 또래와 비슷하거나 조금 높은 수준으로 평가되었다. 조음능력을 평가하기 위해 APAC을 실시한 결과 대화상황에서 이해가능도 94.9%로, 부정확하고 불명료한 발음으로 인해 가끔 이해하기 어려웠으나 전반적인 내용은 이해 가능한 것으로 평가되었다. 단어 검사시 자음정확도 71.4%로 또래와 비교하였을 때 1퍼센타일 미만의 수준을 보였고, 연결발화 검사 시 자음 정확도는 63.1%로 나타났다. 아동은 파찰음, 마찰음의 파열음화와 초성 유음의 활음화 혹은 생략이 두드러졌으며 긴장음화 및 종성생략도 간헐적으로 나타났다. 오조음을 한 파찰음과 마찰음은 모음 /ㅣ/와 결합할 경우 정조음 하였고, /ㅈ/는 /ㅡ/와 결합한 경우에도 정조음 하였다. 혀의 운동성 및 구강구조이상, 기능이상은 관찰되지 않았으며 다른 구강구조 및 기능 이상도 관찰되지 않았다. 아동은 다양한 발성유형, 종성산출이 이루어질 수 있도록 지도가 요구되며 파찰음 및 마찰음, 초성유음에 대한 아동의 자극반응도에 따라 목표를 설정하여 아동의 조음능력을 향상시킬 수 있도록 주 2회 조음치료를 받을 것을 권고한다.

(3) 기질적 조음장애의 평가 사례

김○○ 아동은 만 5세 여아로, 구개열 수술 후에도 발음이 나쁘고 콧소리가 많이 나는 것을 주 호소로 치료실을 방문하였다. 어머니의 보고에 의하면 아동은 출산 당시 우측 구순구개열 이외에의 다른 문제없이 자연분만을 하였고, 생후 3개월에 입술 수술을, 이어 12개월에 입천장 수술을 받았다고 한다. 만 3세까지 감기에 걸릴 때마다 중이염을 앓아 매번 2주 정도 치료를 받았으나 현재에는 년 2~3회 정도만 걸린다고 하며 청력 혹은 기타 발달상의 문제는 없다고 한다. 4개월경에 옹알이를 시작하였고, 첫 낱말은 돌 전후에 산출하였으나 목소리가 작고 과비음화 현상이 두드러져 가족들은 이해할 수 있으나 다른 사람들은 아동의 말소리를 제대로 이해하지 못한다고 한다. 수술 후 병원에서 언어치료를 권고 받았으나 집안 사정으로 언어치료를 실시하지 못 하였고, 현재 어린이집에 다니고 있으며, 교합의 문제로 치과 검진을 정기적으로 받고 있다고 한다. 이에 아동의 언어발달능력을 평가한 결과(PRES, REVT) 아동은 또래와 비슷한 발달을 보이는 것으로 평가되었다. 구강구조 및 기능을 평가하기 위해 실시한 OSMSE-R 결과 우측윗입술에 수술 흔적이 남아 있으나 입술 오므려 내밀기, 양쪽 옆으로 밀기 등 원순모음 및 양순음의 산출을 위한 입술의 기능은 정상으로 평가되었다. 하악은 상악에 비해 돌출된 상태이고, 치열도 불규칙적이었다. 구개에는 수술로 인한 흔적이 남아 있으며 연구개의 길이가 짧고 목젖이 비대칭이었다. /ah ah ah/ 따라말하기 시 목젖은 적절히 움직였고, 혀의 구조적, 기능적 이상은 관찰되지 않았다. 비음화진단도구를 이용하였을 때 아동은 모든 단어에서 콧김방출이 나타났고, 모든 단어에서 과대비음으로 인해 소리변화가 나타났으며 과소비음은 관찰되지 않았다. 공식적 조음평가(U-TAP)로 알아본 자음정확도는 39.5%로 파찰음과 마찰음에서는 비성을 포함하는 왜곡이 나타났고, 이외의 오조음 된 모든 음소(어두-초성의 /ㅃ, ㅍ, ㄷ, ㄸ, ㅌ, ㄱ, ㄲ, ㅋ/와 어중-초성의 /ㅃ, ㅍ, ㄷ, ㄸ, ㅌ, ㄲ, ㅋ/)는 성문파열음으로 보상조음 하는 것으로 나타났다. 작은 목소리, 과대비성으로 인해 중간 수준의 명료도를 보여 간혹 대화의 내용을 이해하지 못하는 경우도 있었다. 아동은 자발화산출시 적절한 대화 개시 및 유지가 가능하였고, 질문에도 적절히 대답할 수 있었다.

향후 아동은 후방화 되어있는 조음위치를 목표음소에 적합하게 옮기고, 구강음의 구강기류 사용을 유도하여 자음 정확도를 높이는 언어치료를 주 2회 권고한다. 또한 추후 2차 수술 및 보철사용이 요구되는지에 대한 지속적인 관찰과 평가가 함께 이루어져야 할 것이다.

2. 조음음운장애의 치료

1) 치료목표 세우기

조음음운장애영역에서 치료의 목표는 오조음하는 음소나 오류패턴을 소거하여 명료도를 높이는 것이다. 따라서 특정 음소나 음절 구조의 습득, 오조음하는 음소에 대한 산출의 정확도, 오류패턴의 소거, 또는 발화에서의 명료도 등을 목표로 할 수 있다. 이러한 목표는 조건, 목표행동, 준거를 포함하여 기술한다.

치료의 목표행동을 결정할 때는 자극반응도, 음운 발달 순서, 음운 출현 및 사용 빈도, 오류패턴, 오류의 일관성 등을 고려한다.

(1) 자극 반응도

자극반응도가 높은 음소를 먼저 치료하는 것이 좋다고 하는 입장과 자극반응도가 낮은 음소를 먼저 치료하면 자극반응도가 높은 음소는 저절로 치료된다는 입장이 있다. 자극반응도가 높은 음소를 먼저 치료할지, 낮은 음소를 먼저 치료할지를 결정할 때는 대상자의 성향을 고려하여 판단하는 것이 필요하다. 일반적으로 조음음운장애로 인해 어려움을 겪는 아동의 입장에서는 성공적으로 습득하여 성취감을 높이는 경험이 치료의 동기를 강화시키는 경우가 많다.

(2) 음운 발달 순서 및 음운 출현 빈도

아동의 발달연령에 따라 어린 아동의 경우는 대개 음운 발달 순서에 따라 치료 목표를 정하지만, 다양한 음소에 오류를 보이는 나이든 아동의 경우는 음운 출현 빈도를 고려할 수 있다. 일반적인 출현 빈도와 함께 개인적으로 사용빈도가 높은 음소(아동의 이름, 선호하는 물건이나 장소, 사건에 포함되는 음소 등)를 고려하여 빈도가 높은 음소를 먼저 치료하면 전반적인 명료도를 높이는 데 도움이 된다. 연령별로 약간의 차이가 있으나 신지영(2005)의 연구에 제시된 아동의 말소리 빈도는 아래 〈표 5〉와 같다.[9]

〈표 5〉 3세에서 8세 아동의 자유 발화에 나타난 말소리 빈도 분석

초성자음	ㄱ	ㄴ	ㄹ	ㅁ	ㅈ	ㄷ	ㅅ	ㅎ	ㅂ	ㄲ	ㄸ	ㅆ	ㅊ	ㅋ	ㅌ	ㅃ	ㅉ	ㅍ
비율(%)	18.9	12.0	9.8	8.4	8.1	7.7	6.7	4.2	4.1	3.4	3.4	3.3	2.2	2.0	1.7	1.5	1.4	1.2
종성자음	ㄴ	ㄹ	ㅇ	ㅁ	ㄱ	ㄷ	ㅂ											
비율(%)	40.1	21.3	18.9	10.7	5.4	2.9	0.7											
모음	ㅏ	ㅣ	ㅓ	ㅐ	ㅡ	ㅗ	ㅜ	ㅕ	ㅛ	ㅑ	ㅘ	ㅝ	ㅙ	ㅒ	ㅠ	ㅟ	ㅢ	
비율(%)	23.8	15.1	14.6	11.2	10.1	8.9	5.5	4.0	2.4	1.4	0.9	0.6	0.5	0.5	0.3	0.2	0.0	

(3) 오류패턴 및 오류의 일관성

아동이 보이는 오류가 운동적인 차원(조음오류)인지 음운적인 차원(음운오류)인지를 구별하지 않더라도 평가 시 아동이 특정 오류패턴을 나타낸다면 개별음소보다 오조음하는 음소의 공통된 패턴을 찾아 치료할 때 효율적일 수 있다.

오류패턴을 분석해 치료목표를 세울 때는 첫째, 여러 음소에 퍼져 있는 오류패턴이 있으면 우선순위에 두고 치료계획을 세워야 한다. 둘째, 아동의 또래 연령 수준에서 나타나지 않는 음운변동오류를 보이는 경우 치료목표가 될 수 있다. 셋째, 동시조음으로 인한 오류를 확인해 목표를 세울 필요가 있다. 특히 비일관적인 오류를 보이는 경우는 평가에서 아동의 오류패턴을 자세히 살펴보아야 한다. 조음능력이 지체된 아동은 순식간에 일어나는 말소리 산출에 적절한 협응 능력이 부족하여 동시조음에 의한 오류를 나타내는 경우가 많다. 따라서 앞뒤 자음의 조음방법, 위치, 발성유형 또는 선행하거나 후행하는 모음의 위치에 영향을 받았는지 확인하여 오류패턴에 따라 음소환경을 고려한 맥락에서 치료해야 한다.

대상자의 말소리 오류에 일관성이 있으면 치료목표를 세우기가 비교적 용이하나 말소리 오류가 일관적이지 않은 경우는 치료목표를 세울 때 어려움이 있다. 비일관적인 오류를 보이는

심도의 조음음운장애를 가진 대상자에게는 표면적인 오류 패턴이나 특정 음소에 초점을 맞추기보다 비일관적으로 산출하는 기능적인 낱말을 선정하여 각 낱말을 일관적으로 산출하는 것을 목표로 하는 핵심어휘접근법이 제안된다.[7]

탈기식음화/긴장음화 패턴을 보이는 아동의 사례

정○○은 9세 남아로 표현능력이 부족하고 발음이 나쁘다는 것을 주소로 의뢰되었다. 아동의 말은 대부분 이해가능하였으며 대화수준에서 음절단위의 말 명료도는 94%로 나타났다. 공식검사 결과, 단어 수준에서의 자음정확도는 92.9%로 매우 지체된 것으로 나타났다. 오류패턴으로 마찰음/파찰음의 파열음화(옥수수[옥뚜두], 시소[시도], 색종이[쌕똥이])가 3회 나타났으며, 탈기식음화 · 긴장음화(사탕[싸탕], 뱀[뺌], 고래[꼬래])가 3회 나타났다. 연결발화 수준에서의 자음정확도는 95.2%로 나타났다. 오류 패턴으로 마찰음/파찰음의 파열음화([동타니], [딸바서], [되떠요], [그래떠요])가 4회, 탈기식음화 긴장음화([빨], [코꼬아], [쏜])가 3회 나타났다. 이 외의 오류형태로 마찰음의 파찰음화([와쩌요], [눈짜람])가 2회 나타났다.

정○○의 경우, 분절음 차원에서는 /ㅅ, ㅆ, ㅉ, ㅂ, ㄱ/음소에 오류가 있다고 볼 수 있으나 /ㅅ, ㅂ, ㄱ/에 걸쳐 탈기식음화 · 긴장음화가 나타났다.

따라서 치료목표를 세울 때 아직 완전히 습득되지 못한 것으로 보이는 마찰음과 파찰음의 정확도를 높이고, 탈기식음화와 긴장음화를 보이는 /ㅅ, ㅂ, ㄱ/음소들에 대해서는 개별음소에 대한 목표보다 탈기식음화 · 긴장음화의 음운오류패턴을 목표로 하는 것이 적절할 것이다.

2) 치료계획 세우기

(1) 목표에 접근하는 방법

치료 목표를 정하고 나면 치료 목표에 대한 각각의 회기를 어떤 방식으로 진행할지 치료계획을 세워야 한다. 치료목표에 도달하기 위한 방법은 수직적 접근법과 수평적 접근법, 주기적 접근법으로 나눌 수 있다. 수직적 접근법은 하나의 목표를 집중적으로 치료하며 각 단기 목표의 준거에 도달할 때 다른 목표로 넘어가는 방법이다. 몇 가지 음소에서만 오류를 보이는 아동은 목표를 집중적으로 연습하여 점차 다양한 맥락에서 산출하도록 하는 수직적 접근법이 유용하다. 수평적 접근법은 목표에 대한 도달수준이 분명하게 정해진다는 측면에서 수직적 접근과 유사하지만 한 회기에 여러 오류 음소를 동시에 훈련한다는 점에서는 차이가 있다. 여러 개의 목표 음소를 한 회기 내에서 연습할 때 나이가 어리거나 주의집중이 쉽지 않은 아동들은 혼란스러워 할 수 있으며 목표 음소의 연습기회가 적어 효율이 낮을 수 있다는 점을 충분히 고려해야 한다. 수직적 접근법과 수평적 접근법은 목표에 대한 준거에 따라 다음 목표로 진행된다. 이에 반해, 주기적 접근법은 준거에 도달하느냐와 상관없이 미리 정한 회기만큼 연습하고 다음 목표로 넘어간다는 점에서 차이가 있다. 주기적 접근법은 여러 음소 또는 오류패턴을 정해진 회기만큼 돌아가며 연습하는데 한 회기 동안에는 하나의 음소만을 목표로 하는 방법이다. 임상에서는 여러 음소에 걸쳐 오류를 보이는 아동에 대한 접근으로 주기적 접근법을 다양하게 응용하여 사용할 수 있다.

(2) 치료접근법

조음음운장애의 치료접근법은 크게 운동접근법(음성적치료접근법, 말운동접근법)과 언어접근법(음운적 치료접근법, 언어-인지적 접근법)으로 나뉜다. 이런 분류는 말소리오류의 원인을 무엇으로 보느냐에 따른 접근방법이다. 운동접근법에서는 대상자가 목표음소에 대한 지식 및 기저 표상을 가지고 있으나 목표음소를 산출하는데 필요한 운동 패턴을 학습하지 못해 다른 패턴으로 대치한다고 본다. 따라서 운동접근법에서는 말소리의 음성적 혹은 물리적 특성에 초점을 두어 개별 말소리를 가장 쉬운 맥락에서부터 치료한다. 반면에 언어접근법에서는 아동이 불완전한 음운체계 지식을 가지고 있다고 가정하며 운동 패턴을 학습하기 위한 반복훈련 보다는 음운체계를 재구성하는 기회를 제공하는데 초점을 두고 목표음과 오조음에 대한 음운대조를 중요하게 생각하여 의미 있는 단어부터 치료하게 된다.

기질적인 문제가 없는 조음음운장애의 원인은 정확히 밝혀져 있지 않다. 또한 이러한 아동들의 문제가 운동적인 측면인지 언어적인 측면인지를 구별하기는 쉽지 않다. 심리언어학적 모델에서는 말을 산출하기 위해 표현하고자 하는 어휘에 적절한 음운표상에 접근하고 구어운동프로그래밍, 운동계획, 운동실행과정을 거치는 경로에 대해 설명하고 있다.[12] 즉, 말소리 산출에는 언어규칙에 따른 말소리의 사용과 운동 수준에서의 말소리 산출의 측면이 모두 포함된다. 아동이 보이는 조음음운장애가 음소 산출의 운동적인 측면이나 언어적인 측면의 어느 한쪽에 좀 더 관련되는 것으로 판단되더라도 말소리를 정확하게 산출하도록 하는 치료에서는 결국 두 가지 요소를 모두 다루게 된다.

임상현장에서 만나는 기능적 조음음운장애아동의 상당수는 특정 말소리의 습득이 지연되는 아동들이다. 4~5세경 조음에만 문제가 있어 치료기관에 의뢰되는 아동들은 비교적 늦게 습득되는 음소인 경구개파찰음 /ㅈ, ㅊ, ㅉ/, 치조마찰음/ㅅ, ㅆ/, 치조유음 /ㄹ/에 오류를 보이는 경우가 많다. 임상에서 특정 분절음 산출과 관련한 운동-감각적인 어려움이 있어 오류를 보이는 경우는 특정 말소리를 목표로 하는 운동접근법에 초점을 두고 치료하는 경우가 일반적이다. 그러나 최근 들어 증가하는 어린 연령의 언어지연을 동반한 조음음운장애 아동이나 언어장애를 동반한 아동 중에서 음운체계가 정교하지 않은 아동들은 언어접근법을 사용하는 것이 유용할 수 있다.

(3) 치료 활동

치료활동은 반복연습(drill), 놀이연습(drill play), 구조화된 놀이(structured play), 놀이(play) 등으로 구성할 수 있다. 조음음운장애 치료에서는 연습할 기회를 충분히 가질 수 있는 반복연습이나 놀이연습이 효과적이라고 한다.[3] 하지만 3~4세 이전의 어린 아동이나 기질이 까다로운 아동들은 치료사가 구성하는 반복연습이나 놀이연습활동에 적절하게 참여하기 어려울 수 있으므로 구조화된 놀이나 놀이 상황에서 연습할 수밖에 없을 때도 있다. 보다 자연스러운 놀이 활동은 일반화를 촉진할 때 유용할 수 있지만 덜 구조화된 방식일수록 언어치료사가 치료목표를 활동에서 융통성 있게 적용시키는 능력이 필요하다. 아동의 수준에 따라 목표하는 행동을 가르치기 위해 다양한 활동을 정리하고 생각해 놓으면 아동의 성향과 치료의 단계에 따라 유용하게 활용할 수 있다.

3) 치료과정

두 가지 접근법의 기반은 다르지만, 실제 치료에 있어서는 공통된 요소를 가지고 있다. 조음음운장애 영역의 치료과정은 말소리의 확립(안정화) ⇨ 일반화(전이) ⇨ 유지의 단계로 이루어진다.

(1) 확립단계

목표음소가 아동의 음소목록에 없거나 목표 음소가 음소 목록에 있더라도 제한된 문맥에서만 산출되는 경우, 음소를 변별하지 못하는 경우, 앞뒤의 다양한 자모음과 결합이 어려운 경우에는 목표어휘의 음운체계를 조직화하기 위해서든 감각과제를 포함하는 운동기술을 습득하기 위해서든 목표 음소산출을 확립하는 것이 필요하다.[6] 목표 음소를 안정화시키기 위해서는 다양한 음절과 문맥에서 산출되도록 반복해서 연습해야 한다. 목표음소의 확립을 위해 전통적 접근법에서는 오류를 보이는 음소들에 대하여 독립음 수준에서부터의 변별훈련을 중요하게 생각한다. 반면, 언어접근법에서는 음운대조를 가지는 의미단어의 쌍('새' vs '대', '피' vs '비')을 이용한 청지각훈련에 초점을 둔다. 변별훈련이 반드시 필요한가에 대해서는 논란이 있는데 평가과정이나 확립단계를 시작할 때 간단히 확인해 보고 변별 훈련이 필요한지를 결정한다. 임상현장에서는 변별은 가능하지만 적절한 구어운동을 수행하지 못해 산출이 어려운 사례가 많다.

목표음소를 확립하기 위해 독립음에서 시작할지, 의미 낱말에서 시작할지는 아동에 따라 다르다. 아동이 산출하기에 더 쉬운 수준을 찾아 시작하는 것이 좋다. 예를 들어 /ㅅ/를 /ㄷ/로 대치하는 5세 아동이 있다면 다양한 단서를 제공하며 비교적 산출이 쉬운 것으로 알려진 음절 수준인 /시/나 독립음소 /ㅅ/로 산출하게 하여 안정화 시키는 것이 필요할 것이다. 또 다른 예로 음소목록과 음절구조가 제한된 2세 7개월 아동이 /아빠/는 산출할 수 있으나 /빠/를 독립적으로 산출할 수 없다면 낱말수준인 /아빠/에서부터 산출을 유도할 수 있다.

조음음운장애의 치료에서 기본적인 틀은 아동에게 특정 목표를 산출하도록 유도하고 그에 대해 아동이 반응하면 적절한 피드백을 제공하는 것이다. 확립단계에서 목표 음소의 산출을 유도하기 위하여 모방법, 조음점 지시법, 점진적 접근법 등을 사용할 수 있다.

모방법을 사용하고자 할 때, 아동이 조음치료에 익숙하지 않고 모방과제를 적절하게 수행할 수 없다면 아동이 잘 할 수 있는 음소를 모방하게 하고 강화를 제공해 언어치료사가 제공하는 선행자극에 적절하게 반응하도록 하는 과정이 필요하다. 말소리를 모방하지 못하는 경우라도 조음동작을 모방하거나 또는 아동이 할 수 있는 다른 행동을 모방하도록 하여 강화를 주면 성공기회를 경험하게 된다. 이러한 경험을 통해 치료사의 시범에 주의를 더욱 집중할 수 있다.

모방법만으로 목표 음소를 산출하기 어려운 경우에 조음기관의 위치나 조음 방법에 대한 설명이나 단서를 제공하는 조음점 지시법을 함께 사용하게 된다. 어린 아동들이나 동반 장애가 있는 경우 조음기관의 위치나 조음 방법을 설명하는 것만으로 목표 행동을 수행하기 어려운 경우가 많다. 이때에는 점진적 접근법이나 문맥 활용법을 사용한다.

점진적 접근법은 아동의 음소 목록 중에서 목표 음소와 가장 유사한 음소에서부터 시작해 목표 음소를 형성하는 방법이다. 예를 들어 경구개파찰음/ㅈ/를 유도하기 위해 유사한 위치의 치조파열음/ㄷ/를 이용해 단계를 나누어 산출을 유도할 수 있다. 문맥 활용법은 아동이 오류를 보이는 음소가 바르게 산출되는 문맥을 이용해 목표 음소를 다양한 문맥에서 산출 할 수 있도록 유도한다. 예를 들어 경구개파찰음 /ㅈ/를 습득하려고 할 때 자극반응도검사에서 /지/에서만 산출이 가능하다면 /지/에서 시작해 다양한 모음과 결합하도록 할 수 있다. 음소를 습득하는 초기 단계에서는 다양한 방법을 함께 사용하여 산출을 유도하고, 모방이 가능해지면 점차 단서를 줄이게 된다.

조음음운장애가 심해 오류 음소가 많거나 자음이 거의 산출되지 않는 경우는 어떤 음소부터 치료를 시작해야할지 고민하게 된다. 일반적으로는 보고 따라 하기 쉬운 양순음이나 치조음 산출을 먼저 목표로 하게 되지만 아동의 조음평가결과에 따라 자발적으로 산출되거나 자극반응도가 있는 음소부터 시작하는 것이 좋다.

목표 음소를 유도하려고 할 때는 아동에게 산출해야 하는 목표행동이 무엇인지를 정확하게 알려주어야 한다. 조음치료를 받는 대상자는 매우 다양한데, 동반장애가 있는 중도의 아동은 목표행동이 무엇인지를 모르는 경우도 있다. 따라서 시범을 보여줄 때 주의를 집중시키고, 아동의 수준에 따라 다양한 단서를 이용하여 목표행동을 안내한 뒤 산출을 유도해야 한다. 조음산출을 유도할 때 거울, 설압자, 빨대 등의 도구를 준비해 두어 필요시 적절하게 사용하도록 한다. 빨대는 커피빨대와 같은 납작한 빨대부터 슬러시를 먹을 때 사용하는 굵은 빨대에 이르기까지 다양한 빨대를 준비해 두면 유용하게 사용할 수 있다.

임상현장에서 목표음소의 확립단계 또는 그 이전에 비구어운동이 필요한지에 대해 고민하는 경우를 볼 수 있다. 말소리가 단계적인 근육운동을 통해 산출된다는 점에서 구강운동조절능력의 향상이 조음능력에 영향을 줄 것으로 생각할 수 있다. 특히 말산출과 관련된 근육운동감각에 대한 인식이 부족한 경우, 턱의 안정성이 확립되지 않거나, 턱과 혀의 분리된 움직임이 어려운 경우 등은 비구어운동이 제안되기도 한다. 하지만 비구어운동이 말산출능력을 향상시키는지에 대한 근거는 부족하다고 알려져 있다. 또한 기능적 조음음운장애를 가진 대상자들이 비구어운동능력에 결함이 있는지, 비구어운동능력의 향상이 말소리산출능력으로 연결되는지에 대해서는 논란이 있다.[6] 따라서 구강운동과 관련된 능력에 분명한 결함이 없다면 조음능력의 향상을 위해서 목표 음소를 포함하는 다양한 발화에서 산출을 연습하는 것이 적절하다. 예를 들어 /ㄹ/가 산출되지 않는 아동에게 구강운동기능검사를 실시하였을 때 혀 올리기가 어려웠다면, 혀가 올라가지 않아 /ㄹ/가 산출되지 않는다고 생각하여 혀 올리기 연습을 실시하는 경우가 있을 것이다. 이런 경우 설정성이 있는 다른 음소들의 산출이 어떤지 확인하고, 다양한 방법을 통해 목표 음소를 유도한 후, /ㄹ/를 포함하는 여러 맥락에서 음소를 정확하게 산출하는데 필요한 운동능력을 키우는 것이 필요할 것이다.

기질적 장애는 없으나 동반장애가 있고 생활연령이 비교적 높은 무발화 아동에게 불기와 같은 비구어 운동을 목표로 하는 경우를 드물지 않게 볼 수 있다. 하지만 불기와 말 산출에 필요한 구강운동 능력은 서로 다르므로 발성이나 발화를 위해 불기를 연습하는 것은 적절하지 않다. 말소리 산출을 위한 구강운동이 필요하다면 하나의 모음부터 시작하여 두 가지 다른 모음을 연결하여 산출하기, 같은 CV음절을 반복하여 또는 점차 빨리 산출하기, 조음위치나 방법이 다른 CV음절을 반복하여 또는 점차 빨리 산출하기, CVC음절을 빠르게 산출하기, 음운적으로 복잡한 낱말을 빠르게 산출하기와 같이 다양한 음운맥락에서 연습하는 것이 더 유용하다. 경우에 따라 '불기'를 비구어운동훈련이 아니라 말 산출을 유도하는 과정에서 단서를 제공하는 방법으로 사용할 수 있을 것이다. 간혹 비음 산출은 가능하지만 파열음 산출이 전혀 안 되는 아동의 경우 비강폐쇄를 유도하기 위해 '불기'를 해 보도록 하여 파열음을 산출 하도록 시도할 수 있으며, 카주피리 불기 등은 성대진동에 대한 감각적 피드백을 제공해 줄 수 있다.

〈표 6〉 목표음소를 유도하는 방법

양순비음 /ㅁ/	입술을 다물고 코를 울려 소리를 내도록 촉각적 단서를 제공한다. '음-므' 와 같이 종성을 먼저 가르쳐 초성으로 연결하는 것이 쉬울 수 있다.
치조비음 /ㄴ/	혀끝을 윗니 뒤에 대고 코를 울려 소리를 내도록 촉각적 단서를 제공한다. '안-느' 와 같이 종성을 먼저 가르쳐 초성으로 연결하는 것이 쉬울 수 있다.
양순파열음 /ㅂ,ㅍ,ㅃ/	입술을 다물고 공기를 막았다가 터뜨리게 한다. 손등이나 팔에 대고 공기를 나오게 하여 촉각적 피드백을 제공할 수 있다. '후' 하고 불기가 가능하면, 입술을 붙인 상태에서 '후' 소리를 내도록 점진적으로 유도하여 /푸/를 산출하게 할 수 있다. 얇은 커피 빨대를 입술사이에 물어 입술을 다물고 불게 한 다음 적절한 순간에 빨대를 빼주며 산출을 유도할 수 있다.
치조파열음 /ㄷ,ㅌ,ㄸ/	설압자나 시각적 자료 등을 이용해 혀끝을 윗니 뒤에 붙이게 한다. 그 상태에서 혀를 뒤로 빼며 공기를 터뜨리게 한다. 혀끝을 윗니 뒤에 고정시키지 못하는 경우 촉각적, 시각적인 단서를 제공하기 위해 혀끝을 이 사이에 살짝 물게 할 수도 있다. 전설모음/이/나 /애/와 결합하면 조금 더 쉽게 산출할 수 있다.
연구개파열음 /ㄱ,ㅋ,ㄲ/	혀를 아래로 내리고 혀뿌리가 연구개에 닿도록 올려 공기를 터뜨리게 한다. 설압자를 이용하여 혀 앞쪽을 눌러주며 산출을 유도할 수 있다. 가글링이나 코고는 소리를 산출하게 하여 유도해 볼 수 있다. 조음할 때 턱이 과도하게 움직여 모음이나 성문파열음으로 산출하는 경우, 턱을 내려 고정시킨 자세에서 혀만 움직이도록 시도해 본다. 후설모음 /어/나 /우/와 함께 결합하면 조금 더 쉽게 산출할 수 있다. 초성에서는 가능하나 종성에서 생략을 보일 때는/ㄱ/뒤에 /ㅋ/를 살짝 연결하도록 하면 감각적인 피드백을 제공할 수 있다. 이 때, /ㅋ/를 점차 소거하는 과정이 반드시 필요하다.
연구개비음 /ㅇ/	혀를 아래로 내리고 코를 울려 소리를 내도록 촉각적 단서를 제공한다. 설압자를 이용하여 혀 앞쪽을 눌러주며 산출을 유도할 수 있다. 목표음소 뒤에 연구개 파열음 /ㄱ/가 오는 낱말(응가, 안경 등)을 문맥적으로 이용하여 접근할 수 있다(응가 → 응~~~~가 → 응).

성문마찰음 /ㅎ/	힘을 빼고 한숨을 쉬게 하거나 거울에 입김을 불게 하여 산출을 유도한다. 장난감 생일초를 불게 하여 모음과 연결하도록 점진적으로 유도한다.
파찰음 /ㅈ, ㅊ, ㅉ/	혓바닥을 입천장에 붙이고 혀끝을 살짝 떼며 공기를 내보내게 한다. 윗니와 아랫니 사이에 납작하거나 작은 빨대나 설압자를 물게 하고 빼주며 산출하도록 할 수 있다. 윗니와 아랫니를 다문 상태에서 천천히 바람을 내보내며 /치/를 유도하면 보다 쉽게 산출할 수 있다. 윗니와 아랫니를 다문 상태에서 혀를 입천장에 압착시키며 /쯧쯧/소리를 내도록 하거나 바람을 내뱉으며 산출하도록 유도 한다. 독립음소나 /이/모음 맥락에서 조금 더 쉽게 산출할 수 있다.
치조마찰음 /ㅅ, ㅆ/	혀끝을 아랫니에 대고 혓바닥을 치조에 가까이 대도록 하여 좁은 틈 사이로 공기를 마찰시켜 내보내도록 한다. 빨대를 혀의 가운데에 놓고 윗니로 물어 공기를 살살 내보내게 한다. 입 앞쪽에 손을 대어 공기가 나오는 것을 느끼도록 피드백 한다. 독립음소나 /이/모음 맥락에서 조금 더 쉽게 산출할 수 있다.
치조유음 /ㄹ/	종성(설측음)은 혀끝을 윗니 뒤로 들어 올리며 산출하게 한다. 혀를 올리는 동작을 잘 못하는 아동은 윗입술이나 윗니에 대도록 하고 설압자로 서서히 뒤로 밀어주며 유도할 수 있다. 초성(탄설음)은 혀끝을 위로 올린 상태에서 구개쪽으로 움직이면서 떨어뜨려 산출하게 한다. 손으로 혀 모양을 만들어 단서를 제공해 줄 수 있다. 보통은 종성 ㄹ를 산출할 수 있는 경우에는 VCV(알~아)로 연결시켜 유도할 수 있다. 저모음/아/에서 모방시키면 혀 움직임을 잘 보여줄 수 있다.

(2) 일반화 단계

확립단계에서 어느 정도의 언어단위까지 확립(안정화)이 이루어지는지 조음치료 프로그램에 따라 조금씩 차이가 있다. 짧은 구나 문장단위에서까지 음소의 확립이 이루어 졌다고 하더라도 확립단계에서 습득된 목표 음소를 다른 맥락에서도 정확하게 산출할 수 있도록 일반화 하는 과정이 필요하다. 일반화는 크게 자극일반화와 반응일반화로 구별할 수 있다. 자극일반화는 특정 자극에서 학습된 반응이 다른 자극에서도 나타나는 것을 말한다. 자극일반화를 할 때는 새로 제시하는 자극에도 적절하게 반응할 수 있도록 단서를 점진적으로 조절하면 일반화가 보다 쉽게 일어날 수 있다.

자극 일반화 사례

김ㅇㅇ는 지적장애를 동반한 6세 아동이다. 나무의 [ㄴ]와 바지의 [ㅂ]를 각각 산출할 수 있으나, 파열음/ㅂ/ 뒤에 비음/ㄴ/가 오는 환경에서 비음이 파열음에 동화되는 오류패턴을 보인다(비누[비두]). 파열음 뒤에 오는 비음을 정확하게 산출하도록 하는 것을 목표로 하는 활동에서 조음방법을 바꾸는데 필요한 시간적 여유를 주기 위해 음절을 연장하여 산출하도록 했다. 또한 /누/를 산출할 때 코를 울리라는 신호로 코를 만지는 단서를 제공하였다.

SLP: 자, 따라해 봐 "비이~(손가락으로 코를 가리키며)느우"

아동: [비누]

SLP: 그래, 잘 했어 /누/는 코를 울리면서 내는 거야.

SLP: (비누 그림을 보여주며) 이게 뭔지 말해봐.

아동: [비누] (아동이 /누/를 산출해야 할 때 손가락으로 코를 가리키며 단서 제공)

SLP: 와~ /누/를 잘 냈네.

SLP: (비누 그림을 보여주며) 손 씻을 때 뭐 칠해야 해?

아동: [비누]

SLP: 그렇지!

위 사례에서 처음에는 시각적 단서(코 가리키기)와 함께 모방하도록 자극을 제시하였고, 다음으로는 모방대신 비누 그림과 시각적 단서에 반응하도록 하였다. 마지막으로 시각적 단서를 소거하고 비누 그림과 함께 기능과 관련된 질문을 자극으로 제시하여 점진적으로 다양한 자극에 적절하게 반응하도록 일반화를 유도하였다.

반응일반화는 훈련된 반응이 훈련되지 않은 맥락에서도 일어나는 것을 말한다. 반응 일반화는 낱말 내 음소의 위치나 음운 문맥에서의 일반화, 언어 단위에서의 일반화, 상황에 따른 일반화 등이 있다. 낱말 내 음소의 위치나 음운 문맥에서의 일반화는 위해 목표 음소를 음절의 초성 또는 종성, 낱말 내 어두나 어중에서도 산출하도록 하는 것이고 언어 단위에서의 일반화는 목표음소를 낱말 또는 어절, 짧은 구, 문장, 대화나 이야기 등 다양한 언어단위에서 산출하도록 하는 것이다. 또한 상황일반화는 목표 음소를 습득한 치료실 내의 구조화된 상황 외에 보다 자연스러운 놀이 상황, 가정, 학교 등에서 습득된 음소를 산출하도록 하는 것을 말한다.

대상자에 따라 가르치지 않은 맥락으로 일반화되는 정도가 다를 수 있다. 상황일반화를 촉진하기 위해서는 자기감시 능력이 필요하다. 치료시에 대상자의 자신의 말소리에 대한 자기감시 능력을 높이기 위해서는 적절한 피드백을 제공하고, 자기 말을 확인하고 스스로 교정할 기회를 주는 것이 좋다.

반응일반화를 촉진할 때 주의할 점을 몇 가지 들어보면 첫째, 문법형태소를 포함하는 맥락에서 일반화를 고려해야 한다. 아동이 자주 사용하는 문법형태소를 포함하는 언어맥락에서의 일반화를 촉진하면 대화수준에서의 명료도를 높일 수 있다. 이 때, 문법형태소와 결합하여 재음절화가 일어나는 문맥으로 연습하는 것이 필요하다. 재음절화(resyllabification)란 형태소들이 결합해서 하나의 음운구를 구성하게 되면서 다시 음절화 과정을 거치는 것을 뜻한다(겉옷[거돋], 겉으로[거트로]).[10]

문법형태소를 포함하는 맥락에서 일반화를 촉진하는 방법

- /ㅆ/를 목표 음소로 설정한 경우 아동들이 자주 사용하는 과거형시제를 포함하는 맥락(했어요, 갔어요, 먹었어요)에서 일반화를 촉진해야 한다.
- 종성/ㅇ/을 목표 음소로 설정한 경우 조사와 결합하는 맥락(강+이, 방+에, 공+을)에서 일반화를 촉진해야 한다. 1음절 수준에서 '강' 을 적절하게 산출할 수 있더라도 조사가 붙어 어중종성과 유사한 환경이 되면서 강이[가니]로 오조음할 수 있다.
- 초성에 위치하는 /ㄹ/를 목표 음소로 설정한 경우 어말종성에 /ㄹ/가 있는 낱말을 모음으로 시작하는 다양한 조사와 결합할 때(불+이, 에, 은, 을)에도 정확하게 산출하도록 촉진해야 한다.
- /ㅅ/를 목표음소로 설정한 경우 '빗' 이 '이, 에, 을, 으로, 은' 등의 모음으로 시작하는 형태소와 다양하게 결합하는 맥락에서 연습하는 것이 필요하다.
- 문법형태소와 결합하는 경우 어절 내에서 음운규칙이 적용되어 혼란스러워 하는 아동도 있다. 종성/ㄱ/을 목표음소로 설정한 경우 '국' 과 '도' 가 결합한 경우 [국또]라고 산출되지만 '국' 과 '만' 을 결합하는 경우에는 [궁만]이라고 산출해야 한다. 아동에 따라서는 이러한 음운규칙을 이해하지 못해 [국만]이라고 음절을 끊어 부자연스럽게 산출하는 오류를 보일 수 있다. 따라서 우리말의 음운규칙을 어려워하는 아동에게는 같은 음운규칙이 적용되는 패턴끼리 모아서 연습하는 것이 유용할 수 있다. (경음화: 국도[국또], 수박도[수박또], 비음화: 국만[궁만], 수박만[수방만], 격음화: 국하고[구카고], 수박하고[수바카고])

둘째, 음운적 난이도와 언어적 복잡성을 고려해야 한다. 아동의 발화에서 목표 음소가 몇 번 들어갔는지, 음절 구조가 얼마나 복잡한지를 살펴보고, 보다 쉬운 맥락에서 점진적으로 난이도를 높여가는 것이 좋다. 또한 대상자의 언어수준에 비해 언어적 복잡성이 높은 문맥을 사용하지 않아야 한다.

음운적 난이도와 언어적 복잡성을 고려하지 못한 사례

/ㅅ, ㅆ/ 를 치조파열음 /ㄷ. ㅌ. ㄸ/로 대치하는 오류를 보이며 언어발달장애를 동반한 6세 아동에게 목표음소를 구와 문장 수준으로 일반화할 수 있도록 훈련하고자 한다. 언어치료사는 목표 음소를 "마트에서 산 __ (오이, 바나나, 포도, 우유, 등)" 의 구조에서 산출하고자 계획하였다. 마트놀이 상황을 제시하여 시범을 보인 다음 아동에게 산출하도록 하였다. 아동은 적절한 반응을 보이지 못하였고 어렵다고 하며 짜증을 내었다.

아동이 오조음하는 음소를 정확하게 산출하도록 하기 위해 무의미음절, 낱말, 구, 문장의 순서로 위계를 세우는 경우가 많다. 하지만 훈련을 위한 위계를 세우거나 일반화를 촉진할 문맥을 선정할 때는 음운적인 난이도와 아동이 자발적으로 산출 할 수 있는 언어수준을 함께 고려해야 한다.

제시한 사례에서 아동은 익숙하지 않은 맥락에서 관형사형 어미를 포함한 구문을 사용하는데 어려움이 있었다. 이 아동의 경우 구와 문장 수준에서 목표 음소를 산출하게 할 때, '(오이, 바나나, 포도 우유) 사요' 와 같이 간단한 문장을 연습한 다음에 목표 음소가 2번 들어가고, 언어적인 복잡성이 증가된 '마트에서(오이, 바나나, 포도 우유) 사요' 를 연습하는 것이 더욱 적절했을 것이다.

(3) 유지단계

유지단계는 치료가 끝난 뒤에도 목표 음소를 정조음하는 단계이다. 임상현장에서는 따로 유지단계를 가지지 못하는 경우가 많다. 따라서 종결 전에 목표음소가 자동적으로 산출될 수 있도록 충분히 연습하고 자기감시 능력을 가질 수 있도록 가르쳐야 한다. 일반적으로 대화 수준정도에서 목표 음소를 적절하게 산출할 수 있으면 종결한다. 종결기준은 문제의 특성과 아동의 연령 등에 따라 달라질 수 있다. 종결기준과 관련된 문헌이 많이 없으나 짧은 대화 상황에서 75%이상의 정확도를 달성하면 치료를 종결한 후에 목표음소의 산출이 유지된다는 연구들을 참조할 수 있다.[5]

4) 치료사례

(1) 말소리 발달이 지체된 낱말 출현기 아동의 치료 사례

박○○는 2세 7개월 여아로 말이 늦다는 것을 주호소로 의뢰된 아동이다.

어머니의 보고에 의하면 전반적인 발달에 문제가 없었다고 한다. 옹알이는 다소 적은 편이었으며 2세경 첫 낱말(엄마)이 산출되었다고 한다. 아동에게 4살 터울의 오빠가 있는데 아동의 오빠도 2세 후반에 말을 시작하였으나 이후 매우 빠르게 말이 늘어 크게 걱정하지 않았다고 한다. 또한 아동의 부계 사촌형제 중 2명이 말이 늦어 언어치료를 받은 경험이 있으며 발음이 나쁘다고 보고되었다. 아동은 대부분 부르는 말이나 발성과 몸짓으로 의사소통하며 어머니와의 상호작용에서 큰 어려움은 없다고 하였다. 하지만 기질적으로 까다롭고 예민한 편이라 사소한 일에도 짜증을 내거나 우는 경우가 많다고 한다. 아동의 전반적인 발달 수준을 알아보기 위해 실시한 K-CDI 검사 결과에서 전반적인 발달이 정상범위에 있으나 표현언어는 경계선 범위에 근접한 것으로 평가되었다. SELSI 검사 결과, 언어이해는 30개월 수준, 표현언어는 18개월 수준으로 나타났다. 어머니의 보고에 의하면 발음이 좋지 않으나 50개의 낱말을 표현하며 낱말 조합은 산출되지 않는다고 하였다. 아동은 낯가림이 심하였으며 다른 치료기관을 방문하였을 때 심하게 울어 평가 및 치료가 어려웠다고 하였다. 따라서 아동의 어머니와 아동이 상호작용하도록 하고 치료사는 아동과 조금 떨어진 곳에서 행동양식, 놀이패턴을 관찰하고, 아동의 의사소통행동과 발화를 수집하였다. 어머니의 보고와 관찰을 통해 아동의 발화를 수집한 결과 아동이 산출할 수 있는 낱말은 '엄마, 아빠, 언니, 여기[어이], 코[오], 비누[이우], 나무[아우], 물[우]' 정도였다. 아동이 산출할 수 있는 음절은 최대 2음절로 V, VV, VCV, VCCV 구조를 사용할 수 있었다. 아동이 산출할 수 있는 음소목록은 모음/ㅏ, ㅓ, ㅣ ㅗ, ㅜ/, 자음/ㅁ, ㄴ, ㅃ/이었다. 전반적으로 발성빈도는 적은 편이었다.

따라서 발성 빈도와 자음 비율의 증가, 다양한 자모음 산출, 음절 구조를 다양하게 확장하는 것을 목표로 치료를 시작하였다. 아동의 성향에 맞추어 자연스러운 놀이형태로 치료를 실시하였으며 가정에서 아동의 말 발달에 도움을 줄 수 있도록 부모교육을 실시하였다.

아동에게 8개월 동안 주 1~2회 치료를 실시하였다.

초기에는 아동이 산출하는 발성을 모방해 주며 발성빈도를 증진하였다. 특히 우연히 산출되는 자음과 유사한 발성을 강화해 주자 [띠띠], [치치]와 같은 발성이 산출되었다. 아동의 음소목록에 있는 자음과 모음을 활용해 다양한 음절유형을 산출할 수 있도록 촉진하였다.

중기에는 아동이 산출할 수 있는 음소와 음절유형이 다양해지고 산출할 수 있는 음절수가 증가하였으며 2낱말 조합이 산출되었다. 아동의 발화는 일관되지 않았고 다양한 동화 오류를 보였다([패피], 패티 가[패피다~], 하트 있다[하치타], 토끼[타치], 토끼 있다[또티따], 묻었다[이뻐따]/[우뻐따]). 아동이 산출하는 낱말에서 자음이 생략되는 경우가 많아 자음을 빠뜨리지 않고 산출하기, 산출할 수 있는 음소와 음절유형을 다양한 낱말에서 사용하기, 2낱말 조합에서 적절한 쉼을 두도록 하여 명료하게 산출하기 등을 목표로 하였다.

후기에는 자발적인 발화에서 아동의 연령에서 습득되는 대부분의 자음과 모음이 관찰되었으며 3낱말 조합 산출이 빈번하였다(예, 이제 다 했다, 토끼 발 아파, 아빠 회사 가, 언니 학교 가). 어중단순화와 자음조화와 같은 동화가 관찰되었으나 말 속도를 느리게 하고 운율을 조절하여 생략되거나 대치되는 음소를 강조하여 들려주고 놀이에서 자연스럽게 모방할 기회를 제공하자 적절하게 산출할 수 있었다. 이후 아동의 갑작스러운 사정으로 치료를 종결하게 되어 6개월 뒤에 가까운 언어치료실을 찾아 재평가할 것을 권고하였다.

(2) 주기적 접근법을 이용한 치료 사례

진ㅇㅇ는 5세 6개월 여아로 또래에 비해 발음이 부정확하다는 것을 주소로 의뢰되었다.

PRES와 REVT검사 결과 아동의 전반적인 언어발달은 정상수준이었다.

간단한 대화에서 아동의 말은 대체로 이해 가능하였다. 조음평가결과 아동은 양순파열음/ㅂ/를 종성에서 생략, /ㅈ, ㅊ, ㅉ/, 초성의 /ㄹ/를 치조파열음으로 대치, 종성/ㄱ/는 치조파열음으로 대치하였고, 종성/ㅇ/을 생략하거나 치조파열음으로 대치, 치조마찰음 /ㅅ/를 파찰음으로 대치하거나 왜곡하는 오류를 보였다.

아동의 오류가 여러 음소에 걸쳐 있어 주기적 접근을 시도하기로 하였다. 따라서 출현율이 높은 파찰음의 파열음화, 유음의 파열음화, 연구개음의 전설음화, 연구개음의 생략의 오류패턴에서, 초성/ㅈ, ㅊ, ㅉ/, 초성/ㄹ/, 종성/ㄱ/, 종성/ㅇ/을 정조음 하는 것을 목표로 하였다. 4주기에 걸쳐 아래와 같이 치료를 실시하였다. 치료회기 내에 목표 음소를 낱말 수준에서 정조음하도록 한 뒤, 목표 낱말을 포함하는 다양한 활동을 통해 짧은 문장수준에서 일반화를 촉진하였다.

3주기에 파찰음의 파열음화와 종성/ㄱ/의 전설음화는 거의 소거되어 치료실 내 자연스러운 활동에서 목표음소를 80%이상 정조음할 수 있었다. 따라서 4주기에는 남은 오류만을 목표로 하였다.

4주기가 끝난 뒤, 치료실에서의 자연스러운 놀이나 대화 상황에서 치조마찰음을 포함하여 목표 음소의 정확도는 80%이상으로 나타나 치료를 종결하였다.

	오류패턴	목표음소	목표낱말/구
1 주기	1-2주 연구개음생략	종성/ㅇ/ 연구개음 파열음 앞	응가, 안경, 당근, 비행기, 당겨
	3-4주 파찰음의 파열음화	어두초성 /ㅈ, ㅊ, ㅉ/	잼, 치마, 책, 촛불, 채소
	5-6주 유음의 파열음화	초성/ㄹ/ 종성/ㄹ/뒤	콜라, 발라(약), 달라, 빨래, 불러
	7-8주 연구개음의 전설음화	종성/ㄱ/ 1음절	목, 턱, 책, 약, 북
2 주기	9-10주 연구개음생략	종성/ㅇ/ 1음절	빵, 똥, 방, 공, 병
	11-12주 파찰음의 파열음화	어중초성 /ㅈ, ㅊ, ㅉ/	부채, 피자, 단추, 퍼즐, 팔찌
	13-14주 유음의 파열음화	어두초성 /ㄹ/	라면, 라디오, 레몬, 루피, 로디
	15-16주 연구개음의 전설음화	어말종성/ㄱ/	수박, 주먹, 부엌, 케익, 치약
3 주기	1-2주 연구개음생략	어말종성/ㅇ/ 2음절	오뎅, 안녕, 가방, 빨강, 뚜껑
	3-4주 파찰음의 파열음화	초성/ㅈ, ㅊ, ㅉ/ 목표음소 2번	자동차, 자전거, 주전자, 자장면, 찢어
	5-6주 유음의 파열음화	어중초성/ㄹ/	울어, 불어, 열어, 밀어, 물어
	7-8주 연구개음의 전설음화	어중종성 /ㄱ/	세탁기, 막대기, 떡볶이, 목도리, 택시
4 주기	1-2주 연구개음생략	어중종성 /ㅇ/	고양이, 강아지, 엉덩이, 송아지, 달팽이
	5-6주 유음의 파열음화	어중초성/ㄹ/	요구르트, 크레파스, 동그라미, 할아버지, 놀이터

(3) 발달장애를 동반하고 모음으로만 말하는 아동의 치료 사례

김ㅇㅇ는 7세 7개월 남아로 발달장애를 동반하였다. 아동의 어머니는 아동이 다른 기관에서 언어치료와 인지치료 및 특수 교육을 받고 있으나 발음이 매우 나빠 조음 치료를 집중적으로 받기를 원하였다. 아동의 신체 및 운동발달은 정상수준이었다고 한다. 옹알이는 또래보다 일찍 하였으며 첫 낱말은 10개월 경 '엄마, 때찌'등을 산출하였으나 아동이 만 2세가 되었을 때는 이전에 산출하던 낱말도 산출하지 않게 되었다고 한다. 상호작용이 매우 부족하고 자발적인 발성이 거의 없으나 몇 가지 익숙한 말은 모음수준에서 매우 느리게 모방하여 산출할 수 있다고 한다.

REVT의 수용어휘 등가연령은 13개월수준이었다. 비공식적으로 활용한 K M-B CDI 검사결과 수용어휘는 200/641개로 특히 명사이해가 어려웠다. 자발적인 표현어휘는 없으며 '엄마[어아/어마], 일어나[이어아], 네[나], 라면[나머/나어/아어], 화장실[아어이], 아이스크림[아어이으(이)], 안녕하세요[아어아오]'등을 모방하여 산출할 수 있다고 하였다.

독립분석과 자극반응도 검사결과, 아동이 산출할 수 있는 모음은/ㅏ, ㅓ, ㅣ, ㅗ, ㅜ, ㅡ/, 자음은 /ㅁ, ㄴ/였고, 음절유형은 CV, CVV, VV, VVV, VVVV 였다.

초기: 먼저 양순파열음을 목표로 아동에게 '후'하고 비누방울을 불게 하였다 다음으로 비누방울을 불 때 '푸'하고 입술을 붙이도록 하였다. 10번 정도 [푸]가 산출되었으나 /ㅍ/를 다른 모음과 연결하지는 못하였다. 다음 회기에 아동에게 산출을 유도하였으나 더 이상 [푸]를 산출하지 못했다. 다시 아동에게 [아]를 산출하도록 하고 치료사의 팔로 적절한 타이밍에 아동의 입을 막았다가 떼 주며 '바'를 산출하도록 하였다. 아동이 CV음절 수준에서 목표음소를 적절하게 산출하면 바로 자연스러운 놀이 상황으로 연결하여 '부어, 봐[바], 발, 배, 비, 붕, 아빠'등 쉽고 기능적인 낱말수준에서 충분히 연습할 수 있도록 하였다. 아동은 파열음을 모음과 연결할 때 빠른 시간 내에 적절한 협응을 하지 못하였다. 따라서 파열음을 확립할 때 격음을 사용하여 음소 수준에서부터 산출을 유도하였다. 3개월 동안 CV, CVV, CVCV, VCC 음절유형의 기능적인 낱말에서 70%이상의 정확도로 파열음을 확립하였다. 초기에는 한 가지 목표 음소만 들어간 낱말에서 연습하였다(치조파열음의 경우 '닫아, 타, 더, 다(전부)' 등, 연구개파열음의 경우 '가위[가이], 가, 이거, 고기).

중기: 아동이 산출할 수 있는 음소목록이 증가하여 아동의 음소 목록에 있는 자모음을 다양하게 결합하고, 아동의 음소목록에 있는 두 가지 자음이 포함된 낱말을 산출하도록 하였다. 아동은 전반적으로 조음기관의 움직임이 매우 느려 장애음과 비음이 동시에 포함된 낱말을 산출하는 것을 어려워했다(비누[미누/비두]). 따라서 처음 두 가지 자음을 산출하게 할 때는 조음방법이 유사한 것에서부터 차이가 많이 나는 것으로 위계를 정하여 연습하였고 또한 아동이 여전히 의사소통의도와 자발적 발성이 부족한 편이라 매 회기 일반화를 위해 자연스러운 상황에서 목표 음소를 산출하는 것에 중점을 두었다.

후기: 음소 목록이 증가하며 이해 및 표현어휘, 자발적인 발성과 의사소통의도가 증가하였다. 기능적인 어휘를 중심으로 자극일반화를 촉진하며 연습해 구조화된 치료실 맥락에서 자발적으로 산출할 수 있는 낱말이 50여개 이상이 되어 2낱말 조합에서도 목표 음소를 적절하게 산출하도록 하였다. 동시에 주기적 접근으로 파찰음, 마찰음, 유음 확립을 목표로 하였다. 이 시기에 집에서는 읽기 교육을 시

작하였는데 시각적 자극에 민감한 아동은 점차 글자단서를 활용할 수 있게 되었다. 이후 아동이 자발적으로 표현하는 어휘가 더욱 늘었다. 글자를 알게 되면서 아동의 음운표상능력이 더욱 증가한 것으로 생각된다.

(4) 일음절씩 단강도로 말하는 아동의 사례

지ㅇㅇ은 지적장애를 가진 14세 아동으로 언어능력이 부족하고 발음이 나빠 의사소통이 어렵다는 것을 주소로 의뢰되었다. 아동의 수용언어는 3세, 표현언어는 20개월 수준이었으며 수용 및 표현 어휘 능력은 12개월 수준이며 '** 주세요[** 우에오], 학교 다녀오겠습니다[아오아어오이아], 안녕하세요[아어아오]' 정도를 산출할 수 있다고 하였다. 아동은 대부분 모음만 사용하여 일음절씩 끊어 단강도로 산출하였다. 빵이나 약은 [아], 코, 돈, 똥은 [오]로 , 3음절이상의 낱말인 경우 2음절의 모음으로 산출하는 경우가 대부분이었다(냉장고[어아]). 아동이 산출할 수 있는 음소목록은 모음/ㅏ, ㅓ, ㅣ, ㅗ, ㅜ/, 자음/ㅁ, ㄴ, ㄷ, ㅂ, ㅃ/이었으나 자발화에서는 자음이 거의 생략되었다. 아동에게 [퍼퍼퍼], [터터터]등의 교대운동을 시켰을 때 혀가 독립적으로 움직이지 못하고 턱이 심하게 움직이는 모습이 관찰되었다. 아동은 입모양이나 조음방법을 바꿀 때 발성을 유지하지 못하였다. MPT는 5초 정도로 짧은 편이었으며 편안한 발성을 산출하지 못하고 초반에는 과도하게 힘을 들이고 뒤로 갈수록 비성을 산출하였다. 단강도로 음절마다 힘을 주어 산출한 탓인지 거친 음성이 관찰되었다.

초기에는 이완하여 부드럽게 발성하도록 하였다. 하나의 모음을 길고 부드럽게 연장하여 산출하는 것(예: 아~~~~, 이~~~~)부터 시작하여 다른 모음을 부드럽게 연결하여 산출하도록 하였다(예: 이~~~아~~~~, 이~~아~~, 이아~~). 동시에 아동의 음소 목록 내에 있는 자모음을 이용해 기능적인 어휘(안녕[안네], 아니, 나, 넣어, 네[너], 더, 먹어[머어], 엄마, 아빠, 누나 등)를 다양한 맥락에서 사용할 수 있도록 하였다.

중기에는 2음절 이상을 부드럽게 연결하는 것을 지속적으로 연습하며, 다양한 음소를 산출하도록 촉진하였다. 아동이 좋아하거나 사용 빈도가 높은 기능적인 낱말 목록을 만들어 활용하였는데 음소 목록이 제한적일 때에는 '치킨' 대신 '닭[대]', '청바지'를 [텅바디]로 등으로 대체하여 제시해 아동의 산출능력 내에서 낱말에서 자음이 빠지지 않는 것을 목표로 하였다. 이완하여 발성하도록 하고 다양한 단서로 음소를 유도하자 아동의 음소 목록은 모음/ㅏ, ㅓ, ㅣ, ㅗ, ㅜ, ㅔ, ㅕ, ㅑ, ㅘ/ 자음/ㅁ, ㄴ, ㅂ, ㅃ, ㅍ, ㄷ, ㄸ, ㅌ, ㅈ, ㅊ, ㅉ, ㅅ, ㅎ, 종성ㄹ/로 점차 증가하였다.

후기에는 연구개 파열음 산출을 유도하였다. 연구개 파열음을 유도하기 위해 혀를 눌러주며 산출해 보도록 하자 하자 턱과 머리를 지나치게 움직이며 인두파열음이나 성문파열음과 유사한 소리를 산출하였다. 성문마찰음을 이용하여 이완훈련을 먼저 한 후 양쪽 어금니 사이에 바이트블록을 끼워 턱을 고정시키고 혀를 눌러주며 성문마찰음과 /거/를 번갈아 산출하도록 하자 오랜 연습 끝에 연구개 파열음을 산출할 수 있었다. 다음에는 바이트 블록을 빼고 설압자를 세로로 세워 앞니 사이에 살짝 물게 한 다음 연구개 파열음을 산출하도록 하였다. 나중에는 다른 도움 없이 '고기', '고구마', '가', '안가' 등의 어휘를 산출할 수 있었다.

아동의 경우 2년의 치료 후에도 자발적인 낱말 수준에서 습득된 음소의 자음정확도가 50%를 넘지 못했다. 부드럽게 이어 말하기도 습관적인 발화나 치료실 외의 상황에서 일반화 하는 데는 어려움이 있었다.

조음능력이 심하게 지체되고 인지능력에 제한이 있는 아동은 한 번 잘못 든 습관을 고치는 것이 더 어려울 수 있다. 따라서 언어치료사들은 조음치료를 할 때 아동에게 충분히 확립되지 않은 음소를 어려운 맥락에서 요구하거나 아동이 음절단위로 끊어 산출하지 않도록 주의해야 한다.

◈◈◈

의사소통장애의 모든 영역이 그렇듯이 조음음운장애에서도 대상자의 말소리 오류를 정확하게 확인하는 것이 무엇보다 중요하다. 정확하고 면밀한 평가는 치료와 직결되므로 평가를 통해 문제가 무엇인지, 어떻게 접근해야 할지를 기민하게 판단해야 한다. 또한 정확한 평가가 이루어졌다고 하더라도 조음치료는 반복적인 훈련을 요하는 과정이므로 대상자뿐만 아니라 언어치료사에게도 지루할 수 있다. 따라서 대상자들에게 적절한 수준의 난이도를 적용하고, 다양하고 재미있는 아이디어와 일반화시키기 좋은 기능적인 맥락을 찾기 위한 노력이 필요하다. 이러한 노력으로 대상자가 즐겁게 치료활동에 임하며 발전해 나간다면 조음음운장애치료는 언어치료사에게 무엇보다 큰 보람과 성취감을 느낄 수 있는 영역이 될 것이다.

참고문헌

1. 김민정 · 배소영(2005). '아동용 조음검사'를 이용한 연령별 자음정확도와 우리말 자음의 습득 연령. 음성과학 12(2)
2. 김민정 · 한진순 · 이혜란(역)(2011). 언어장애진단평가. 서울: 학지사
3. 김수진 · 신지영(2015). 말소리장애. 서울: 시그마프레스
4. 김수진 · 이수향(2011). 음운장애 평가를 위한 한국어 말소리검사 비교. 특수교육 vol. 10(1)
5. 김수진 · 한진순 · 장선아 · 박상희(역)(2011). 아동의 조음음운장애 치료. 서울: 박학사
6. 김영태 · 심현섭 · 김수진(역)(2012). 조음음운장애. 서울: 박학사
7. 박현주 · 이은주 · 표화영 · 한진순(역)(2014). 임상근거기반 의사소통장애. 서울: 시그마프레스
8. 신지영(2005). 3세~8세 아동의 자유 발화 분석을 바탕으로 한 한국어 말소리의 빈도 관련 정보. 한국어학 27, 163-200.

9. 신지영(2011). 한국어의 말소리. 서울: 지식과 교양

10. 최정윤 · 한진순(1998). 정상아동과 성인의 교대운동 속도에 관한 연구. 언어청각장애연구 vol. 3

11. Baker, E., Croot, K., McLeod, S., & Paul, R. (2001). Psycholinguistic models of speech development and their application to clinical practice. Journal of Speech, Language, and Hearing Research, 44, 685-702.

12. Peterson-Falzone SJ, Hardin-Jones MA, Karnell MJ(2001). Cleft Palate Speech. 3rd ed. St. Louis: Mosby

chapter

03

유창성장애

chapter
03 유창성장애

언어치료학을 전공하는 학생이라면 누구나 발달성 말더듬에 대한 과목을 수강하게 된다. 그럼에도 대부분의 학생들은 실제 말더듬 아동이나 성인을 임상현장에서 만나게 될 때 매우 당황해하거나 또는 두려워 되도록 '피하고 싶다는' 이야기를 하곤 한다. 이는 발달성 말더듬이 단순히 하나의 요인만이 아닌 유전, 환경, 사회, 기질, 심리 및 정서 등 실로 다양한 요인들에 의해 발생하는 다변적 장애이기에, 이를 토대로 평가 및 치료 계획을 수립해야함은 물론, 비교적 진전된 말더듬화자일수록 치료가 용이하지 않으며, 치료 후 재발 가능성 또한 높다는 이유들 때문일 것이다. 하지만 다른 한편으로는 주로 이론 위주의 수업으로 실제 말더듬 평가 및 치료에 대한 임상 경험을 거의 쌓을 수 없는 상태에서 막상 무엇을 어떻게 해야 하는지 모르는 '무지'로 인한 두려움 때문일 수도 있다. 이러한 '설상가상'의 상황에서 빠져나와 성공적으로 임상수행을 하기 위해서는 무엇보다도 현장에서 우선적으로 필요한 구체적이고 실제적인 지침들에 대한 숙지가 매우 중요하다 하겠다. 이러한 점을 주지하여 이 장에서는 주로 학부 전공학생들이나 이제 갓 임상을 시작하는 '초보언어치료사'들이 보다 효율적이면서도 성공적인 임상수행을 하기 위해서 현장에서 반드시 숙지해야하는 기본 내용과 지침들을 제공하였다.

1. 발달성 말더듬 임상 전 숙지해야하는 사항들

먼저 임상 수행 전에 반드시 숙지해야하는 몇 가지 내용들을 정리해보면 다음과 같다.

1. 발달성 말더듬의 정의, 증상관련 특징, 발생요인, 시작시기 등을 포함한 장애 전반에 대한 개괄적 이해가 필요하다.
2. 정상화자들에게도 종종 관찰되는 정상적 비유창성과 말더듬 비유창성이 어떻게 구별되는지에 대한 이해가 필요하다.
3. 다른 유창성장애, 즉 심리적(psychogenic) 말더듬, 신경학적(neurogenic) 말더듬, 그리고 말빠름증(cluttering)과 어떻게 구분되는지에 대한 이해가 필요하다.
4. 발달성 말더듬의 평가와 치료를 포괄하는 기본적인 임상 절차에 대한 숙지가 필요하다.

먼저 발달성 말더듬은 대표적인 말유창성장애로 주로 말소리, 음절 또는 낱말 등이 비정상적으로 반복되거나 말소리 연장, 또는 막힘과 같은 비운율적 발성으로 말의 산출 또는 흐름이 원활하지 않게 되는 장애이다. 이러한 발달성 말더듬의 주요 증상으로는 크게 두 가지로 나누어 볼 수 있는데, 첫째는 말소리, 음절, 낱말 반복이나 연장, 막힘 등 주로 언어적 행위로 나타나는 핵심행동, 둘째는 이러한 핵심행동의 반응으로 주로 비언어적 행위로 나타나는 이차행동이다. 전형적인 이차행동으로는 눈깜박거림, 숨헐떡거림, 들숨 발화, 콧구멍 벌렁거림과 같이 주로 핵심행동에서 벗어나기 위한 '노력의 산물'로 나타나는 탈출행동과, 자주 더듬는 말소리, 낱말이나 상황을 의도적으로 회피하고자 발생하는 회피행동이 있다. 결국 이러한 여러 말더듬 관련행동들로 인해 '나는 말의 문제가 있는 사람'이라는 자아관이 형성되면서 자신에 대한 부정적 생각과 느낌, 좌절감, 수치감, 때론 죄의식까지로 발전하면서 개인 및 사회생활에 지대한 영향을 미치는 의사소통장애가 바로 발달성 말더듬이다.

지금까지의 여러 연구결과들을 종합해 발달성 말더듬에 대해 '사실'이라고 말할 수 있는 몇 가지를 나열하면 다음과 같다. 첫째, 전체인구에서 지금까지 적어도 6개월 이상 말을 더듬은 경험이 있는 사람들의 비율을 의미하는 발생률은 대략 5%, 반면에 현재 말을 더듬고 있는 사람들의 비율을 의미하는 출현율은 1% 정도에 이른다. 둘째, 발병시기는 대략 2세에서 5세에 이르는 학령전기로, 이에 대해 학자들은 이 시기가 주로 아동의 어휘, 문법, 음운능력이 이전

시기와는 달리 급진적으로 발달하는 이른바 '언어발달의 폭발시기'와 일치한다고 주장한다. 셋째, 발달성 말더듬은 상대적으로 남자의 발생비율이 높아 대략 4 : 1 정도의 차별적 성비를 보인다. 넷째, 자연회복 비율은 비교적 높아 최고 70~80% 정도가 조기 치료로 인해 또는 자연적으로 회복되는 것으로 나타났다. 마지막으로 이러한 발달성 말더듬의 발생 요인에 대해서는 아직까지 확실하게 규명되지 않았지만, 대부분의 학자들은 말더듬이 특정 단일요인이 아닌 생리적, 기질적, 유전적, 심리언어적, 사회적인 여러 측면에 걸친 요인들이 결합된 상호 복합작용의 결과로 발생한다고 보고 있다.

비유창한 발화는 크게 두 가지로, 낱말부분반복, 말소리 연장, 그리고 막힘과 같이 좀 더 말더듬화자에게 전형적으로 나타나는 말더듬 비유창성과 낱말전체반복, 간투사(또는 삽입구), 주저, 낱말수정과 같이 일반화자들에게도 종종 관찰되는 정상적 비유창성으로 구분된다. 이는 말더듬화자를 진단하는데 매우 중요한 항목으로 구체적 예시들과 함께 반드시 숙지하고 있어야 한다. 〈표 1〉에서 말더듬 비유창성의 항목과 정의, 그리고 구체적 예시들을 함께 제시하였다.

〈표 1〉 말더듬 비유창성의 항목, 정의, 예시

	항목	정의	예시
말더듬 비유창성	반복 (repetitions)	음소, 음절, 1음절 낱말 등이 여러 번 억제할 수 없이 되풀이 되는 현상	"학학학학교에서 놀았어" "ㅅㅅㅅ사이다를 마셨어"
	연장 (prolongations)	하나의 특정 음소(말소리)가 부적절하게 길게 지연되는 현상	"하-하-하-하-학교에서 놀았어" "ㅅ-ㅅ-ㅅ-사이다를 마셨어"
	막힘 (blocks)	소리가 나오지 않고 멈춘 상태	"——학교에서 놀았어" "——사이다를 마셨어"

일반적으로 유창성장애라고 하면 발달성 말더듬만을 생각하기 쉽다. 하지만 유창성장애 범주에 포함시킬 수 있는 세부 장애들로는 말빠름증(또는 속화[速話]), 신경학적 말더듬, 그리고 심리적 말더듬 등이 있다. 말빠름증은 말속도가 비정상적으로 빠르거나 불규칙한 발화를 주요 특징으로 종종 조음 또는 비유창성 문제가 동반되기도 한다. 신경학적 말더듬이나 심리적 말더듬은 대표적인 후천성 성인 말더듬으로 전자는 주로 뇌경색, 뇌출혈과 같은 뇌혈관사고로 인해, 후자는 심리적 외상이 주 발생요인이다. 감별진단과 관련해 발달성 말더듬과 다른 유창성장애들 간의 차이점에 대해 분명하게 인지하고 있어야 한다. 〈표 2〉에서 발달성 말더듬과 말빠름증의 진단 시 고려할 수 있는 임상적 징후를, 〈표 3〉에서는 각각 신경학적 말더듬과 심리

적 말더듬화자들에게 관찰되는 주요 임상적 특징들을 제시하였다.[1]

〈표 2〉 발달성 말더듬과 말빠름증의 임상적 징후(√: 반드시 포함될 필요가 없는 징후, √√: 자주 나타나지만 반드시 포함될 필요는 없는 징후, √√√: 범주에 반드시 포함되어야 할 징후)

징표	발달성 말더듬	말빠름증
잦은 정상적 비유창성	√	√√√
잦은 말더듬 비유창성	√√√	√
빠른 말속도		√√√
느린 말속도	√√	
불규칙적인 말속도	√√	√√√
비전형적 쉼(pause)	√√	√√√
화용 오류	√	√√
의미 오류		
구문/형태 오류	√	√√
언어적 비유창성, 비구조화된 발화	√	√√

〈표 3〉 신경학적 말더듬과 심리적 말더듬의 주요 임상적 특성

신경학적 말더듬	심리적 말더듬
말더듬 전력이 없음	인격장애, 외상후 스트레스, 약물 의존, 불안 또는 우울과 같은 정서문제 이력
중추신경계 손상 또는 퇴행 병력	말더듬을 "붙잡고 있는" 느낌을 줌, 어떤 상황에서도 말더듬이 일관적으로 나타남
말하는 상황에 따라 유창성 변이가 나타남	심리적 발생요인이 사라지면 유창성 향상
자동발화(예: 숫자읽기, 요일말하기) 시 유창성 증진이 나타나지 않음	짧은 시도치료에도 효과를 보임
구절읽기를 반복했을 때 말더듬이 줄어드는 적응효과가 나타남	적응효과가 나타나지 않음
문장 내 다양한 위치(처음, 중간, 끝)에서 말더듬이 나타남	특이한 문법적 구성 산출(예: "나를 아파", "Me get sick")
말더듬 시작에서 특히, 투쟁행동이나 이차행동이 나타남	말더듬이 일어나는 구체적 상황 사건 존재

발달성 말더듬에 대한 진단과 치료를 아우르는 임상과정은 언어치료의 일반적 임상절차를 따른다고 할 수 있다. 즉, 말더듬 문제를 가지고 있는 사람이 찾아왔을 때 언어치료사는 우선

사례설문지조사, 면담, 공식 또는 비공식 평가 등을 통하여 실제로 말더듬이 있는지를 확인 및 판단하고, 만약 말더듬이 있다는 결과가 나왔을 때 적절한 치료목표와 방식을 결정해 치료에 임해야 한다. 치료에는 크게 직접치료와 간접치료 두 가지 방법이 있는데, 전자는 언어치료사가 직접 대상자를 만나서 치료하는 것이며, 후자는 비교적 말더듬 지속기간이 오래지 않은 경계선급이나 초기말더듬 아동들을 대상으로 주로 부모나 가족들을 교육하여 아동의 말더듬을 치료하는 말그대로 '간접적인' 치료법을 의미한다. 이러한 발달성 말더듬의 일반적 임상과정을 도식화하면 〈그림 1〉과 같다.

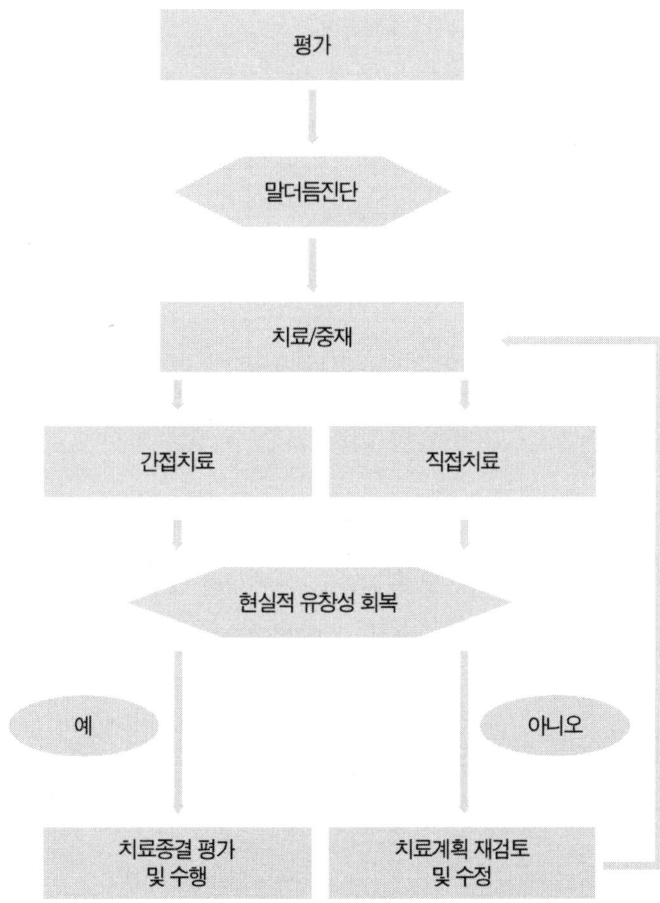

〈그림 1〉 발달성 말더듬의 일반적 임상적 절차

2. 발달성 말더듬 평가 시 숙지해야하는 사항들

드디어 임상의 첫 번째 과정인 평가를 시작하게 된다. 기본적으로 평가는 대상자가 과연 말더듬화자인지, 그렇다면 중증도는 어떻게 되는지를 최종적으로 진단하는 중요한 임상적 과정이다. 평가 시 숙지해야 하는 기본 내용 및 지침들은 다음과 같다.

1. 발달성 말더듬 평가의 기본 절차에 대한 숙지가 필요하다.
2. 사례질문지와 면담을 통해 반드시 수집해야하는 정보들에 대한 숙지가 필요하다.
3. 공식평가도구의 평가항목, 평가방법, 점수산정방법, 진단법 등, 공식평가도구의 구체적 내용에 대한 숙지가 필요하다.
4. 가능한 비공식 평가방법에 대한 숙지가 필요하다.
5. 평가 결과를 바탕으로 적절한 치료방법, 치료수준, 치료기간 등에 대한 타당한 제언을 내릴 수 있어야 한다.
6. 발달성 말더듬의 일반적 진전 과정에 대한 이해가 필요하다.
7. 발달성 말더듬의 자연회복 가능성 및 관련 요인들에 대한 이해가 필요하다.

일반적인 발달성 말더듬 평가 과정은 먼저 사례질문지를 이용하거나 대상자 또는 부모와의 면담을 통해 관련 정보를 수집하고, 말더듬 행동 뿐 아니라 대상자의 느낌, 심리, 의사소통태도에 대한 공식 및 비공식 검사를 실시하고, 이를 바탕으로 최종적인 말더듬 진단을 내린다. 만약 말더듬으로 진단되어 치료가 필요한 경우 구체적인 치료계획을 수립해야 한다. 발달성 말더듬 평가의 기본절차를 〈그림 2〉와 같이 도식화할 수 있다.

정보수집
- 질문지를 이용해 사례력 수집
- 대상자/부모를 통해 추가 정보 수집

말더듬 평가
- 공식/비공식 검사
- 말더듬 행동 및 관련 느낌, 심리, 의사소통태도에 대한 검사
- 필요 시 언어 및 조음 관련 부가 평가 실시

말더듬 진단
- 말더듬 여부 진단
- 치료 수준 결정
- 치료 장/단기 계획 수립

〈그림 2〉 발달성 말더듬 평가 및 진단의 기본적 절차

평가 절차에 대해 보다 구체적인 설명해보자. 먼저, 평가대상자에 대한 정보수집과 관련해서 사례질문지를 이용해 대상자에 대한 여러 가지 정보들을 수집하게 된다. 평가대상자의 연령에 따라(예: 학령전기, 학령기, 중학교 이상 성인) 차이가 있지만 일반적으로 사례질문지에 포함된 항목들로는 성명, 연령, 성별, 교육정도, 의뢰자, 주소, 연락처와 같은 기본정보 이외에 말더듬 시작 및 경로, 진전, 그리고 현재 상태와 함께 병력, 발달력, 사회력, 가족력과 같은 배경정보에 대한 문항들이 포함된다. 〈표 4〉에서 연령에 따라 일반적으로 사례질문지에 포함되는 말더듬 관련 질문 항목들을 제시하였다.[2]

〈표 4〉 사례질문지에 포함되는 말더듬 관련 문항

평가 대상	질문 문항	예시
학령전기 또는 학령기 아동	말더듬 경로	처음 말더듬을 발견한 때는 언제입니까? 가족(친척) 가운데 말을 더듬는 사람이 있습니까? 처음 말더듬이 발견되었을 때 증상은 어떠했습니까? 처음 말더듬이 감지되었을 때, 말더듬에 힘이 들어가는 것 같았습니까? 또는 힘이 들어가지 않고 더듬었습니까? 처음 말더듬이 감지되었을 때, 아동의 반응은 어떠했습니까?
	말더듬 진전 및 현재 상태	말더듬이 시작된 후 증상 및 형태에 변화가 있었습니까? 말더듬이 나타나지 않는 기간이 있었습니까? 아동이 특별히 말하기를 어려워하는 상황이 있습니까? 아동의 말더듬이 일상생활이나 학교생활에 영향을 미친다고 생각하십니까?
중학교 이상 성인	말더듬 경로	가족(친척) 가운데 말을 더듬는 사람이 있습니까? 처음 말더듬이 발견되었을 때 몇 살이었습니까? 처음 말더듬이 발견되었을 때 증상은 어떠했습니까? 말더듬 형태가 항상 같았습니까? 아니면 달랐습니까? 처음 말더듬이 처음 감지되었을 때 반응은 어떠했습니까? 당신은 말더듬을 고치려고 시도했습니까? 어떤 시도를 하였습니까?
	말더듬 진전 및 현재 상태	말더듬이 시작된 후 증상이나 형태에 변화가 있었습니까? 말더듬이 나타나지 않는 기간이 있었습니까? 말더듬이 오히려 증가하는 기간이 있었습니까? 유난히 말하는 것이 어려운 상황이 있습니까? 유난히 말을 많이 더듬는 상황과 그렇지 않은 상황이 있습니까? 말더듬이 당신의 직장(학교)생활에 악영향을 미친다고 생각하십니까? 현재 당신의 말더듬에 대해 설명해주실 수 있습니까?

일반적으로 대상자와 만나서 면담을 하기 전에 당사자 또는 부모로 하여금 사례질문지를 미리 작성해 면담 이전에 우편 등으로 미리 보내도록 요청하고, 언어치료사는 면담하기 전에 사례력을 충분히 검토하여 추후 면담 시 물어볼 사항들과 확인할 사항들을 준비하도록 한다. 면담 시 질문할 항목들에 대해 미리 준비를 해야 하며 각각의 질문들이 어떤 목적과 이유로 사용되는지에 대해서도 충분한 숙지가 있어야 한다. 면담 시 기본적으로 포함되어야하는 문항들과 각 문항의 기본 목적들을 〈표 5〉에 제공하였다.

〈표 5〉 평가대상자에 따른 면담 시 예시 질문

평가 대상	질문 문항	질문 목적
학령전기 (경계선급 및 초기말더듬)	임신 또는 출산 시 문제는 없었는가?	임신 출산 시 사고로 인한 운동, 신경, 인지 이상 확인
	말, 언어, 인지, 정서 등 발달적인 측면에 문제가 없었는가?	말더듬 관련 여러 발생요인들의 발달상의 문제 확인
	가족(친척) 중에 말더듬 또는 언어장애를 가진 사람이 있는가?	말더듬 유전 또는 가족력 확인
	아동의 말더듬 당시 집안에 특별한 일은 없었는가?	중요사건(예: 이사, 전학, 동생 출산)에 의한 말더듬 유발 가능성 확인
	아동이 자신의 비유창성을 인지하는가?	인지유무에 따라 말더듬 진전 정도 예측, 치료방향결정
	낱말 또는 상황 회피가 나타나는가?	회피행동 출현에 따른 말더듬 진정 정도 예측
	형제(자매) 또는 교우관계는 어떤가?	말더듬이 대인관계에 미치는 영향 확인, 필요한 경우 조치
	아동을 이해하는데 도움이 될 수 있는 기타의 내용들은 없는가? 아동에 대해 말하고 싶은 다른 내용은 없는가?	추가적으로 대상자 관련 중요 정보 수집
학령기 (초기 말더듬)	말을 할 때 어려움이 있다고 생각하는가?	인식 유무에 따라 진전 정도 및 치료 방향 결정
	말더듬에서 빠져나오기 위한 특별한 방법을 사용하는가?	부수행동 출현과 관련한 말더듬 진전 예측
	아동의 말에 대해서 부모는 어떻게 생각하고 있는가?	말더듬 발생 관련 부모 영향 예측, 치료 방향 결정
	특정 낱말, 상황 등을 회피하는가?	말더듬 진전 정도 파악
	아동의 말더듬을 놀리는 사람이 있는가? 아동은 이에 어떻게 반응하는가?	말더듬으로 인한 심리적 고통 파악, 필요한 경우 조치
	아동의 말더듬이 시간과 장소에 따라 어떻게 변화하는가?	상황에 따른 말더듬 변이 양상 파악, 구체적인 상황/시간 확인
청장년 (중간급 및 진전된 말더듬)	무엇 때문에 말더듬이 생겼다고 생각하는가?	말더듬 발생에 대한 대상자 의견 수렴, 관련 오해 수정
	말더듬 치료를 받은 적이 있는가? 있다면 어떻게 치료를 받았는가?	향후 치료방향 및 방법 결정
	지금에 와서 언어치료실을 찾은 특별한 이유가 있는가?	말더듬 관련 최근 문제 파악, 치료에 대한 구체적 동기 확인
	말더듬이 당신의 개인 및 대인관계에 어떤 영향을 미쳤는가?	대인관계 문제 확인, 필요시 조치
	말더듬에 대한 느낌이나 태도는 어떠한가?	말더듬에 대한 자기 인식 정도 확인, 치료 방향 결정
	당신의 말더듬에 대해 우리가 알아야 된다고 생각되는 것이 있는가?	추가 정보 수집, 말더듬으로 인한 내적 고통 또는 어려움 이해
	우리에게 물어볼 질문이 있는가?	말더듬 관련 질문 답변 제공

사례력검사와 면담을 통해 대상자에 대한 기초 및 여러 가지 정보를 수집한 후, 공식 또는 비공식검사를 통해 말더듬 행동 뿐 아니라 말더듬 관련 느낌, 감정 또는 의사소통태도에 대한 평가를 실시한다. 일반적으로 말더듬 평가에 사용되는 공식검사도구로는 말더듬중증도검사(Stuttering Severity Instrument for Children and Adults, Riley, 1994, 2009)와 파라다이스유창성검사(Paradise-Fluency Assessment-II, 심현섭, 신문자, 이은주, 2010)가 있다. 이러한 공식평가도구를 사용하기 위해서는 먼저 각 평가도구의 특징, 대상자 연령, 수행세부과제, 점수산정방법, 최종진단기준 등을 숙지할 뿐 아니라 충분한 연습을 통해 능숙하게 사용할 수 있어야 한다. 두 공식평가도구에 대한 간단한 소개를 하자면 <표 6>과 같다.

<표 6> 발달성 말더듬 공식평가도구

	SSI	P-FA
평가항목	말더듬 빈도, 말더듬(막힘)의 길이, 부수행동	비유창성 빈도, 부수행동, 의사소통태도
평가대상자	아동 및 성인	미취학아동, 취학아동, 중학교 이상 성인
실행과제	1) 성인 및 글을 읽을 수 있는 아동: 직업(학교)에 대한 이야기 + 읽기과제 2) 글을 읽지 못하는 아동: 그림보고 이야기하기	1) 선택과제(낱말그림, 따라말하기) 2) 필수과제 (문장그림, 말하기그림, 그림책 [미취학아동]; 말하기그림, 이야기그림, 읽기[취학아동]; 읽기, 말하기그림, 대화[중학교 이상 성인]
점수산정 방법	말더듬빈도(18점) + 말더듬길이(18점) + 부수행동(20점) = 총점수(56점)	정상적 비유창성점수(ND점수) + 비정상적 비유창성점수(AD점수) = 총과제점수
진단기준	백분위수에 따른 진단 및 중증도 판단	백분위수에 따른 진단 및 중증도 판단

잠깐! 두 공식평가도구에 대해 다음 사항들은 반드시 알아두자.

1. SSI에서는 말더듬 비유창성의 빈도만을, P-FA는 말더듬 비유창성(AD)과 정상적 비유창성(ND)의 빈도를 함께 측정한다.
2. SSI에서는 중요 항목으로 말더듬(막힘)의 길이를 포함해 측정한다.
3. 부수행동은 말더듬 관련 신체적 행동을 청(시)지각적인 방법으로 평가하며, SSI는 0에서 5점 척도, P-FA에서는 0에서 4점 척도를 이용한다.
4. SSI에는 의사소통태도평가가 포함되지 않는 반면, P-FA에는 포함되어 있다. P-FA에서 의사소통태도평가는 취학아동 이상 대상자에게만 실시한다.
5. SSI는 이야기 또는 읽기과제를, 반면 P-FA에서는 연령에 따라 다양한 필수과제들을 통해 말더듬 행동을 평가한다.

공식평가와 함께 대상자 연령에 맞는 과제와 상황들을 통해 비공식평가를 실시할 수 있다. 상황에 따른 말더듬의 변이성이 있기 때문에 되도록 다양한 발화상황에서 비공식검사를 실시하는 것이 좋다. 예를 들어, 아동인 경우 부모와의 놀이상황, 언어치료사와의 자유놀이상황, 낯선 사람과의 대화상황 등을, 중학교 이상 성인인 경우 낯선 사람과의 대화상황, 전화하기상황, 시간적 압박감을 느끼는 상황에서 말하기(예: 1분 동안 최대한 동물 이름말하기, 빠른 시간 안에 주어진 그림 설명하기) 등을 시행할 수 있다. 필요 시 대상자 또는 부모로 하여금 말더듬을 포함한 일상 대화를 녹음하도록 해 이를 추가적으로 분석할 수 있다. 평가결과를 분석해 최종적으로 말더듬 유무 진단을 내리고 치료가 필요한 경우 치료방법, 기간, 치료 수준 등을 포함한 제언을 내리면 된다.

◎ 평가 결과 요약 및 제언- 아동사례

1. 검사요약

김○○은 4세 10개월 된 남자 아동으로, 만 3세경부터 말을 더듬기 시작하여, 현재 심한 정도의 말더듬을 보이고 있다. 아동은 일상적인 대화와 검사자의 지시를 이해하는 데는 어려움이 없었으나 자발화를 분석한 결과 아동의 언어표현 및 이해, 조음에는 큰 이상을 보이지 않았다. 유창성장애 검사결과, 정도는 "심함" 으로 나타났는데, 대부분의 상황에서 "반복(R2)", "막힘과 연장(DP)" 등의 비정상적 비유창성 유형이 단순하게 또는 복합적으로 자주 나타났으며, "주저", "간투사", "수정 및 미완성 어구" 등의 정상적 비유창성 유형도 나타났다. 부수행동으로는 부자연스러운 사지의 움직임, 눈의 움직임, 책상 두드리기 등이 눈에 띄게 자주 관찰되었다. 또한 아동은 자신의 비유창성을 인식하고 있는 것으로 나타나 감정 및 태도 영역에서도 어느 정도 진전이 이루어지고 있는 것으로 평가된다.

2. 임상적 인상

발달성 말더듬 초기(정도: 심함)

3. 제언 및 권고사항

가. 부모와 아동의 상호작용을 통한 간접치료와 직접치료를 병행하여 실시한다.

나. 양육 및 언어 환경 개선을 위한 부모 및 양육자 교육을 실시한다.

◎ 평가 결과 요약 및 제언- 성인사례

1. 검사요약

김○○은 22세의 남자로 3세 경 부터 말을 더듬기 시작하여, 현재 심한 정도의 말더듬을 보이고 있다. 검사하는 동안 매우 긴장된 모습으로 과제를 수행하였으며, 말속도는 느린 편이고 매우 조심스럽게 말하였다. 말더듬 검사 결과, 정도는 "심함" 으로 나타났으며, 대부분의 상황에서 연장, 막힘, 그리고 음소나 음절반복이 나타났다. 이와 아울러 주저와 수정도 관찰되었다. 의사소통태도평가 결과, 정도는 "심함" 으로 나와 말에 대한 부정적 감정이 매우 큰 것으로 나타났다. 부수행동으로는 눈깜박거리기와 고개를 뒤로 젖히는 행동이 "거슬리는 정도" 로 관찰되었다.

2. 임상적 인상

발달성 말더듬 (정도: 심함)

3. 제언 및 권고사항

주3회 개별언어치료 실시, 말더듬 수정법을 이용해 보다 편안하게 말을 할 수 있도록 하고, 말에 대한 부정적 감정을 감소시키는 것을 목표로 말더듬치료를 권고함.

일반적으로 말더듬 진전은 핵심행동이 부수행동보다 먼저 나타난다. 핵심행동은 반복, 연장, 막힘 순으로, 부수행동은 탈출행동, 회피행동 순서로 나타난다. 또한 말더듬이 진전될수록 말더듬에 대한 인식 뿐 아니라 이로 인한 투쟁행동이 증가한다.

잠깐! 말더듬 아동의 말더듬 인식 정도와 관련해 다음은 꼭 알아두자.

일반적으로 경계선급이나 초기말더듬 아동들은 자신의 비유창성 문제를 전혀 인식하지 못한다. 결국 느낌, 심리, 태도상의 문제도 나타나지 않는다. 만약 아동이 비유창성 문제를 인식하고 있지 않다면 의도적으로 이에 대해 언급할 필요는 없다. 하지만 아동이 자신의 말의 문제를 인식하고 있다면 이로 인한 부정적 느낌이나 심리적 부담감을 덜어주도록 노력해야 한다. 일반적으로 아동의 말더듬 인식은 다음의 4단계로 발전하며 해당 아동이 어느 단계인지를 분명히 파악해야한다.

1. 아동은 자신의 비유창성에 대해 전혀 인식하지 못한다.
2. 아동은 자신의 비유창성에 대해 인식하고 있지만 이에 대한 부담감은 아직 없다.
3. 아동은 자신의 비유창성에 대해 인식하고 있으며 이로 인해 당황해하고 있다.
4. 아동은 자신의 비유창성에 대해 인식하고 있으며 당황해하고 있으며 심지어는 말에 대한 두려움도 가지고 있다.

아동 평가 시 기본적으로 자연회복에 대한 가능성을 염두하고 이에 대한 타당한 예측을 내릴 수 있어야 한다. 말더듬 회복 가능성에 영향을 미치는 요인들로는 가족력 유무, 지속기간 및 시작시기, 남·녀 성차, 동반장애 유무 등이 있다. 이러한 요인들을 바탕으로 말더듬 회복 또는 치료 예후에 대해 '보수적이면서도 실증적 예측'을 내려 이를 대상자 또는 부모에게 설명할 수 있어야 한다. 〈표 7〉에서 이러한 말더듬 회복에 영향을 미치는 요인들을 정리하여 제공하였다.[3]

〈표 7〉 말더듬 회복과 지속에 영향을 주는 요인들

말더듬 회복 증상	말더듬 지속 증상
말더듬 가족력(또는 유전력) 없음	말더듬 가족력(또는 유전적) 있음
여자	남자
상대적으로 짧은 말더듬 지속기간 (예: 발병 후 1년 이내)	상대적으로 긴 말더듬 지속기간 (예: 발병 후 1년 이상)
부수행동(예: 머리, 눈 움직임) 나타나지 않거나 감소	부수행동 증가
단어부분반복 감소	단어부분반복 증가
느린 반복속도	빠른 반복속도
동반장애(예: 언어, 조음, 학습장애) 없음	동반장애 있음
빠른 말더듬 시작시기(예: 2세)	느린 말더듬 시작시기(예: 5~6세)

3. 발달성 말더듬 치료 시 숙지해야하는 사항들

말더듬 평가가 끝나면 마침내 치료과정이 시작된다. 이러한 치료과정에서 기본적으로 숙지해야하는 기본 내용과 지침들은 다음과 같다.

1. 대상자에게 적절한 치료계획(예: 장, 단기, 회기계획)을 수립할 수 있어야 한다.
2. 대상자에게 적절한 치료방법을 선택할 수 있어야 한다. 또한 각 치료방법에서 사용되는 구체적인 치료기법에 대한 숙지가 필요하다.
3. 간접치료법에 대한 개요, 특징, 그리고 구체적인 적용법에 대한 숙지가 필요하다.
4. 아동 치료 시 발생 시기, 가족력 유무, 성 차이, 부수행동 유무 등 자연회복에 영향을 미치는 요인들을 고려해 치료방향을 결정할 수 있어야 한다.
5. 부모상담의 목적과 내용에 대해 숙지가 필요하다.
6. 치료실 내에서 습득된 여러 치료기법들의 확립, 전이, 유지를 위한 기본 원칙에 대한 숙지가 필요하다.
7. 치료 진전 평가와 치료종결에 대한 기준에 대한 분명한 숙지가 필요하다.

먼저 치료계획 수립 시 기본적으로 고려해야하는 사항들은 다음과 같다. 첫째, 자발유창성(= 수정, 반복, 간투사 등도 간혹 나타나는 정상화자의 유창성), 조절유창성(= 말(말더듬)의 일부를 조절해 얻는 유창성, 말에 대한 부담감은 여전히 남아있는 상태), 그리고 수용말더듬(= 눈에 띄지만 그리 심하지 않은 말더듬, 좀 더 편한 상태에서 더듬는 상태) 가운데 대상자에게 가장 현실적인 유창성 목표는 무엇인가? 둘째, 대상자의 말더듬에 대한 느낌, 심리, 태도 등을 어떻게 그리고 어느 정도 다루어야 하는가? 셋째, 어떤 치료 접근법(예: 유창성완성법, 말더듬수정법, 통합법) 또는 전략을 사용해 대상자가 계속해서 말더듬을 줄여갈 수 있게 할 것인가? 넷째, 구체적으로 어떤 치료방법(예: 조건화 또는 구조화된 치료학습법)을 사용할 것인가? 아니면 대상자의 느낌, 심리, 태도의 문제를 중요시해 상대적으로 덜 구조화된 치료법(예: 상담중심치료법)을 사용할 것인가? 마지막으로 대상자가 말더듬 이외에 다른 말, 언어장애를 가지고 있다면 이를 어떻게 할 것인가이다. 이러한 여러 사항들을 고려하여 평가과정에서 얻은 여러 정보와 진단결과를 바탕으로 최종적으로 대상자에게 적절한 치료계획 및 목표를 수립해야 한다. 〈표 8〉에서는 치료의 장, 단기 그리고 회기목표 수립 시 참조해야하는 기본 사항들을 나열하였다.

〈표 8〉 장, 단기, 회기목표 수립 시 고려사항

	장기목표	단기목표	회기목표
정의	궁극적으로 도달하고자 하는 목표, 6개월에서 1년 이내 치료 목표	장기목표를 수행하기 위한 단기 세부 목표, 1개월 정도의 치료 목표	단기목표를 수행하기 위한 회기 세부 목표
필수 사항	치료접근법과 방법 결정	목표행동, 조건, 준거 포함, 관찰/측정 가능한 형태로 기술	자극유형, 과제방법, 반응수준 결정
예시	언어치료사의 도움 없이 ERA-SM을 지켜 95%이상 유창하게 말할 수 있다.	언어치료사의 도움 없이 낱말수준에서 ERA-SM으로 95%이상 유창하게 말할 수 있다.	아동은 20개의 그림카드 중에 10개 이상을 자발적으로 ERA-SM으로 유창하게 말할 수 있다.

치료계획 및 진전보고 (5회기)-아동사례

이름: 김ㅇㅇ(6;11) 치료일: 2010/10/29 진단명: 발달성말더듬(약함)

치료목표 및 방법

1. 말속도를 늦추고, 편안하게 말을 시작하도록 한다.
2. 부모가 아동이 유창성을 증진시킬 수 있는 상호작용기술을 익힐 수 있도록 한다.

활동 및 반응

1. 그림카드를 보고 각 낱말을 천천히 편안하게 말하도록 한다.

〈아동반응〉 15/20(75%)은 천천히 편안하게 말하였다. 4개는 급하게 말하였으나, 비유창성은 나타나지 않았고, 1개(코끼리)는 1회 반복하였으나 편안하게 말하였다.

2. 낱말찾기게임을 하면서 찾은 낱말을 편안하게 천천히 말하도록 한다.

〈아동반응〉 6/10(60%)는 잘 말하였다. 3개는 첫음절을 1회씩 반복하였고, 1개(운동화)에서는 탈출행동을 보였다.

3. 어머니와 함께 아동이 선택한 놀이를 한다. 치료사는 어머니의 말 사용과 아동과의 상호작용을 자세히 관찰한다.

〈반응〉 아동은 블록쌓기게임을 선택했으며, 자신이 쌓는 블록에만 집중하였다. 상호간의 눈맞춤이 거의 나타나지 않았다. 아동은 "이것 주세요" 또는 "저것 주세요" 라는 말 이외에 거의 말을 하지 않았다. 어머니는 아동이 원하는 블록을 줄 때 마다 "아,이거 파란색 블록" 이라고 대답했으며 이때 천천히 부드럽게 말하려고 노력하였다.

평가 및 다음회기 계획

승부가 있는 게임을 하면 낱말수준에서 비유창성이 많이 증가하였다. 천천히 부드럽게 말하기에 대한 확립이 좀 더 필요할 것으로 생각되며 아동의 연령 및 흥미 등을 고려 다양한 단어카드를 이용해 천천히 부드럽게 말하는 연습을 계속 해나가도록 한다.

치료계획 및 진전보고 (4회기)-성인사례

이름: 김ㅇㅇ(28;06) 치료일: 2010/07/20 진단명: 말더듬(심함)

치료목표 및 방법

1. 한글 자/모음과 동물 이름을 1초에 3음절 속도로 100% 말할 수 있다.

2. 말더듬에 대한 느낌을 적어보고 1초에 3음절 속도로 읽을 수 있다.

활동 및 반응

1. 한글 자/모음을 1초에 3음절 속도록 읽는 연습을 한다.

〈성인반응〉 1초에 3음절씩 말하는 연습이 조금 부정확했다. 자꾸만 빨라지는 경향을 보였다.

2. 동물이름찾기게임을 해보고 각 동물이름을 1초에 3음절 속도로 말해본다.

〈성인반응〉 17/20(85%)을 정확히 속도를 지켜 천천히 말하였다. 마지막 3개(기린, 호랑이, 카멜레온)는 조금 빠른 속도(1초에 5음절 정도)로 말하였다.

3. 상황별 둔감화로 자신의 말(말더듬)에 대한 느낌을 적어보도록 했다. 그리고 자신의 말에 대한 느낌을 나타내는 낱말을 1초에 3음절 속도로 읽도록 하였다. 왜 그런 느낌이 드는지 이야기를 해보도록 하였다.

〈성인반응〉 전반적으로 말(말더듬)에 대한 생각이나 느낌이 부정적이었다.(예: 지치게 한다, 힘들다, 걱정스럽다, 걱정된다) 치료를 받은 후 이런 생각들이 긍정적으로 바뀌었으면 하는 바람이 있었다. 1초에 3음절 속도로 대체적으로 잘 읽었으나, 마지막 부분에서 조금 빨라지는 경향을 보였다.

평가 및 다음회기 계획

말속도 조절과 관련해 좀 더 정확한 모델을 제시하여 말을 조절한다는 개념이 명확히 전달되도록 해야겠다. 대상자가 자신의 말(말더듬)에 대해 느끼는 감정이나 생각들을 좀 더 나눌 수 있도록 다양한 과제를 준비하도록 한다.

현재까지의 발달성 말더듬 치료는 중증도에 따라 비교적 다양하지만 주로 핵심행동이나 이로 인해 발생하는 이차행동들을 직접 치료하는 행동수정적인 방법을 사용한다. 천천히 말하기, 부드럽게 말하기, 음절단위로 말하기 등 주로 발화 유창성을 유도하는 방법을 연습함으로써 '더 유창하게 말하는 법'을 학습하게 하는 '유창성완성법', 상대적으로 진전된 말더듬화자를 대상으로 말을 더듬은 순간 근육의 긴장을 풀고 서둘러 말하지 않으면서 최대한 이완된 상태에서 힘들이지 않고 '좀 더 편하게 말을 더듬게 하는 방법'을 가르치는 '말더듬수정법', 그리고 이 두 치료법들의 장점들을 절충하여 치료하는 통합적 방법 등이 대표적 말더듬치료법이라 할 수 있다. 세 가지 치료접근법의 차이에 대해 〈표 9〉에 제시하였다.

〈표 9〉 세 가지 말더듬 치료접근법 비교

	유창성완성법	말더듬수정법	통합법
치표목표	유창한 발화(= "speak fluently") 획득	말더듬는 순간 수정, "유창한 말더듬" (= "stutter fluently") 획득	현실적인 의사소통방법 획득
유창성목표	자발유창성, 조절유창성	자발유창성, 조절유창성, 수용말더듬	자발유창성, 조절유창성, 수용말더듬
느낌, 심리, 태도	핵심행동 소거가 주 치료목표, 느낌, 심리, 태도는 상대적으로 중요하지 않음	느낌, 심리, 태도 모두 치료대상	핵심행동과 느낌, 심리, 태도 모두 치료대상, 대상자의 중증도를 고려한 치료법 선택
유지방법	유창성유도법, ERA-SM	취소, 빠져나오기, 예비책	대상자에게 적절한 유지방법 사용
치료방법	체계적, 구조화된 치료, 대상자와 언어치료사간의 상호작용 및 객관적 자료수집 중요	상담 중심의 대상자와 언어치료사 간의 상호작용, 비구조화 치료	대상자에게 적절한 치료방법 사용

간접치료(indirect therapy)라 함은 말더듬 지속기간이 비교적 짧은 경계선급이나 초기말더듬 아동들을 대상으로 언어치료사가 직접 치료하는 것이 아닌 아동의 부모 또는 가족들을 대상으로 하는 치료이다. 다시 말해 간접치료에서는 아동이 보이는 핵심행동이 치료의 주요 대상이 아닌 가족 간의 의사소통에 있어 상호작용방식이 치료의 기본목표가 된다. 예를 들어, 아동이 말을 더듬었을 경우 부모나 가족들이 말더듬 자체를 직접 고쳐주려 한다거나 이를 언급하지 않도록 한다. 만약 가족 간의 말의 속도가 빨랐다면 느리게 말하도록 하고 서로간의 의사소통으로 인한 긴장감이 형성되지 않도록 가정의 분위기를 바꿔나간다. 이런 의미에서 간접치료의 핵심은 아동의 유창성향상을 위한 '환경개선'이라고 할 수 있다. 물론 최종적 목표는 자발유창성 획득이다. 간접치료 시 언어치료사가 파악해야하는 가족 간의 상호작용방식 내용에는 말의 빠르기 정도, 대화 간 휴지(쉼) 빈도, 아동의 말에 끼어들거나 방해하는 행동 유무 및 빈도, 개방형질문 사용 빈도, 비판적인 말 사용 또는 오류 지적 정도, 아동의 말에 대한 적절치 않은 부모나 가족의 태도, 부모 또는 가족의 아동 수준을 넘는 낱말사용 빈도, 아동 수준을 넘는 복잡한 문장 사용 빈도 등이 있다. 우리나라에 소개된 간접치료 프로그램의 예로는 "부모-아동 상호작용치료"[4]가 있다.

◎ 상호작용치료의 내용 및 절차[5]

모든 상호작용 치료 단계에서 부모(주양육자, 가족)가 참여해야하며, 회기는 주당 1회, 1회기는 1시간이다. 1주간 간격으로 진행하는 것은 가정에서 새로운 방법을 활용해 볼 시간을 주기 위한 것이다. 핵심은 부모(양육자)의 언어적 상호작용방식 조절을 통해 아동의 유창성 증진을 꾀하는 치료형태이다.

<u>상호작용치료프로그램 절차</u>

1. 지난 주 "유창성 만들기 시간" * 기록지 결과에 대해 논의한다.
2. 첫 번째 녹화하기
3. 비디오를 보면서 목표행동 정하기
4. 2번째 녹화하기
5. 진전 또는 변화에 대해 토론하기
6. 가정 내 과제 결정하기
7. 가정만의 특정 문제 논의하기

* 5분 정도 부모와 아동이 함께 놀이를 통해 천천히, 짧은 문장으로, 조용하고 부드럽게 말하기 연습을 하여 이에 대해 날짜, 활동내용, 그리고 아동 및 부모의 반응이나 느낌을 적어오도록 작성한 기록지

자연회복은 말더듬 아동의 치료 필요성이나 치료의 시작시기를 결정할 때 언어치료사의 판단을 어렵게 만드는 사항이다. 자연회복은 성별, 가족력, 말더듬 시작시기, 말더듬 지속시간, 말더듬 변화양상, 동반된 문제의 유무 등 다양한 요인들에 의해 영향을 받는다. 아동의 경우 특히 이러한 자연회복의 가능성을 염두하고 치료방향을 결정해야 한다. Zebrowski (1997)[6]는 이러한 자연회복 관련요인들을 고려하여 아동의 치료방향을 결정할 것을 권고하고 있다. 이를 도식화하면 〈그림 3〉과 같다.

치료방향	점수	계획
치료방향 I : 발생-6개월 1. 16개월~3년(평가시연령) 2. 가족력 없거나 소수 3. 여자 4. 부수행동 없거나 적음 5. 동반문제 없음(인지, 언어, 조음 등)	5점 ➡	계획 A -회복 확률 매우 높음, 주로 정보공유, 비유창성 유형 및 빈도 모니터링, 매달 정기적 연락
	0-4점 ➡	계획 B -계획 A + 언어, 조음 중재 -회보 가능성이 비교적 높음
⬇		
치료방향 II : 6-12개월 1. 2~4세 2. 가족력 없거나 소수 3. 여자 4. 부수행동 없거나 적음 5. 동반문제 없음(인지, 언어, 조음 등) 6. 3세 이전 말더듬 시작 7. 소리/음절/단어반복 및 연장 감소	7점 ➡	계획 C -계획 B + 부모상담 -말더듬 기간이 길어 회복 가능성이 높진 않음 -여자, 가족력이 없고, 부수행동이 없고, 말더듬 감소 현상을 보일수록 예후가 좋음 -간접치료(예: 말속도 줄이기, 대화 간 충분한 휴지(쉼), 아동말 방해하지 않기)
⬇		
치료방향 III: 12-24개월 1. 2~5세 2. 가족력 없거나 소수 3. 여자 4. 부수행동 없거나 적음 5. 동반문제 없음(인지, 언어, 조음 등) 6. 3세 이전 말더듬 시작 7. 소리/음절/단어반복 및 연장 감소	0-6점 ➡	계획 D -계획 C + 매달 방문, 모니터링, 발화분석 -자연회복이 불가능할 수도 있음 -정서, 심리 문제가 수반될 가능성 있음
⬇		
치료방향 IV: 24-36개월 1. 가족력 없거나 소수 2. 부수행동 없거나 적음 3. 동반문제 없음(인지, 언어, 조음 등) 4. 소리/음절/단어반복 및 연장 감소	0-4점 ➡	계획 E -계획 D + 직접치료 -회복가능성이 매우 낮음

〈그림 3〉 아동 치료 결정 방향(Zebrowski, 1997)

일반적으로 아동 치료 시 부모(가족)상담이 병행된다. 이때 행해지는 상담의 목적은 크게 네 가지로 나누어 볼 수 있다. 첫째는 아동의 치료 목적과 내용 그리고 부모의 역할에 대한 설명, 둘째는 말더듬 원인에 대한 설명, 셋째는 유창성을 방해하는 요인(상황)에 대한 확인 및 감소법에 대한 설명, 마지막으로는 유창성을 증진시키는 요인(상황) 확인 및 증가법에 대한 설명이다. 처음 두 목적은 주로 치료 초기에 이루어지며 부모들로 하여금 말더듬에 대한 이해를 넓히고 치료과정에 대한 관심을 갖고 참여할 수 있도록 하기 위함이다. 나머지 두 가지는 유창성방해요인 또는 유창성촉진요인들에 대해 설명해주고 부모들의 자발적인 확인 및 탐색 과정을 유도함으로써 아동의 말더듬 치료 효과가 배가되도록 하기 위함이다. 〈그림 4〉에서 각 목표에 따른 구체적인 상담 내용들을 제시하였다.

목표	세부 내용
치료 및 가족 역할에 대한 설명	■ 치료의 구체적인 과정에 대한 설명 (예: 치료기간, 치료비, 치료내용 등) ■ 언어치료에 대해 아동에게 설명하는 방법 ■ 아동의 비유창성에 대해 반응하는 방법 및 태도
말더듬 원인에 대한 설명	■ 선천적, 후천적 소인 간의 상호적 복합작용의 결과 ■ 전문적 용어를 사용하지 않고 이해하기 쉬운 말로 설명 ■ 유창성 유지에 방해를 줄 수 있는 요인 및 환경 확인 및 감소
유창성 방해 요인 확인 및 감소	■ 유창성 방해하는 말, 언어 환경요인들에 대한 설명 (예: 빠른 말속도, 높은 수준의 말, 언어 사용 요구, 시간적 압박, 아동발화 중간에 빈번한 끼어듦) ■ 유창성 방해 요인에 대해 부모가 충분히 인지할 수 있도록 구체적으로 설명
유창성 촉진 요인 확인 및 증가	■ 유창성 촉진 상황 확인 및 탐색과정 설명 ■ 유창성 촉진 요인 또는 상황에 대해 부모가 인지할 수 있도록 구체적 설명 ■ 유창성 만들기 시간 기록지 이용, 아동과 연습하도록 권유

〈그림 4〉 부모 상담 목표와 세부 내용

치료실 내에서 습득한 치료기법들을 어떻게 확립하고 특히 치료실 밖의 여러 상황에까지 전이 또는 유지시킬 것인가에 대한 임상적 숙고는 치료 성공을 결정하는 핵심적인 요소라 할 수 있다. 진정한 치료의 성공은 단순히 치료실 내에서의 유창한 발화 획득이 아닌 가정이나 학교와 같은 치료실 밖 상황들에서도 말을 더듬지 않고 또는 현실적 유창성을 유지하면서 대화를 할 수 있는데 있기 때문이다.

◎ 유창성 확립 및 전이를 위한 구체적 내용

1. 아동의 대화상대자를 언어치료사에서 시작해 부모로 바꾼다.
2. 아동의 치료환경을 언어치료실에서 가정으로 바꾼다.
3. 사용하는 언어적 단위의 말자극을 홑낱말에서 시작해, 운반구(carrier phrase), 홑문장, 2-4개의 문장을 거쳐 마지막으로 대화하기로 진행한다.
4. 느린 말속도에서 시작하여 정상속도로 진행한다.
5. 직접모델링*에서 시작하여 간접모델링**을 거쳐, 최종적으로는 모델링이 없는 단계로 진행한다.

- 위계(hierarchy)에 따른 확립과 전이 과정을 구체적이며 체계적으로 수립해야 하며, 단계에 따라 언어자극의 내용, 아동의 반응, 이에 대한 보상내용, 그리고 각 단계의 통과 기준들을 명시해야 한다.

* 언어치료사가 제공한 모델을 그대로 따라하는 것. 예를 들어, 느린 말속도로 "자동차" 라고 말하면 아동이 그대로 따라하는 것

** 언어치료사가 보인 낱말이 아닌 다른 낱말로 따라하는 것. 예를 들어, 느린 말속도로 "자동차" 라고 말하면 아동이 "자전거" 를 느린 말속도로 말하는 것

마지막으로 일정한 치료기간이 경과하거나 혹은 치료 도중에 치료를 종결하여야 하는 경우 반드시 진전 또는 종결평가를 실시해야 한다. 종결 기준은 일반적인 언어치료 종결 기준을 따라 수립하면 된다. 즉, 대상자가 정해 놓은 장기목표에 도달했을 경우, 대상자가 특별한 어려움 없이 일상생활에서 의사소통이 가능한 경우, 그리고 치료기간이 오래 경과되었음에도 불구하고 치료에 전혀 진전을 보이지 않았을 경우 치료에 대한 종결을 할 수 있다. 치료종결 후에도 유창성의 전이와 유지를 확인하기 위해 간헐적 또는 비정규적으로 후속치료가 있을 수 있다. 처음에는 1달에 한번 정도, 다음에는 두 달에 한번 정도 개별적 치료가 이어지도록 하고 그 후에는 비정규적으로 3개월 정도 기간을 두고 치료실에 방문하도록 하여 시행할 수 있다. 이 기간은 특별히 정해진 것은 아니지만 어느 경우에는 평생 연결이 될 수도 있는 것이다.

◈◈◈

인간에게 있어 언어를 통한 의사소통은 인간을 참으로 인간답게 만들어주는 필수적인 요소라 할 수 있다. 이런 맥락에서 만약 인간이 특정 원인으로 인해 의사소통에 심각한 장애를 겪게 된다면 더 이상 인간다운 생활을 누릴 수 없다고 해도 과언은 아닐 것이다. 언어병리학이란 기본적으로 인간이 기질적, 생리적, 심리적, 환경적인 여러 요인 등으로 인해 겪게 되는 다양한 형태의 의사소통장애를 연구하는 학문분야로 단일 기초 학문체계라기 보다는 언어학,

심리학, 특수교육학, 신경학, 재활의학 등 여러 관련 학문들이 결합되어 형성된 일종의 학제간 융합학문이다. 하지만 언어병리학은 융합학문의 차원을 넘어 실제 의사소통장애를 겪고 있는 장애화자들을 대상으로 평가, 치료 또는 재활을 목표로 하는 '임상기반학문'이기도 하다. 이런 맥락에서 발달성 말더듬의 진단, 치료 및 재활까지를 아우르는 임상 전반에 걸친 기본 내용과 지침들에 대한 숙지와 이를 바탕으로 한 충분한 임상실습은 향후 임상수행의 성공을 좌우하는 필수적 요소라 할 수 있다. '천리길도 한걸음부터'라고 하였다. 언제가 '천리길'을 다 걸은 후 스스로가 느끼는 '만족감'과 '기쁨'을 상상해보자. 오직 '천리길'을 다 걸은 사람만이 느낄 수 있는 '특권'이자 '기쁨'일 것이다.

참고문헌

1. 박지현 (2004). 유창성장애의 치료사례: 아동. 한국언어청각임상학회 겨울연수회.
2. 이승환. (2010). 유창성장애. 시그마프레스.
3. Manning, W.H. (2013). Clinical decision making in fluency disorders. (3rd ed., 심현섭, 신문자, 이은주, 이경재 역). 교보문고.
4. Rustin, L., Botterill, W., & Kelman, E. (1996). Assessment and therapy for young disfluent children. London: Whurr Publishers Ltd.
5. Yairi, E., & Ambrose, N.G. (2005). Early childhood stuttering: For clinicians by clinicians. Austin, TX: Pro-Ed.
6. Zebrowsk, P.M. (1997). Assisting young children who stutter and their families: Defining the role of the speech-language pathologist. American Journal of Speech-Language Pathology, 6(2), 19-28.

chapter

04

음성장애

chapter 04

음성장애

이비인후과에 근무하는 언어치료사는 어떤 환자들을 만나게 될까?
이 질문에 대한 대답은 다음과 같다.

- 음성과용 환자
  예) 만성후두염, 성대결절, 성대폴립, 접촉성 육아종 등
- 성대기능 감소 환자
  예) 성대마비, 성대구증, 성대 휘어짐 등
- 정상 성대임에도 불구하고 비정상 음성을 산출하는 경우
  예) 변성발성장애, 변환실성증 등
- 환자가 의학적 처치를 거부할 경우
- 수술 후 기능적인 발성 습관의 문제로 음성이 호전되지 않은 환자

그러나 일반적으로 병원에 내원하는 환자들의 증상과 그들의 주된 호소는 분명하지 않다.

"목이 아파요."
"예전에는 목소리가 좋았는데 요즘엔 목소리가 안 좋아요."
"조금만 말해도 목소리가 금방 이상해져요."
처음 환자를 대면하는 언어치료사는 그 증상의 정도를 알 수 없다. 우리는 이런 증상이 어느

정도 아픈지? 아픈 정도는 객관적으로 어느 정도인지? 예전에는 목소리가 좋았다고 하는데 그 좋은 정도가 어느 정도인지? 조금만 말해도 아프다고 하는 그 조금만은 어느 정도인지? 음성치료를 위해서는 더 많은 정보가 필요하다. 이러한 정보를 얻기 위해 언어치료사는 내원하는 환자들과의 면담이나 설문지 등을 이용하여 간접적으로 평가하고, 다양한 측정도구를 이용하여 직접적으로 음성을 평가한다. 또한 이러한 평가를 통해 환자의 주관적인 느낌을 객관적인 수치로 바꾸는 일을 해야 하며, 불편함을 느끼는 부분을 정확히 파악하여야 한다. 그래서 음성치료를 대증치료(symptomatic treatment, 對症療法)라고 한다. 환자의 음성평가와 치료를 시작하기 전에 아래의 그림을 잘 이해하고 접근하면 도움이 될 것이다.

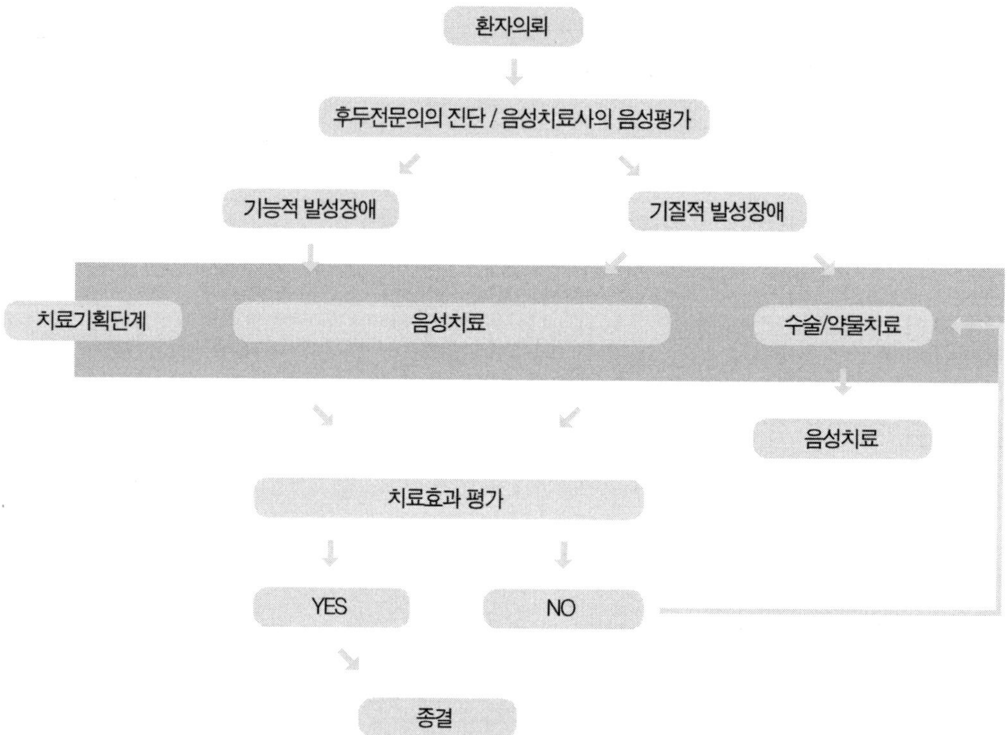

〈그림 1〉 음성치료의 일반적 절차

1. 평가하기

◇◇◇◇◇◇◇

환자가 음성의 문제를 호소하며 병원에 방문을 하게 되면 먼저 환자와 주관적, 객관적인 평가를 통하여 음성의 상태를 파악한다. 그 뒤에 환자의 음성 상태에 따라 치료계획을 세우고 음성치료를 실시하게 된다. 환자의 상태에 따라 치료의 방향을 결정하기 때문에 평가자에 의한 음성 평가는 매우 중요하다. 따라서 먼저 평가에 대하여 자세히 알아보는 것이 필요하다.

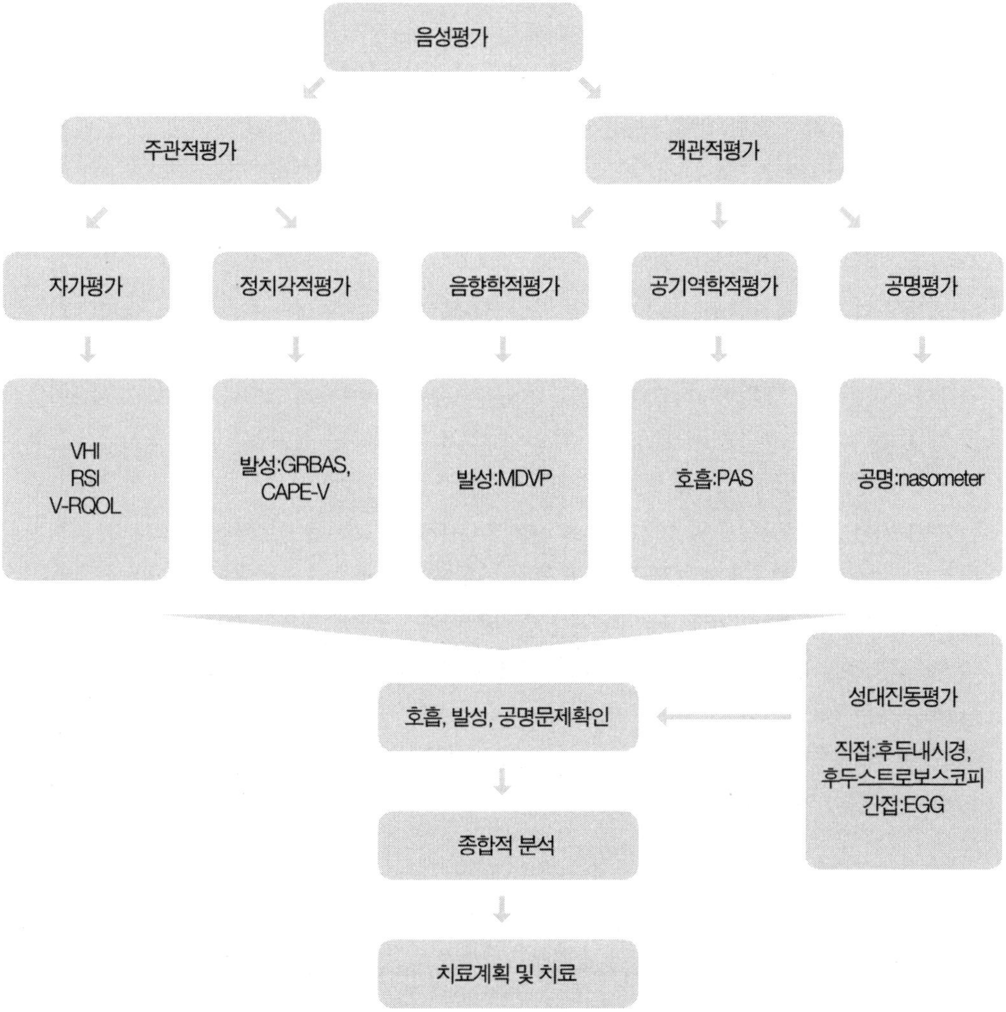

〈그림 2〉 음성평가의 일반적 절차

1) 주관적 평가

음성에 문제를 보이는 환자가 처음 병원을 방문하면, 초기 면담을 통하여 먼저 환자에 대한 정보를 얻는다. 음성장애를 평가할 때는 음성장애의 원인을 예측하여 볼 수 있는 다양한 질문들이 포함 되어야 한다.

〈표 1〉 초기면담 시 질문내용

초기 면담 시 질문해야 할 내용
- 흡연, 음주, 음성사용시간 (음성의 오. 남용 정도를 확인하기 위해) - 직업 (직업적 음성사용자 여부 확인) - 하루 물 섭취량, 복용하는 약 확인 (성대 건조에 영향을 미치는지 확인하기 위해) - 건강상태, 교육정도, 문화, 언어적 배경 들을 포함한 관련 사례들을 파악한다. ** 초기 면담에서 환자의 대화태도(자세, 억양, 음도, 강도 등)를 함께 관찰하는 것이 좋다.

사례) 초기면담의 중요성(기능적 발성장애 환자)

미국명문대학 재학 중 한국회사를 다니기 위해 3개월 전 한국으로 온 여대생 장○○님. 디자인 회사에 취업하여 전화를 받아 담당자에게 연결시켜주는 업무를 하고 있었다. 그런데, 일을 시작한지 얼마 지나지 않아 목소리 끊김이 시작되었고, 결국 3개월 후 병원에 내원하게 되었다. 환자와의 사례면담을 실시하다 알게 된 정보는 3개월 전에는 목소리에 문제가 없었다는 점이었다. 또한 회사에서 전화 받는 일이 너무도 싫으며, 전화를 받기 시작하면 목소리가 끊기며 조절이 되지 않는다고 보고하였다.

언어치료사는 장○○님에게 물었다. "그 회사를 왜 다니세요?, 회사를 그만두면 안 되나요? 가능하다면 그만두세요!" 몇 주후 병원으로 전화가 왔다. "선생님! 저 목소리 완전 좋아졌어요!!!, 선생님 말씀대로 회사를 그만두니깐 금세 좋아졌어요! 너무 감사해요" 여대생 장○○님이었다.

물론, 우리는 심리상담가도 아니고 스트레스 해소반도 아니다.

그러나 우리가 만나는 다양한 환자들 중에는 후두의 기질적인 문제없이 음성문제가 지속되는 기능적 음성장애 환자들이 많다. 그들의 전반적인 음성산출상황과 환자의 동기부여를 찾는 점은 언어치료사의 중요한 역할이라고 할 수 있다.

초기면담이 진행된 뒤, 자가평가 설문지 등을 통하여 환자가 느끼는 음성에 대한 문제를 먼저 파악하는 단계를 갖는다. 자가평가는 음성문제에 대하여 환자의 지각정도를 파악할 수 있는 중요한 자료가 된다. 때문에 환자 자신이 현재 음성상태를 어떻게 인지하고 있는지 평가하는 일은 매우 중요하다고 할 수 있다. 자가평가도구에는 대표적으로 음성장애지수(VHI), 역류증상지수(RSI), 음성관련 삶의 질 평가(V-RQOL) 등이 있다.

〈표 2〉 음성장애 자가평가도구와 평가방법

자가평가도구 - 음성장애지수(VHI) - 역류증상지수(RSI) - 음성관련 삶의 질 평가(V-RQOL)		
음성장애지수(VHI)	음성 문제를 보이는 환자가 개인의 음성상태를 평가하는 것으로 총 30개의 문항으로 되어 있다.	0~4점으로 표시하여 평가한다. (점수가 높을수록 음성문제의 정도를 심각하게 느낌)
역류증상지수(RSI)	총 9개의 문항으로 구성되어 있으며, 역류성 증상에 대한 설문들로 구성되어 있다.	0~5점으로 표시하여 평가한다. (12점 미만인 경우 정상으로 판단)
음성관련 삶의 질 평가(V-RQOL)	신체-기능적, 사회-정서적 2가지 영역으로 되어있으며, 총 10개의 문항으로 되어 있다.	1~5점으로 표시하여 평가한다. (점수가 낮을수록 삶의 질이 나쁜 것을 의미함)

환자의 주관적 평가가 끝나면, 평가자는 청지각적 평가를 통하여 환자의 음성상태를 파악한다. 청지각적 평가에는 GRBAS, CAPE-V 등으로 평가할 수 있다. 그런데 이때 가장 중요한 평가도구가 필요하다. 그것은 바로 '평가자의 훈련된 귀'이다. 왜냐하면 청지각적인 평가를 할 때에 평가자의 훈련된 귀를 이용하여 직접 환자의 목소리를 들으며 평가를 해야하기 때문이다. 환자의 음성을 듣고, 그 음성을 통해 음성의 음질부분의 평가, 즉 조조성(Rough), 기식성(Breathy), 무력성(Asthenic), 긴장성(Strained)의 정도와 또한 강도, 음도까지도 정상음성과 비교하여 비교해 내야 한다. 그렇기 때문에 청지각적 평가를 위한 음성평가훈련은 음성평가의 신뢰도를 높이는 데에 매우 필수적이다. 따라서 다양한 음성샘플 및 다양한 장애 음성을 듣고 평가하는 훈련이 필요하다. 아래의 표에 청지각적 평가도구와 평가방법을 제시하였다.

〈표 3〉 음성장애 청지각적 평가도구와 평가방법

<table>
<tr><td rowspan="2">청지각적
평가</td><td>발성평가:
GRBAS</td><td>모음발성, 문장읽기 혹은 대화를 통해 산출된 음성으로 평가한다.
G(Grade :종합애성도) - 음성의 전반적 이상도
R(Rough : 조조성) - 성대진동이 불규칙하여 나타내는 거친소리
B(Breathy : 기식성) - 공기가 새는 소리
A(Asthenic : 무력성)-힘이없는 약한 소리
S(Strained :긴장성) -성대가 과 긴장하여 힘을 들여서 내는 소리</td><td>GRBAS의 각각의 항목을 0~3점으로 평가한다.</td></tr>
<tr><td>CAPE-V</td><td>음성을 구성하는 요소들을 모두 평가할 수 있도록 고안되어 음성의 음질 ,음도, 강도를 모두 평가할 수 있다.
OS- 비정상적 음성의 정도
R - 거친소리
B - 바람새는 소리
S - 음성의 노력성
P - 음도
L - 강도</td><td>연속척도 사용</td></tr>
</table>

2) 객관적 평가

객관적 평가에서는 음성을 객관적으로 평가할 수 있는 검사기기를 이용한다. 평가할 수 있는 기기로는 음향학적인 평가와 공기역학적인 평가, 공명평가로 나누어 진행할 수 있다. 음향학적인 평가를 진행할 때 대표적으로 CSL(Computerized Speech Lab. Kay Elemetrics Co., Model No. 4300)의 MDVP(Multidimensional Voice Program)를 이용하는데, MDVP의 경우 발성을 평가하는 도구로 많이 이용한다. 공명평가를 진행할 때에는 Nasometer™(model 6450, KAY electronics, Inc)를 이용한다.

또한 공기역학적인 평가도구로는 대표적으로 PAS(Phonatory aerodynamic system, model 6600, KayPENTAX electronics, Inc)가 있다. 이 기기는 호흡을 평가하는 도구로서 사용한다.

〈그림 3〉 CSL 기기 사진

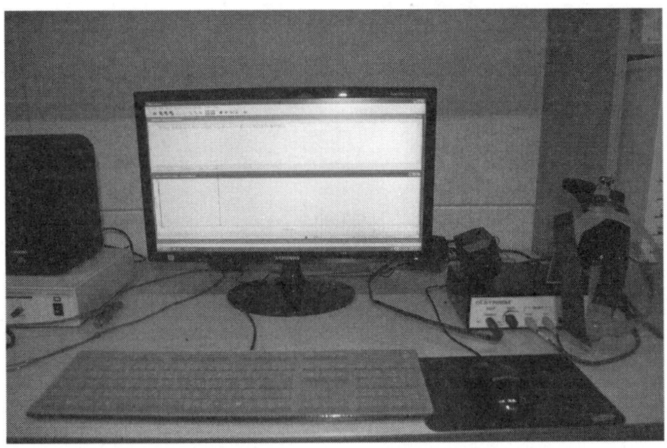

〈그림 4〉 Nasometer 기기 사진

〈그림 5〉 PAS 기기 사진

(1) 음향학적 평가

① MDVP

MDVP는 발성된 음성의 음질을 수치화, 정형화 해주는 평가기기로서 음성 평가 및 치료에 도움을 준다. 또한 객관적 수치를 제시하므로 MDVP로부터 얻은 자료는 음성장애를 범주화 하는데도 영향을 준다.

먼저 MDVP를 이용하여 음성을 평가할 때에는 모음/a/ 발성을 이용한다. 환자에게 편안한 강도와 편안한 음도의 모음/a/연장발성을 유도한 뒤, 음성을 녹음한다. 녹음된 파일의 안정된 구간을 선택하여 분석하며, MDVP에서는 분석결과를 두 가지 방식으로 제시한다. 그 방식은 아래의 그림과 같다.

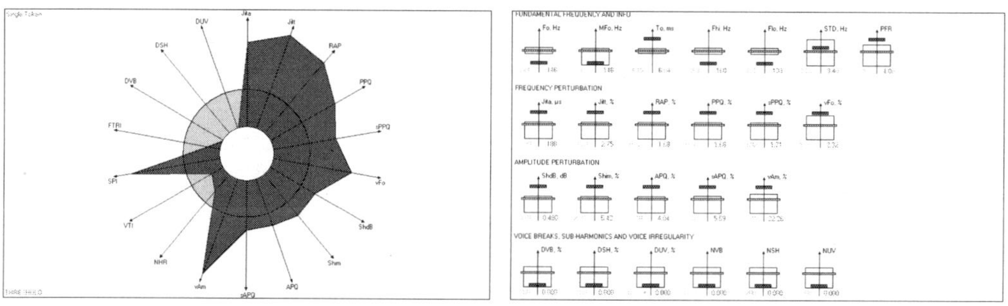

〈그림 6〉 MDVP 분석결과

먼저 왼쪽에 제시된 그림의 경우, 도넛 모양의 동그란 원(실제적으로 모니터에는 초록색으로 표시됨)이 기준치이다. 이 동그란 원 안과 밖으로 진하게 튀어나온 다른 모양이 환자의 산출된 음성에 대한 특징이다. 동그란 원을 벗어나 튀어나온 모양(실제적으로 빨간색으로 표시됨)은 음성에서의 문제를 보이는 매개변수를 나타낸다. 따라서 그것이 어떠한 매개변수를 가리키는지 확인하고 그 부분이 어느 정도의 오류수치를 나타내는지는 제시된 정상수치와 비교하며 확인하면 된다.

또한 오른쪽에 제시된 그림의 경우, 네모난 상자(실제적으로 노란색으로 표시됨)가 기준치이다. 이 네모 상자 안에 있는 작은 가로막대가 산출된 음성에 대한 특징이다. 네모 상자를 벗어나게 되면 음성에 문제를 보인다고 말할 수 있다. 왼쪽에 제시된 그림은 환자에게 평가결과를 설명할 때 더 효과적이고, 오른쪽 제시된 그림의 경우, 주파수 관련 변수들(아래 표 제시)도 포함하고 있어 조금 더 다양한 매개변수들을 볼 수 있게 된다는 장점이 있다.

MDVP로 검사한 뒤에는 각 매개변수가 나타내는 수치를 통하여 환자의 음성 상태를 설명해

주어야 하는데, 그러기 위해서는 먼저 매개변수가 제시하는 수치의 의미와 정상수치를 알아야 한다.

주파수 변동 관련 변수로는 Jita, Jitter, RAP, PPQ, sPPQ, vFo가 있다. 주파수 변동관련변수란, 주파수를 이루고 있는 주기들이 일정한 주파수로 변동하였는지를 나타내는 변수이다. 주파수 변동 관련 변수가 여섯 가지가 있는데, 이것은 각각 몇 개의 주기를 이용하여 분석하였는지에 따라 각각 다르게 제시된다. 그 중 대표적으로 jitter를 가장 많이 이용하는데 jitter는 MDVP 뿐만 아니라 다른 음향학적 기기에서도 많이 사용되는 매개변수이다. jitter란 주파수의 첫 번째 주기와 두 번째 주기의 변동된 시간의 차이를 비교하여 나타내는 수치를 말한다. MDVP에서 제시하는 jitter의 정상 수치는 1.04%이며, 이 수치가 높을수록 목소리의 주기가 일정하지 않아 주파수가 일정치 않고 변동됨을 예측하여 볼 수 있다.

진폭 변동 관련 변수로는 ShdB, Shimmer, APQ, sAPQ, vAm가 있다. 진폭 변동관련변수란, 진폭을 이루고 있는 주기들이 일정한 진폭으로 변동하였는지를 나타내는 변수이다. 진폭 변동 관련 변수로는 다섯 가지가 있는데, 이 또한 각각 몇 개의 주기를 이용하여 분석하였는지에 따라 다르게 제시한다. 그 중 대표적으로 shimmer가 있는데, shimmer란 주파수의 첫 번째 주기의 진폭과 두 번째 주기의 진폭이 변동된 에너지의 강도를 비교하여 나타내는 수치를 말한다. shimmer의 정상 수치는 3.81dB, 이들이 높은 결과수치를 나타내면 산출된 목소리의 주기들이 일정하지 않아 진폭이 일정치 않음을 알 수 있다.

또한 Noise to Harmonic Ratio(NHR)의 경우 소음 대 배음의 비율을 확인할 수 있다. 음성산출시 환자의 발성에 포함된 소음과 배음의 비율이 0.19를 넘어서면 음성에서 소음이 가지고 있는 비율이 높다는 것을 의미한다. 이 외에도 음성일탈, Sub-harmonics, 음성의 불규칙성 등을 확인할 수 있다. 이러한 매개변수의 특징을 정상수치를 기준으로 환자의 음성평가 결과를 분석하면 환자의 음질특성에 대해 명확히 파악할 수 있으며, 정상음성에서 벗어난 음성을 나타내는 원인을 정확히 규명할 수 있다. 아래의 표를 보면 MDVP 관련 매개변수가 의미하는 바에 대하여 측정치를 구별하여 놓았다. 변수가 의미하는 자세한 설명은 윤주원(2012)[3]를 참고하길 바란다.

〈표 4〉 MDVP 측정치와 매개변수

NO	측정치	변수
1	기본주파수 관련 변수 (Fundamental Frequency)	Fo, MFo, Fhi, Flo, STD, PFR
2	진전 관련 변수 (Tremor)	Fftr, Fatr
3	기본주파수 변이 관련 변수 (Fundamental Perturbation)	Jita, jitter, RAP, PPQ, sPPQ, vFo
4	음성강도 변이 관련 변수 (Amplitude Perturbation)	ShdB, Shimmer, APQ, sAPQ, vAM
5	잡음 관련 변수 (Noise Related)	NHR, VTI, SPI
6	음성일탈 관련 변수 (Voice Break)	DVB, NVB
7	음성의 불규칙성 관련 변수 (Voice Irregularity)	DUV, NUV
8	Sub-harmonics관련 변수 (Sub-Harmonics)	DSH, NSH

잠깐!

음향학적 평가 시 환자는 대화수준에서의 편안한 발성을 산출을 하지 않고, 다른 형식으로 연장발성을 산출 하는 경우가 종종 있다. 이럴 때에는 편안한 발성을 유도하기 위해 환자에게 편안하게 검사할 수 있는 환경을 조성한다. 또한, 구어로 '아버지 아버지' 혹은' 아시아 아시아 ' 등을 발화하고 바로 이어 /a/를 산출하도록 지시하면 좋다. 객관적 평가도구라 하여 검사기기에만 의존하면 안 되고, 환자의 객관적 음성수치를 평가하기 위해 언어치료사의' 훈련된 귀 '가 다시 한 번 필요하다.

검사기기를 사용한 음성평가 시 환자의 심리상태, 그날의 컨디션, 평가자의 태도 등이 환자음성에 많은 영향을 준다는 것을 잊지 말자. 또한, 오늘 평가 결과가 이 환자의 음성특성의 전부라고 오류를 범해서는 안 된다.(물론 숙련된 평가자는 환자의 대표하는 음성을 평가할 수 있다) 또한, 정상수치가 되는 것이 치료의 목표가 되어서는 안 된다. 물론 많은 논문들을 통해 성별, 연령 등으로 매개변수의 특징과 정상수치의 기준이 있지만 오늘의 평가가 전부라고 생각하지는 말자.

② **Praat**

Praat은 간단한 음성분석부터 복잡하고 전문적인 처리까지 가능한 도구로서 발성된 소리를 이용하여 분석하고 그 특징을 알 수 있게 하여 준다. Praat은 인터넷을 통하여 무료로 다운받을 수 있는 소프트웨어 프로그램이라는 장점이 있다. 또한 스크립트를 이용하면 많은 용량의 자료들도 빠르게 처리할 수 있다. Praat을 이용하면 음성녹음, 피치분석(jitter, shimmer), 스펙트럼, 스펙트로그램, 포먼트, 강도분석 등 다양한 음성분석에 대한 접근을 시도할 수 있다. 기본적인 Praat에 대한 사용방법은 양병곤(2010)[2]에서 확인할 수 있으며, Praat을 이용한 음성특성에 대한 다양한 연구는 성철재의 연구를 통해 확인 할 수 있으니 참고하길 바란다.

(2) 공기역학적 평가

① PAS

PAS는 공기역학적 평가도구이다. 이 기기는 호흡 평가 혹은 발성에 관여하는 호흡의 정도를 평가하는데 도움을 준다. 초기 호흡을 평가할 때는 대개 침습적인 방법을 통해 평가하였으나, 점차 공기역학적 기기들이 만들어지며 비 침습적인 방법으로 평가하게 되었으며 PAS는 대표적 비 침습적 호흡평가도구이다. PAS라는 기기는 다양한 프로토콜로 이루어져 있으며 이것을 통해 다양한 호흡평가를 시도할 수 있다. 폐활량(VC), 최대발성시간(MPT), 평균기류량(MFR), 성문하압(Ps), 음성효율성(Voicing Efficiency), 구어 산출시의 호흡특성 등을 평가할 수 있다. 각각 프로토콜에서 평가하는 항목이 다르며, 평가 방식이 다르므로 잘 숙지한 뒤 평가에 임하여야 정확한 수치를 얻을 수 있다.

〈표 5〉 PAS 평가 프로토콜과 평가방법

Vital Capacity	PAS의 마스크를 잡은 뒤, 최대 흡기 후 최대 호기하도록 한다.
Maximum Sustained Phonation	깊게 숨을 들이 마신 뒤, /a/를 편안한 음도와 강도로 가능한 한 최대한 길게 연장 발성한다.
Comfortable Sustained Phonation	편안한 음도와 강도로 5초 동안 /a/를 발성한다.
Variation in Sound Pressure Level	/a/를 빠르게 활창(glide, 음도를 위 아래로 빠르게)하여 발성한다.
Voicing Efficiency	마스크안의 흰 튜브(실리콘 튜브)를 물리고 발성을 /Pa/를 3-5회 정도 실시하여 이때의 /p/의 압력을 측정한다.
Running Speech	특정 시간에 나타내는 음향학적 에너지의 양을 측정하며, 일반적인 글 읽기 상황이나 대화상황에서의 결과를 본다.

잠깐!

음성을 평가할 때 자세는 매우 중요하다. 허리를 곧게 펴고 시선을 앞을 향한 상태로 음성을 측정하는 것이 바람직하다. 잘못된 자세로 평가하였을 경우 평가 결과가 다르게 나타날 수 있음을 유의하자. PAS 검사 시 가장 기초적이면서 중요한 것은 마스크의 착용이다. 마스크의 정확한 착용 유/무에 따라 검사 수치가 바뀌기 때문이다. 다음의 사진은 마스크 착용 시 환자의 얼굴에 최대한 밀착해야 하는 부분에 대해 표시를 하였다. 평가자는 검사를 실시하기 전 환자에게 정확한 착용의 예를 설명하고 검사 시 마스크가 잘 밀착되었는지 확인한다.

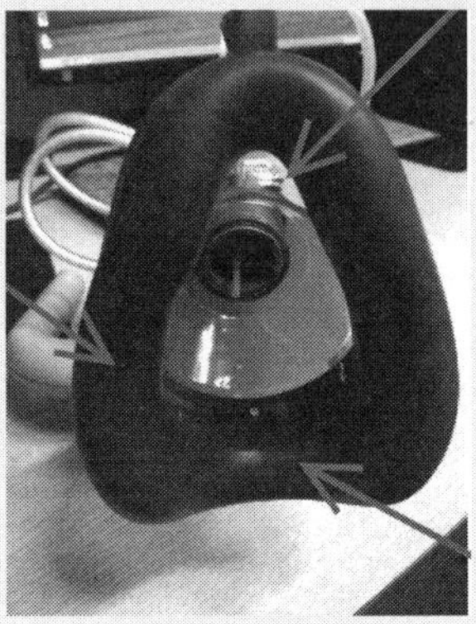

〈그림 7〉 마스크 착용 시 확인해야하는 부분

검사 결과로 호흡의 문제를 확인하려면 정상 수치와 비교하는 것이 필요하다. 본 항목에서도 모든 수치를 제시하기 어려우므로 대표적 수치만 제시하고자 한다. 자세한 정상수치는 미국의 성인 수치를 제시한 Zraick 등(2012)[7]과 미국의 아동 수치를 제시한 Weinrich 등(2013)[6] 의 연구를 참고하기 바란다.

〈표 6〉 PAS 평가의 성인 결과 수치

VC(L)	남	4.14±1.14
	여	2.87±0.69
MPT(sec)	남	21.29±5.92
	여	17.69±5.81
MFR(ml)	남	170±90
	여	120±40
Ps(cmH2O)	남	6.65±1.18
	여	5.40±1.37

Zraick 등(2012)[7]

호흡관련 변수를 통해 환자의 음성특성을 예측해 볼 수 있다. Vital Capacity 는 폐활량을 평가하는 것으로 폐활량이 높거나 낮음을 평가하며, 발성에 필요한 에너지원이 적절한지 평가할 수 있다. 또한 Maximum Sustained Phonation를 평가하는 프로토콜 안에서 여러 가지 결과 수치를 얻을 수 있다. 최대 발성시간(MPT)와 그 때에 사용된 평균 호기량(MFR)등을 평가할 수 있는데, 이것을 통해 발성에 관여하는 호흡의 정도가 어떠한지 파악할 수 있다. 만약 호기량이 많고, 최대발성시간이 짧으면 성대의 폐쇄가 완전하지 못하여 발성 시 호흡을 많이 사용함을 알 수 있으며, 성문의 폐쇄를 방해하는 병변이 성대에 나타났음을 예측할 수 있다. 그리고 Voicing Efficiency를 통해 음성을 얼마나 효율적으로 사용하고 있는지를 파악할 수 있는데 이 프로토콜에서는 대표적으로 성문하압(Ps)을 확인할 수 있다. 성문하압이 높으면 성문아래에 있는 공기압을 막고 있는 성대가 강하게 폐쇄되었음을 알 수 있으며, 성문하압이 낮으면 성문폐쇄가 약하게 나타나고 있음을 알 수 있다. 이론적으로는 성대에 병변이 있는 경우는 성문폐쇄가 잘 안되어 성문하압이 낮게 나타날 것이라 예측 할 수 있지만, 성대에 병변이 있는 경우 대개 자신의 목소리를 보상적으로 사용하기 위해서 성대의 근 긴장도와 성문하압을 높여 성대병변을 더 악화시키기도 한다. 때문에 최근에는 음성평가 시 근 긴장도를 낮추고, 가능한 부드럽게 발성하여 측정하는 Phonation Threshold Pressure 측정 방법을 이용하여 성문하압을 측정하는 방법도 제시되고 있다.

잠깐!

〈그림 8〉 Lock key 사진

1. 기기를 이용한 평가에서는 기기와 프로그램이 필수적으로 필요하지만 또 한 가지 매우 중요한 것이 있다. 그것은 Lock key이다. 기기를 이용할 때 컴퓨터에 있는 소프트웨어를 실행시키기 위해 USB포트에 Lock key를 꽂아야 한다. 기기가 실행되지 않을 때는 당황하지 말고 Lock key가 잘 꽂혀 있는지, 그리고 빨간 불이 들어오는지 확인하도록 하자.
2. PAS를 이용하여 성문하압을 측정할 때 빨대처럼 생긴 반투명튜브(실리콘 튜브)를 사용한다. 이 튜브는 마스크를 쓴 뒤, 입 안에 3-5cm 정도 빨대가 들어가게 한 후에 /papapa/ 발성을 요구한다. 때문에 한 번 사용한 튜브는 버리고, 새로운 것으로 사용하는 것이 위생적이다.

(3) 공명평가

① Nasometer

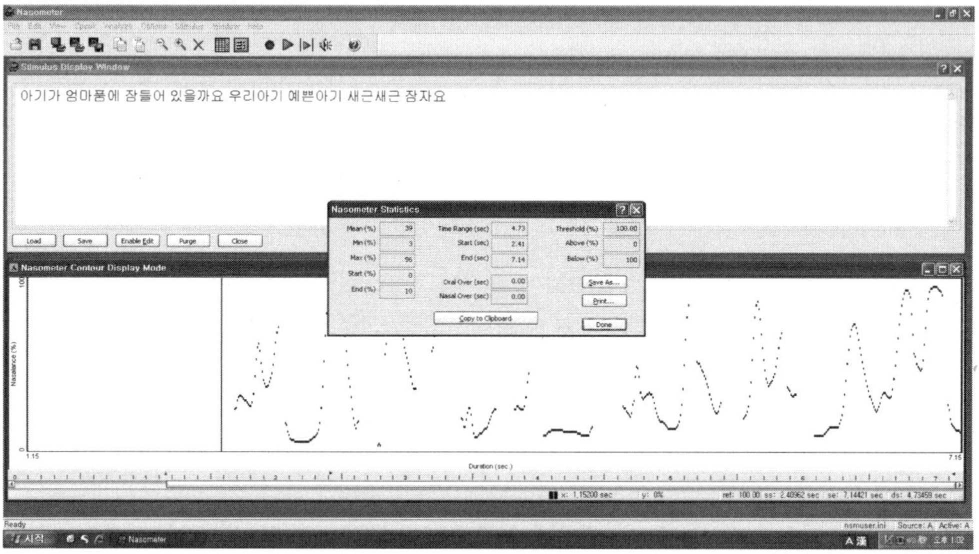

〈그림 9〉 Nasometer 분석결과

공명평가인 Nasometer™에 대하여 살펴보자. Nasometer는 산출된 음성을 통하여 비성도(전체에너지(구강에너지+비강에너지) 대 비강에너지 비율로 계산된다.)를 측정하는 도구이다. 먼저 비성도 측정을 실시하기 전 환자에게 헤드기어를 착용시키고 모음 혹은 문장을 산출하도록 지시한다. 음성을 녹음한 뒤, 그 녹음된 음성을 통하여 나타난 결과를 통해 비성도를 알아볼 수 있다.

비성도의 규준수치를 통하여 환자의 음성에서 나타난 비성도의 정도를 환자에게 설명하여 줄 수 있는데, 그 규준 수치는 다음과 같다. 이 장에서는 모음과, 2개의 문장만 제시하였다. 더욱 자세한 규준은 황영진(2007)[4]에 제시되어 있다.

〈표 7〉 모음 비성도의 정상 규준치

	남	여
이	32.5%	45.2%
우	18.5%	23.8%
아	27.7%	30.1%

〈표 8〉 문장 비성도의 정상 규준치

	남	여
엄마문장(비음비율:100%) 엄마 마음이 내 마음, 멍멍이는 멍멍, 매미는 맴맴	68.1%	67.6%
바닷가문장(비음비율:0%) 월요일 오후 바닷가에 가서 조개 새우를 잡았다.	23.4%	24.9%

규준수치보다 높으면 음성에서 나타나는 비성도가 높음을 의미하며, 그 결과를 통해 음성 산출에서의 공명문제를 확인할 수 있다. 공명문제 중 비성도가 높게 나타난 환자의 경우 구강압이 상대적으로 적게 나타난다. 때문에 높은 구강압을 필요로 하는 조음 산출에서도 많은 문제를 보여 조음 명료도에도 함께 오류를 나타내는 경우가 많다. 또한 공명문제는 연인두 폐쇄부전과도 연관이 있으므로 잘 살펴보는 것이 좋겠다.

(4) 성대진동평가

일반적으로 병원에서는 주관적, 객관적 평가와 함께 성대진동평가도 함께 실시한다. 성대진동평가는 후두의 병변 유/무와 성대의 움직임을 관찰 하여 음성질환의 여부를 확인하게 되는데 이는 후두전문의 역할이다. 그러나 성대병변의 특징 혹은 성대의 움직임을 보고 환자의 발성특성을 예측하는 일은 치료사가 해야 할 몫이다. 때문에 성대진동평가결과를 통한 성대의 긴장정도와 탄력성, 병변상태와 주관적, 객관적 평가를 통한 결과를 종합하여 통해 환자의 음성상태를 예측하는 일은 평가에서 매우 중요하다.

① 직접평가

후두내시경(Laryngeal endoscopy)

초진 시 이비인후과에서 후두전문의가 실시하는 검사기기이다. 후두내시경은 일반적으로 입을 벌리고 구강을 통해 실시하는데 막대기처럼 생긴 강직내시경(Rigid endoscopy)과 비강을 통해 실시하는 구부러지는 연성내시경(flexible endoscopy)이 있다. 후두내시경은 후두 및 성대의 병변을 확인하고 진동모습을 찰칵찰칵 사진을 찍는 것이라고 이해하면 쉬울 것이다.

후두스트로보스코피(Laryngeal stroboscopy)

후두내시경이 찰칵찰칵 사진을 찍는 것이라면 후두스트로보스코피는 슬로우모션 동영상을 찍는 것이라고 이해하면 쉬울 것이다. 일반적으로 사람이 음성을 산출할 때 1초에 100-300번 진동을 하고, 노래를 하는 경우에는 그 진동의 수가 더 높아지게 되므로 우리의 육안으로는 진동상태를 관찰할 수 없다. 때문에 후두스트로보스코피는 빠르게 움직이는 성대를 서서히 움직이는 상태로 우리 눈에 보이게 하는 기기이다. 그러나 이 기기는 고가의 장비이므로 음성을 전문으로 하지 않는 일반 이비인후과에는 구비되어있지 않은 경우가 대부분이다.

② 간접평가

전기성문파형검사(EGG,electroglottography)

환자의 갑상연골 양측 피부에 두 개의 전극을 부착시킨 후 /e/ 모음을 연장 발성한다. 이때 전극을 통과하는 전기 저항의 변화를 측정한다. 성대가 열려있을 때는 전기가 통하지 않으므로 전기 저항이 커지고, 발성 시 성대가 닫히면 전기 저항이 작아지는 원리를 이용하여 시간에 따른 저항의 변화를 그래프로 나타낸다. 이러한 저항의 변화로 성대진동의 주기성과 규칙성을 판단하게 된다.

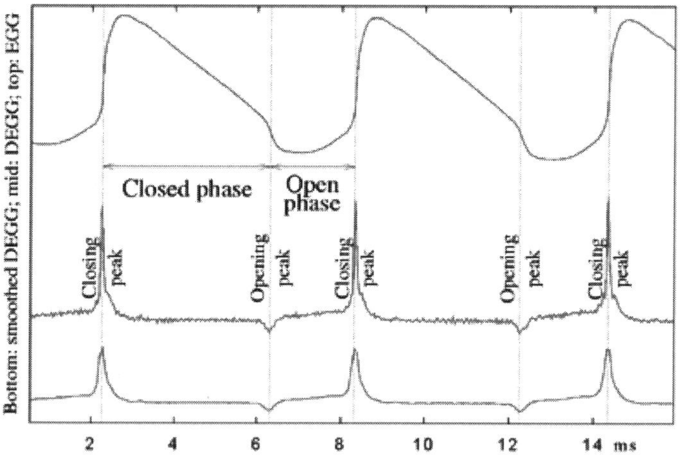

Example of EGG and DEGG signals, with indication of glottis closure and opening

〈그림 10〉 EGG 파형 그래프

EGG의 경우 기본적으로 CQ와 OQ의 의미와 기준 수치에 대한 정보를 알아두어야 할 필요성이 있다. CQ란 Close Quotient로 성대가 폐쇄되었을 때의 지수를 의미하는 것으로 폐쇄지수라 말한다. 그래프 상으로 보면 그래프가 위로 올라갔을 때를 말하는데 이는 성대가 닫히면서 전극이 흘러 수치가 증가되기 때문이다. 또한 OQ는 Open Quotient로 성대가 개방되었을 때의 지수를 의미하는 것으로 개방지수라 한다. 그래프 상으로는 아래쪽에 전기가 흐르지 않을 때를 말한다. 정상성인의 경우 성문 폐쇄율 즉, CQ는 0.52를 나타낸다. CQ와 OQ의 비율이 52:48이 정상 기준을 나타낸다. 그러나 결절이나 폴립 환자의 경우 CQ가 높게 나타나는 특징을 보이며, 편측성 성대마비 환자의 경우 CQ가 낮은 특징을 보인다.

사례) 초기 평가 -성대결절(성인)

여성 성직자인 46세 송ㅇㅇ님은 3개월 전부터 목에 이물감이 있으며, 목소리를 계속 사용하는 것에 부담감이 생기는 것을 주호소로 음성평가에 의뢰되었다. 본인 보고에 의하면, 흡연과 음주는 하지 않고, 물은 하루에 5-6잔 정도 마신다고 하였으며, 따로 복용하는 약은 없으나 생리통 약을 복용하는 날에는 목소리가 더 갈라지는 경우가 많다고 하였다.

먼저 자가평가 VHI를 이용한 검사결과, 전체 VHI 점수는 84/120 으로 나타났으며, 하부항목 평가점수는 신체점수 31/40, 기능점수 28/40, 정서점수 25/40 으로 나타났다.

청지각적 평가를 위해 GRBAS를 진행하였는데, 발성에서의 음질은 $G_3R_3B_2A_2S_4$의 문제를 나타내었다.

MDVP 검사결과 음도는 201Hz를 나타내었고 강도는 75dB을 나타내었으며, 음질의 경우 Jitter는 2.16%였으며, Shimmer는 5.01dB, NHR은 0.29로 나타났다. PAS 검사결과 VC는 3.01L, MPT는 10.21초, MFR은 210ml, Ps은 10.51cmH2O로 나타났다. 후두 스트로보스코피 검사결과 성대의 전반부 양쪽 1/3지점에 좁쌀만 한 작은 결절이 발견되었다. 성문 폐쇄 시 모래시계 모양의 형태를 보였으며, 발성 시 성문 상부가 지나치게 수축되는 모습을 보였다.

평가결과를 종합한 결과, 성대결절로 진단받았다. 본 환자의 음성사용 특징을 보면, 후두 스트로보스코피 검사에서 성문상부를 지나치게 수축하며 발성하고, PAS 검사에서 Ps가 10.51cmH2O로 나타난 것으로 보아 음성을 보상적으로 사용하여 성대를 매우 긴장시키는 것으로 확인되었다. 또한 PAS 검사에서 VC는 정상이지만 MFR이 210ml으로 매우 높고, 또한 스트로보스코피 검사에서도 모래시계 모양의 성문폐쇄가 나타나는 것으로 보아 음성산출시 기류가 많이 산출되는 것으로 확인되었다. 때문에 한 호기 내에 말할 수 있는 음성이 짧을 뿐더러 음성산출 시 기식음성이 매우 많아 음성 전달력도 떨어질 것으로 예측된다.

음성치료 후 재평가

종결평가에서, 음질은 $G_0R_0B_1A_0S_0$로 나타났다. 음향학적 MDVP평가에서는 음도는 221Hz를 나타내었고 강도는 78dB을 나타내었으며, 음질의 경우 Jitter는1.13%였으며, Shimmer는 3.36dB, NHR은 0.127로 나타났다. PAS 검사결과에서도 VC는 3.16L, MPT는 21.03sec, MFR은 120ml, Ps은 6.54mH_2O로 나타났다. 후두 스트로보스코피 검사결과 성대 결절이 거의 사라졌으며, 성문 수축 또한 거의 관찰되지 않았다. 현재는 좋은 음성을 유지하고 있으며 본인 스스로가 매우 만족하는 결과를 나타내었다.

〈표 9〉 음성평가 방법과 기준수치 정리

			평가방법	수치
주관적 평가	초기 면담	사례사	성대 오·남용 정도, 건강상태, 교육 정도, 직업, 문화, 언어적 배경 들을 포함한 관련 사례들을 파악한다.	
	자가 평가	음성장애지수(VHI)	음성 문제를 보이는 환자가 개인의 음성상태를 평가하는 것으로 총 30개의 문항으로 되어 있다.	0~4점으로 표시하여 평가한다. (점수가 높을수록 음성문제의 정도를 심각하게 느낌)
		역류증상지수(RSI)	총 9개의 문항으로 구성되어 있으며, 역류성 증상에 대한 설문들로 구성되어 있다.	0~5점으로 표시하여 평가한다. (12점 미만인 경우 정상으로 판단)
		음성관련 삶의 질 평가(V-RQOL)	신체-기능적, 사회-정서적 2가지 영역으로 되어있으며, 총 10개의 문항으로 되어 있다.	1~5점으로 표시하여 평가한다.(점수가 낮을수록 삶의 질이 낮은 것을 의미함)
	청지각적 평가	발성평가: GRBAS	모음발성, 문장읽기 혹은 대화를 통해 산출된 음성으로 평가한다. G(Grade :종합애성도)- 음성의 전반적 이상도 R(Rough : 조조성) - 성대진동이 불규칙하여 나타내는 거친소리 B(Breathy : 기식성) - 공기가 새는 소리 A(Asthenic : 무력성)-힘이없는 약한 소리 S(Strained :긴장성) -성대가 과 긴장하여 힘을 들여서 내는 소리	GRBAS의 각각의 항목을 0~3점으로 평가한다.
		CAPE-V	음성을 구성하는 요소들을 모두 평가할 수 있도록 고안되어 음성의 음질 , 음도, 강도를 모두 평가할 수 있다. OS- 비정상적 음성의 정도 R - 거친소리 B - 바람새는 소리 S - 음성의 노력성 P - 음도 L - 강도	연속척도 사용

<table>
<tr>
<td rowspan="3">객관적 평가</td>
<td>음향학적 평가</td>
<td>MDVP</td>
<td>/a/연장발성을 통하여 발성의 문제를 음향학적으로 평가할 수 있으며, 음성의 특징을 시각적 또는 수치화하여 제시한다.
산출된 음성을 통하여 주파수 및 진폭의 변동정도를 확인할 수 있으며, 음성에서 산출되는 소음과 배음의 비율 등을 확인하여 음성의 특징을 살펴볼 수 있다.</td>
<td>다양한 매개변수의 결과 중 기본적으로 대표적인 변수의 수치를 제시하면 아래와 같다.
<table>
<tr><td>VC(L)</td><td>여</td></tr>
<tr><td>jitter</td><td>1.04%</td></tr>
<tr><td>shimmer</td><td>3.81dB</td></tr>
<tr><td>SNR</td><td>0.19</td></tr>
</table></td>
</tr>
<tr>
<td>공기역학적 평가</td>
<td>PAS</td>
<td>호흡과 호흡이 발성에 관여하는 정도를 평가할 수 있으며 다양한 프로토콜을 이용하여 확인한다.
각 프로토콜마다 평가하는 항목이 각각 다른데, 대표적으로는 폐활량, 성문하압, 기류량, 음성효율성, 문장구어산출시의 호흡특성 등을 살펴볼 수 있다.</td>
<td>전체적 수치에 대한 정보는 KayPantax에서 제공하는 논문을 통해 확인할 수 있으며, 대표적인 수치만 제공하면 아래와 같다.
<table>
<tr><td rowspan="2">VC(L)</td><td>남</td><td>4.14±1.14</td></tr>
<tr><td>여</td><td>2.87±0.69</td></tr>
<tr><td rowspan="2">MPT(sec)</td><td>남</td><td>21.29±5.92</td></tr>
<tr><td>여</td><td>17.69±5.81</td></tr>
<tr><td rowspan="2">MFR(ml)</td><td>남</td><td>170±90</td></tr>
<tr><td>여</td><td>120±40</td></tr>
<tr><td rowspan="2">Ps (cmH_2O)</td><td>남</td><td>6.65±1.18</td></tr>
<tr><td>여</td><td>5.40±1.37</td></tr>
</table></td>
</tr>
<tr>
<td>공명평가</td>
<td>Nasometer</td>
<td>모음발성, 문장읽기 등으로 공명의 문제여부를 판단할 수 있다.</td>
<td></td>
</tr>
</table>

잠깐!

음도를 측정하고 싶은데 검사기기가 없다면?

Tuner tool; 기타와 같은 현악기 음도를 맞추는 기기이다. 휴대전화 어플리케이션에 많은 종류의 무료 Tuner tool이 있으니 맘에 드는 것으로 사용하면 Hz 정보를 얻을 수 있다.

2. 치료하기

◇◇◇◇◇◇◇◇◇

환자에 대한 음성평가가 끝났다면, 그 결과를 바탕으로 음성치료가 시작되어야 한다. 그래서 음성치료를 대증치료라고 한다. 때문에 환자의 음성을 정확하고, 또 명확하게 평가하는 것이 치료의 시작이라는 것을 잊지 말아야 한다.

음성치료를 처음 시작하게 될 때 언어치료사는 환자를 어떠한 기법으로 치료를 할 것 인지 결정해야 한다. 접근하는 방식은 학자마다 다르며, 이러한 분류는 학문적으로 더 의미가 있다. 그러나 치료를 계획하면서 한번쯤은 확인을 하는 것이 좋다. 이 장에서는 가장 보편적인 치료접근 방식에 대해 알아보고자 한다.[1]

첫째, 환자의 성별, 연령, 직업적 특성, 음성사용 환경, 개인적인 특성 등을 파악하여 직접치료를 할 것인지 간접치료를 할 것인지 결정한다. 일반적으로 직접치료는 음성산출과 관련이 있는 호흡, 발성, 공명기관의 훈련이 중요하며, 간접치료는 음성장애를 유발하고 지속시키는 요인들을 관리할 수 있도록 교육하는 것이 중요하다. 때문에 간접치료는 음성사용 환경에서의 조언, 음성위생, 스트레스 관리 및 일반적인 이완기법 등의 포함된다.

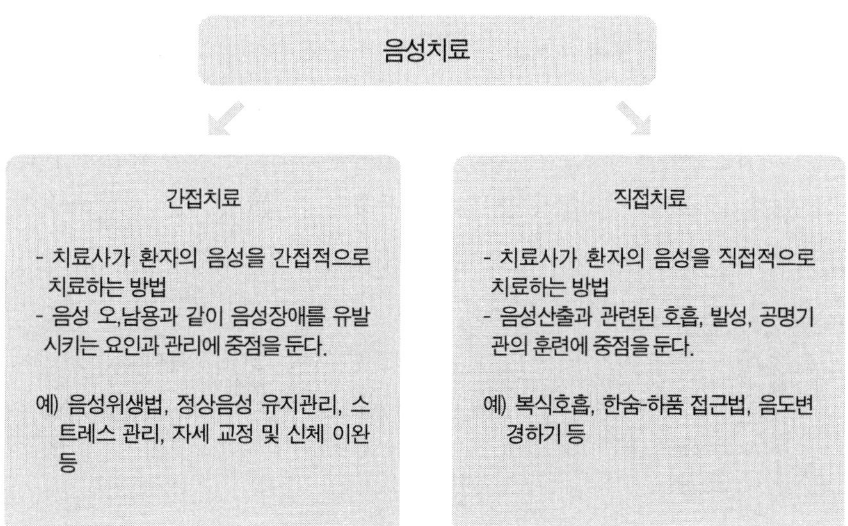

〈그림 11〉 음성치료의 접근방식

사례) 인후두역류질환환자의 간접치료 예

수년 전부터 참지 못하는 기침과 목의 이물감 그리고 쉽게 변하는 음성을 주 호소로 내원한 이ㅇㅇ님. 이ㅇㅇ님의 병명은 역류성 후두염이었으며, 후두전문의에 의해 이주치 약물처방과 음성위생이 권고되었다. 음성위생을 실시할 때, 일반적으로 음성위생 확인표를 보여주며 환자에게 구두로 설명을 한다. 그러나 환자의 스트로보스코피(stroboscopy)영상의 한 부분을 캡처하여 환자에게 시각적으로 보여주며 교육하면 환자가 이해하는데 더욱 효과적이다. 그리고 캡처된 영상을 보며 간략하게 후두의 해부와 성대가 움직이는 원리에 대해 교육하고, 위산이 역류되는 과정을 설명한다. 또한 다음의 세 가지는 반드시 지켜주도록 권고한다.

1. 아침, 점심, 저녁 식사시간과 양을 동일하게 지키기.
2. 식사 후 30분 후에 앉거나 노래 부르기, 식사 후 3시간 후에 눕거나 자기(이 시간을 지키지 못하는 경우에는 서서 걷는 행동 등을 하며 역류증상 줄이기)
3. 밤에 또는 빈속에 과일먹지 않기.(베리 종류, 토마토 등)

이주 후, 경과를 보기 위해 만난 이ㅇㅇ님의 표정은 싱글벙글하였다. 이제는 기침도 나지 않고, 목도 편안하다고 보고하였으며, 형제 · 자매 다섯명과 매일매일 통화하여도 음성이 변하지 않는다며 좋아하였다.

인후두역류질환 또한 언어치료사가 음성치료(음성위생)을 실시해야하는 질환이다. 이미 국내외 논문에서 인후두역류질환 환자에게 약물만 투여했을 때와 약물과 음성치료를 함께 실시했을 때, 환자가 느끼는 주관적 평가와 객관적 평가 결과 차이에서 효과적이라고 보고되었다.

둘째, 치료기법을 음성위생에 초점을 맞춘 방법, 증상에 중심을 둔 방법, 심리적, 또는 총체적, 절충법 등으로 분류할 수 있다. Stemple(2000)은 위와 같이 5가지로 분류하여 제시하였는데, 그 중 음성위생법은 부적절하게(성대 오,남용) 음성을 사용하고 있는 것을 확인하여 수정하거나 제거할 수 있도록 교육하면, 정상적으로 음성을 산출할 수 있다고 보는 방법이다. 또한 증상에 중심을 맞춘 접근법은 음질이나 음도 혹은 강도가 정상기준범위에서 벗어나 산출되는 경우, 그 증상을 확인하여 정상범위를 넘어선 부분을 감소시키거나 정상으로 돌려놓는 데 초점을 맞추도록 한다. 이는 우리가 배운 Boone(2010)이 제시하는 25가지의의 촉진기법이 이에 해당하며, 주관적으로 음질, 이완, 음도, 강도 등으로 나누어 보면 다음의 그림과 같다.

음질
- 시 · 청각적 피드백
- 시작하기
- 비음/유음 자극
- 머리 위치 변경
- 후두 마사지
- 혀 내밀기 /i/
- 호흡훈련

이완
- 노래조로 말하기
- 호흡훈련
- 시작하기
- 성대 프라이
- 후두 마사지
- 발성 변경법
- 하품-한숨 접근법

음도
- 손가락조작법
- 새로운 음도 확립
- 음성배치
- 성대 프라이
- 차폐접근법
- 음도 억양
- 발성 변경법

강도
- 강도 변경
- 비밀스러운 음성
- 시작하기
- 노래조로 말하기
- 시각적 피드백
- 이완
- 구강개방 접근법

〈그림 12〉 음성촉진기법 분류

또한 심리적인 접근법은 음성장애가 심리적 문제로 인해 호전되지 않을 경우, 환자의 심리 정서적 상태 조절에 초점을 맞추어 접근하는 방법이다. 총체적 접근법이란, 호흡, 발성 및 조음, 공명 기관이 종합적으로 작동할 수 있도록 하는 것이 기본 목표이다. 이것은 위에서 언급한 접근법들을 절충하고 통합하여 사용한다.

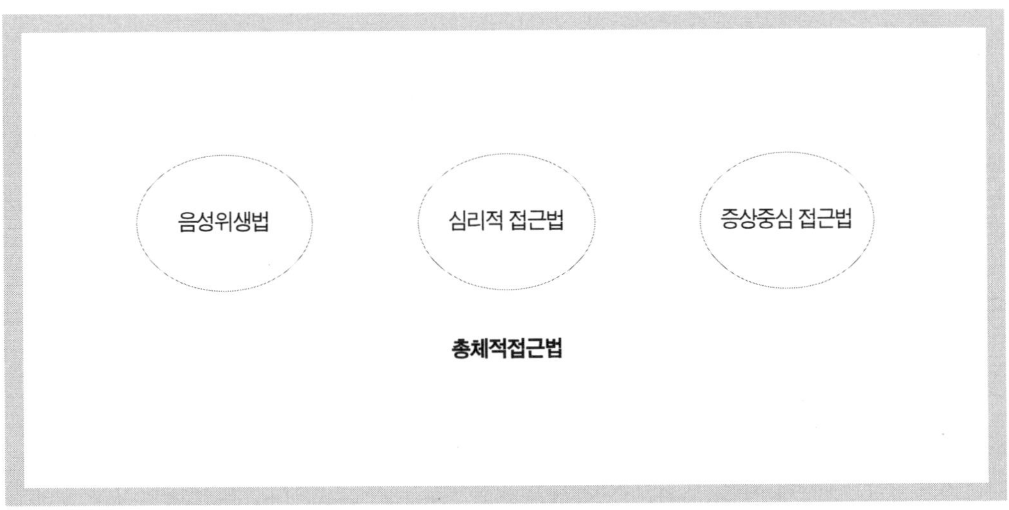

〈그림 13〉 총체적 접근법

마지막으로, 음성장애를 과다기능과 과소기능으로 구분할 수 있다(Stemple, 1993).[4] 음성을 과소 혹은 과다로 사용하고 있는지 평가 한 후에, 치료목표를 정상음성을 산출 할 수 있는 방법에 맞춘다. 기능적 발성장애 환자가 이러한 과다, 과소 기능의 특징을 많이 보이며 때문에 이러한 환자에게 많이 사용하는 방법이다. 기질적 발성장애환자의 경우에도 의학적인 처치 후 정상적인 음성이 산출되지 못한다면 위와 같이 환자의 발성방법을 평가한 후에 치료하기도 한다.

〈그림 14〉 과소기능과 과다기능의 특징

〈그림출처〉-대한후두언어음성의학회 (2012). 후두음성언어의학 Ⅰ. 일조각.

이제 치료계획이 세워졌다면 언어치료사는 마지막으로 치료를 시작하기 전에 자기감시가 필요하다. 다음의 질문에 대답해 보도록 하자.

1. 정확한 의학적 진단 및 음성평가가 실시되었는가?

2. '왜' 치료를 하는 것인가?
- 환자의 음성문제를 정확하게 인식하였는지 확인하기.

3. '어떻게' 치료할 것인가?
- 구체적인 치료방법 설계하기(이론적 근거를 가지고 치료설계하기)

4. 환자에게 적절한 치료목표인가? (치료목표를 계획할 때에는 환자와 함께한다.)
- 치료시작 전 환자 혹은 보호자의 동의를 구하며, 음성치료는 스스로 연습하고 훈련해야 한다는 것을 주지시킨다.

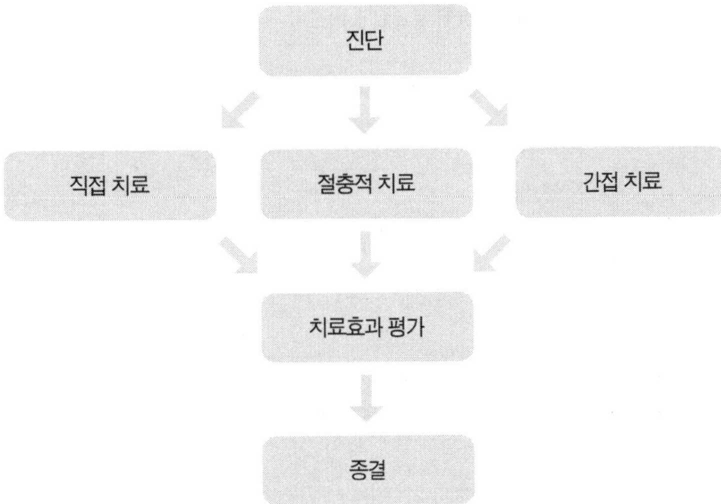

〈그림 15〉 음성치료의 접근 절차

음성치료 접근방법과 기법에 대한 계획이 세워졌다면, 이제 치료를 시작하여야 한다. 일반적으로 직접적인 음성치료를 실시할 때 이완-〉 호흡-〉 발성의 3단계로 진행된다. (치료사에 따라 이완과 호흡의 순서가 다르기도 하다. 또한, 공식적인 치료단계가 아니므로 환자에 따라 단계 변경도 가능하다.) 설명하기 쉽게 예를 들어 화단에 물을 준다고 생각해보자. 그러면 우리는 화단과 제일 가까운 수도를 찾을 것이고, 수도를 연결할 수 있는 호스를 준비할 것이다. 물은 잘 나오는지 호스의 길이는 충분한지, 혹시 구멍이 나거나 꼬이지는 않았는지 확인하는 작업이 음성치료에서 음성준비(이완)단계이다. 준비가 끝나면 수도꼭지에서 물을 틀 때, 물이 호스를 지나 화단까지 갈 충분한 물의 양이 필요하다. 그리고 수도에서 나온 물이 호스 끝까지 가야하는데, 호스가 중간에 발에 밟히거나 했다면 수도에서 나온 충분한 물이 호스 끝까지 나가지 않을 것이다. 그렇다면 우리는 수도에서 나온 물이 호스 끝까지 가도록 해야 하는데 이 단계가 호흡 단계이다. 마지막으로 화단으로 정확하게 물이 가도록 호스끝부분을 손가락으로 조절해야 하는데 이 단계가 발성단계라고 기억하면 쉬울 것이다. 다음의 표는 기능적 발성장애 환자의 한숨-한품 접근법을 이용한 치료일반화단계를 간략하게 정리한 것이다.

〈표 10〉 기능적 발성장애 환자의 치료기법 예시

1	음성준비(이완)	Vocal fry, 입술, 혀 떨기, 신체이완 및 자세교정	
2	호흡	복식호흡	좋은호흡 및 흡기, 호기량 증가
3	발성	무의미 음절	'ㅎ' 모음 연결 /하, 헤, 호, 후, 히/
		단어	'하늘' '하나' '하품' '할아버지'
		구	'하나된 형제' '햄버거와 핫도그'
		문장	'나는 햄버거와 핫도그를 좋아합니다.'
		자기소개하기(미리 문장 준비)	안녕하세요. 00사는 000입니다.
		일반화	영화표 예매하기, 길 묻기 등

모든 치료사의 목표는 환자의 주호소를 해결하고, 환자로 하여금 듣고 말하기 편안한 음성을 산출하는 것이므로 치료방법은 수없이 다양하고 이색적일 것이다. 그러나 이 수없이 다양하고 이색적인 치료방법의 기저가 되는 원리를 알지 못하는 상태에서 치료기법을 사용하는 것은 바람직하지 못하다. 그래서 요즈음에는 증거기반치료법이 강조되고 있으며, 치료사는 특정 치료기법이 왜 효과가 있는지, 왜 효과가 없는지에 대한 확인이 필요하다.

ㅁ 음성평가 기기가 없는 사설센터에서의 아동음성평가 및 치료

일반적으로 아동음성을 주 호소로 발달센터에 의뢰되는 경우는 드물다. 다른 영역에 문제로 내원했을 때 치료사는 아동의 전반적인 평가를 실시하게 되는데 이때 음성문제를 선별하게 된다. 음성선별평가 도구는 손쉽게 구할 수 있다. 비표준화 검사 OSMSE-R 또는 표준화 검사 SMST를 통해 선별할 수 있다. 선별검사에서 음성의 문제를 발견했다면??

후두전문의가 있는 가까운 이비인후과에 의뢰하기를 바란다. 음성의 문제, 즉 허스키한 목소리가 성대결절로 인한 문제가 아닐 수 있으므로 반드시 후두전문의의 진단이 필요하다. 일반적인 성대 결절이나 폴립으로 진단을 받았다면, 음성치료를 시작하여야 한다. 성인의 경우 성대병변의 상태에 따라 약물 혹은 수술을 요할 수 있으나 성장기에 있는 아동들에게 음성치료가 더 효과적이다. 그러나 아동 음성치료의 필요성에 대해서는 의견이 다양하다. 하지만 음성의 문제로 학교생활이나 가정생활에서 불편함이 야기된다면 음성치료는 필요할 것이다.

음성치료의 원리는 아동과 성인이 크게 다르지 않으나 치료 접근방식에는 차이가 있다. 아동의 특성상 음성에 대한 문제 인식, 음성치료 동기, 인지 수준, 착석가능시간, 집중 시간, 부모의 참여도 정도가 음성치료 예후에 중요한 요소이다. 아동을 직접치료 할 경우, 성인과 동일한 방식으로 호흡, 이완, 발성을 중심으로 치료한다. 간접치료를 할 경우, 음성위생, 음성오남용 확인, 부모교육 등이 있다. 성인과는 다르게 시청각적, 생체 감각적 단서를 제공할 수 있는 도구를 사용하는 것이 좋다.

아동의 음성을 평가, 치료하기 전 아래의 다섯 가지는 체크해보자.

1. 치료 전후 비교를 위해 목소리 샘플 녹음
- 동영상 촬영 및 녹음
  예) ABCD 또는 생일축하 노래부르기
  읽기가 가능한 아동은 문단 읽기

2. 평균발화주파수 및 음도 범위 측정
- Tuner tool 활용

3. MPT측정

4. S/Z 비율 측정

〈표 11〉 MPT, S/Z 비율의 측정방법과 기준수치예시

MPT : 숨을 깊게 들이마시고 편안한 음도와 강도로 공기가 남아있지 않을 때까지 /a/모음을 연장하여 발성한다.	아동: 10초이하 남성: 20초이상 여성: 20초미만 (Kent, 1994)[5]
S/Z 비율 : 호기를 통해 무성음/s/와 유성음/z/를 비교하는 과제로 /s/와/z/의 발성 길이를 비교하여 분석한다.	정상 : 1.0 성문폐쇄에 문제보이는 경우 : 1.4(성인), 1.2(아동)

5. 호흡(구어호흡, 비구어적호흡)

사례) 성대결절 아동의 치료

초등학교 2학년에 재학 중인 김○○군. 수업시간에 발표를 하면 친구들이 목소리를 듣고 웃는다며 어머니에게 음성치료를 요구하여 병원에 내원하게 되었다.

아동치료의 경우, 치료동기가 예후에 가장 중요하다고 할 수 있는데 본 아동의 경우 그 동기가 뚜렷하였다. 양측 성대 결절로 진단받았으며, 어렸을 때부터 허스키한 목소리였다고 어머니는 보고하였다. 복식호흡, 후두마사지, 부드럽게 발성하기 등으로 목에 힘을 주지 않아도 음성이 자연스럽게 산출되는 것을 아동에게 인식시켰고, Dr.speech를 통해 시각적으로 피드백을 주었다. 또한 부모교육 시에는 아동이 목소리를 부드럽게 산출할 때 긍정적 강화와 과제 참여 등 가정 내에서 간접적인 음성치료가 가능하도록 교육을 실시하였다. 치료 3회기 이후 아동은 주관적으로 목소리 음질이 많이 좋아졌음을 표현하였고, 치료 8회기 이후 오른쪽 결절이 소실되었다. 왼쪽 결절은 잔존하였으나 음성에 크게 영향을 줄 정도는 아니었다.

반면 어떤 아동은 치료실에서만 부드러운 발성을 사용하고, 가정과 학교에서는 일반화가 되지 않는 경우가 있다. 한 어머니의 보고에 의하면 아동은 치료실 지하주차장에서부터 음성을 부드럽게 사용하기 시작하여 치료가 끝난 후 집에 가는 길에서부터 음성 오,남용이 시작된다고 하였다. 이런 아동의 경우, 치료실에서 배운 부드러운 발성을 가정과 학교에서 사용할 수 있도록 치료방법을 다시 설정하여 일반화가 될 수 있도록 유도해야 한다.

잠깐!

성대수술은 언제 가능하나요?

일반적으로 후두전문의는 18세 이상에게 수술을 권한다. 키가 성장하고 있다면 후두의 크기에도 변화가 있을 수 있기 때문이다. 따라서 사춘기 후 약 1-2년 간 키가 성장하지 않았다고 보고하였을 때 수술이 가능하며, 성대 결절은 음성 오,남용이 원인이므로 일반적으로 음성치료를 먼저 실시한다. 혹 성장하여 수술이 필요하여 수술을 하였다고 하여도 수술 후 음성치료는 매우 중요하다.

3. 종결하기

◇◇◇◇◇◇◇◇

치료의 종결시기와 방법은 다양하다. 여러 가지 이유 중에 가장 큰 이유는 음성은 개인에 따라 지극히 주관적이기 때문일 것이다. 음성치료는 환자의 음성을 직업상, 정서적, 사회적 요구를 만족시키는 수준의 음성으로 동시에 현실적으로 도달할 수 있는 음성으로 만들어주는 모든 수단과 방법이라고 정의할 수 있다. 다음에 제시하는 사례와 종결기준을 확인해보도록 하자.

사례) 종결_성대구증으로 인한 기질적 발성장애환자 사례

노총각 박ㅇㅇ님. 박ㅇㅇ님의 보고에 의하면, 본인은 직업과 외모 모두 평균이상이라고 하였다. 그러나 소개팅을 하면 빈번히 목소리 때문에 여성들이 만나주지도 않는다며 목소리성형을 위해 병원에 내원하게 되었다. 그의 병명은 성대구증이었다. CSL를 통해 환자의 음도를 평가한 결과, 편안하게 /아/발성 시 170Hz± 5, 최대한 저음으로 발성 시 150Hz ± 5였으며, 문장을 읽을 시에는 180± 10까지 평균남자의 음도보다 높게 평가되었다. 일반적으로 성대구증의 치료방법은 성대에 테블론 등의 약물을 주입 또는 레이저시술을 하는 경우가 있는데, 환자본인이 음성치료를 원하여 음성치료만 진행하게 되었다.

치료를 처음 시작하면서 환자의 음성샘플을 녹음하여 들려주었는데, 듣는 것을 거부하는 등 듣기 싫다며 불쾌감을 표현하였고, 목소리에 대한 스트레스정도가 심하다는 것을 관찰 할 수 있었다. 그래서 치료의 첫 시작은 본인의 목소리를 인정하고 여러 상황에서 본인의 목소리를 녹음해오도록 하는 것이었다. 그 다음 녹음해 온 음성샘플을 치료사와 함께 들으면서 음도를 평가하며 서서히 본인의 목소리를 듣는 것에 대한 거부감을 감소시켰다. 그리고 복식호흡, 음도변경법, 손가락 조작법을 통해 결과적으로 130Hz± 5의 음도의 목소리를 산출 할 수 있게 되었다. 일반화를 위해 음성 롤 모델을 만들었는데, 환자분은 그 당시 유명했던 이병헌의 핸드폰광고의 목소리를 원하였고, 이병헌의 목소리를 녹음하여 똑같이 따라하는 연습을 하였다. 매주 치료실에 올 때마다 본인이 연습한 목소리를 CSL을 통해 음도를 평가하였고, 수정하거나 보안해야할 점을 찾아 함께 치료에 임했다.

총 15회기에 걸친 긴 치료기간이었음에도 불구하고 환자분은 본인의 목소리를 듣는 것에 조금씩 만족하게 되었다. 그리고 목소리를 내는 것에 대한 부담감은 사라졌으며, 즐거워하셨다. 분명 MDVP를 통해 목소리를 평가하면, 정상규준은 아니었지만 목소리에 대한 본인의 만족도는 이미 정상이었다. 그리고 어느 날 치료 종결을 원하셨다. 그 이유는 치료 중에 만나게 된 여성분과 결혼날짜를 잡으셨다는 것이었다. 본인이 음성치료를 시작하게 된 이유가 해결되었기 때문이다. 마지막으로 본인이 예비신부의 목소리보다 더 괜찮은 것 같다는 한마디와 함께.....

객관적인 수치를 통해 환자의 목소리를 평가하면 분명 정상으로 평가되지 않으며, 우리가 교과서에 배운 수치를 적용하면 이 환자는 발성장애이다. 그러나 음성장애 환자의 주 호소가 해결되면, 환자본인이 목소리에 만족하면 치료는 종결이 가능하다.

- 치료의 목표가 달성되었을 때
- 환자가 큰 노력을 들이지 않고 정상으로 들리는 음성을 산출 할 수 있을 때
- 음성위생 지침을 실생활에 습관화 하였을 때
- 환자가 음성장애의 원인을 자각하고, 재발을 막기 위한 예방법을 숙지하였을 때
- 환자 본인이 편안하다고 보고하였을 때

Boone의 5가지 조건

- 성대가 외관상 아무 문제가 없을 때
- 치료사가 평가하기에 환자의 목소리가 좋아졌을 때
- 환자 본인이 목소리가 좋아졌다고 느꼈을 때
- 환자가 더 이상 목소리가 좋아지지 않는다고 했을 때
- 환자가 치료사의 동의 없이 종결할 때

◈◈◈

일반적으로 언어치료를 전공으로 하는 학과에서는 아동언어치료에 대한 교과가 더 많이 개설되어있으며, 관찰 및 실습을 하기에도 더 용이하다. 반면, 음성치료는 여러 가지로 공부하기에 어려움이 있다. 그래서 음성치료를 처음 시작하려고 하는 초기 언어치료사에게는 두렵고 떨리며, 본인이 치료를 잘 하고 있는지에 대한 의구심이 들기 마련이다. 그러나 이러한 의구심은 좋은 언어치료사가 되기 위한 시작이라고 생각한다.

좋은 언어치료사가 되기 위해서는 환자의 주 호소를 형식적인 질문과 답으로 생각하지 않고, 환자의 입장에서 이해하며, 환자가 인지하지 못했던 환경적 요소까지 치료사가 관찰할 수 있어야한다. 또한 언어치료사가 편하고, 자주 사용하는 치료기법이 아닌 환자에게 적용가능하고 효율성 있는 기법을 고민하고 본인의 치료방법에 증거를 찾는 일을 멈추지 않는다면, 잘하고 있는 것이라고 응원하고 싶다.

눈과 귀 그리고 마음이 잘 훈련된 언어치료사가 되기를 바라며 이 장을 마무리하려고 한다.

참고문헌

1. 대한후두언어음성의학회 (2012). 후두음성언어의학 I . 일조각.
2. 양병곤(2010). 프라트(Praat)를 이용한 음성분석의 이론과 실제. 부산: 만수출판사.
3. 윤주원 (2012). 근력강화운동이 성대에 미치는 영향. 루터대학교 대학원 석사학위 논문.
4. 황영진 (2007). 비성도 검사를 위한 표준화 문장개발과 정상 규준치 연구. 대구대학교 대학원 박사학위 논문.
5. Kent, R. D. (1994). Reference manual for communicative siences and disorders: Speech and Language. Austin, TX:PRO-ED.
6. Weinrich, B., Brehm, S. B., Knudsen, C., McBride, S., & Hughes, M. (2013). Pediatric Normative Data for the KayPENTAX Phonatory Aerodynamic System Model 6600. Journal of Voice, 27(1),
7. Zraick, R. I., Smith-Olinde, L., & Shotts, L. L. (2012). Adult normative data for the KayPENTAX Phonatory Aerodynamic System Model 6600. Journal of Voice, 26(2), 164-176.

chapter

05

신경언어장애

chapter

05 신경언어장애

학교 다닐 때 "신경"이란 단어가 들어가면 일단 외워야 할 것이 산더미 같은 해부학 그림과 의학 용어들이 떠오르면서 신경언어장애에 대한 거부감이 들기 마련이다. 그렇지만 임상관찰을 통해 병원 내에 있는 언어치료실을 방문해보면 사설 치료실과는 다른 분위기에 매료되어 혹은 실습을 통해 아동을 대상으로 한 치료를 해봤지만 성인을 치료할 기회가 많지 않으므로 성인 환자에 대한 경험을 쌓아보고자 병원 세팅에서 일하고자 하는 언어치료사들이 많다.

일단 병원에서 시행하고 있는 언어 평가나 치료를 위한 절차는 다음과 같이 조금 복잡하다. 간단한 접수와 상담을 거쳐 평가나 치료가 시작되는 대부분의 치료 세팅과 달리 병원에서는 언어 평가나 치료를 받기 위해 여러 절차를 거쳐야 하며 내원 당일 바로 평가나 치료가 이루어지지 않는 경우도 많다. 이에 대해 환자 뿐 아니라 언어치료사들도 접수를 통해 재활의학과나 신경과, 혹은 정신과 등 해당 과에서 진료를 본 후 진료 의사의 처방에 의해서만 평가를 할 수 있고 평가 후 보고서를 쓰면 의사에게 다시 진료를 보고 치료 여부를 결정하면 치료 처방을 내린다. 그때서야 비로써 그 환자에 대한 언어치료를 시작할 수 있다.

접수 ➡ 과 진료 ➡ 의사 처방 ➡ 평가 ➡ 치료 여부 결정 ➡ 치료 처방 ➡ 치료

언어치료실 컴퓨터로 의사의 언어 평가나 치료 처방을 확인하고 환자가 언어치료실을 들어

오기 전까지 과연 무엇을 해야 할까? 아동의 경우 연령을 확인하고 아동이 언어장애인지 말장애인지에 따라 필요한 검사를 준비하듯이 성인의 경우도 언어장애와 말장애에 따라 필요한 검사를 준비하면 된다. 그럼 언어장애인지 말장애인지 어떻게 알 수 있을까? 병원에서는 이미 의사의 진료를 받고 언어치료실로 오기 때문에 의사와 진료 과정에서 알게 되는 많은 정보들이 의무기록 즉, 차트에 적혀 있다. 예전에는 종이로 된 의무기록지를 사용했지만 최근에 대부분의 병원들은 전자의무기록(EMR)을 사용한다. 그런데 EMR을 보면 또 한번 좌절하게 된다. 병원 차트에는 의사들이 환자의 진단명이나 특징들을 약자를 사용해서 작성하는 경우가 많다. 이럴 때 의학 용어 사전을 사용하거나 www.kmle.co.kr (Korean Medical Library Engine) 사이트를 이용하면 도움을 받을 수 있다.

신경언어장애는 신경학적 손상으로 인해 발생하는 말, 언어장애를 의미한다. 신경언어장애는 아동언어장애와 마찬가지로 말장애와 언어장애로 나눌 수 있다. 언어장애는 언어의 내용, 형식, 사용에 어려움을 보이는 장애로 주로 언어적 측면에 문제가 있는 경우를 실어증(Aphasia)이라고 하며 기타 인지적 측면의 문제로 의사소통에 영향을 미치는 경우를 인지의사소통장애라고 한다. 신경말장애는 말소리를 만들어 내는 일에 어려움을 보이는 장애로 주로 말운동장애(motor speech disorders)를 의미하며 말운동장애는 마비말장애(dysarthria)와 말실행증(Apraxia of speech)으로 나눈다. 신경언어장애에는 실어증과 말운동장애 외에도 우뇌 손상, 외상성 뇌손상, 치매 등이 포함되나 본 장에서는 언어치료실 세팅에서 가장 자주 대하는 실어증과 말운동장애를 중심으로 살펴보고자 한다.

1. 평가

◇◇◇◇

일반적으로 신경언어장애 환자는 의사 의뢰를 통해 언어평가가 이루어진다. 의사의 의뢰서에는 보통 환자의 개인적 정보와 함께 환자의 의학적, 신체적, 행동적 조건, 의학적 진단, 예상되는 입원 기간, 환자 치료에 대한 의사의 계획을 보여준다. 그러므로 신경언어장애 환자에 대한 의뢰가 올 경우 언어치료사는 대상자가 언어치료실을 방문하기 전에 의료 기록 내용을 꼼꼼히 살펴볼 필요가 있다. 또한 보통 신경언어장애 환자들은 성인이므로 평가 전 면담 요소에서도 아동과는 분명 차이가 있다. 아동은 주로 발달력에 대한 면담을 진행하지만 신경언어장애 환자들은 학력, 손잡이, 직업, 발병일, 손상 부위와 같은 정보가 필수적이다. 또한 대상자가 성인이므로 다음과 같은 점을 반드시 주의해야 한다.

잠깐! 신경 의사소통장애 환자 면담시 주의할 점

1. 가족 구성원이나 환자와 가까운 사람을 면담에 포함시켜 환자가 주는 정보를 보완하거나 환자가 결함이 심할 경우 정보를 제공받는 것이 좋다.
2. 신경언어장애 환자의 경우 대부분 성인이므로 대상자를 성인으로 존중하면서 호칭이나 질문 내용에 조심한다. 보통 성인 환자에 대한 호칭은 ㅇㅇㅇ님을 사용하는 것이 좋다.
3. 환자 수준에서 이야기를 하여 환자가 편안함을 느끼도록 하고 환자가 말을 이어갈 수 있도록 인내심을 가지고 들어준다.
4. 환자에게 검사 시작에 앞서 검사의 목적, 검사의 종류, 검사 결과 등에 대해 쉽게 설명해주는 것이 좋다.

1) 선별검사

선별검사는 신경언어장애의 유무 및 추후 진단 검사를 필요로 하는지의 여부를 결정하기 위해 실시하는 검사이다. 신경언어장애에 대한 선별검사는 의사나 간호사 등 언어장애 비전문가에 의해 이루어지기도 한다. 우리나라에서 표준화된 말-언어 기능에 대한 선별검사 도구는 Korean version-Frenchay Aphasia Screening Test(K-FAST)(편성범, 2008), Screening Test for Aphasia & Neurologic- communication Disorders(STAND)(김향희 외, 2009)의 두 가지가 있다. K-FAST는 실어증만을 위한 선별검사이며 STAND는 실어증에서 스스로 말하기 과제를 통해 간단한 마비말장애 정도를 체크할 수 있는 내용도 포함되어 있다.

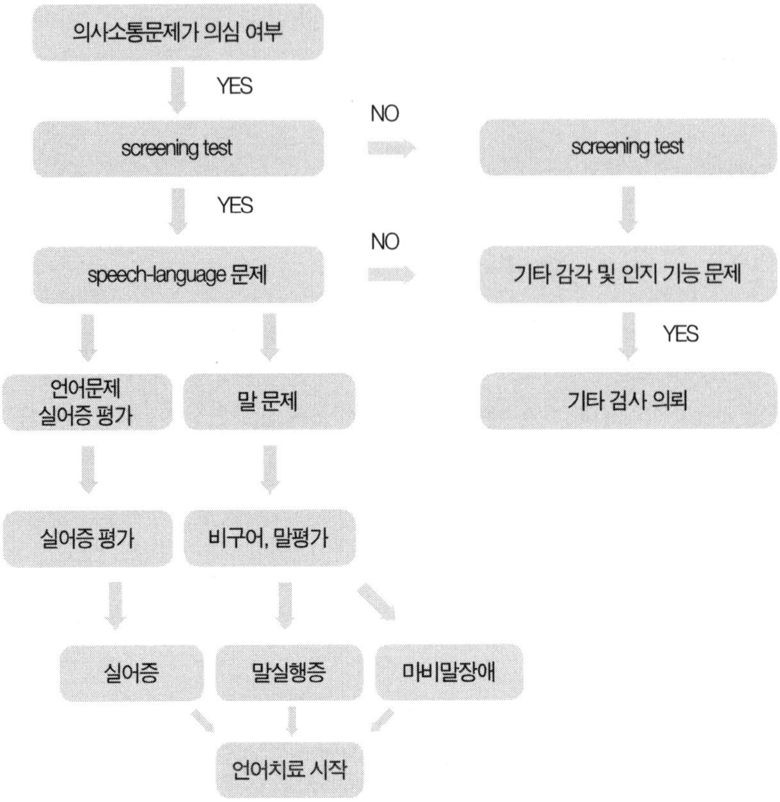

〈그림 1〉 신경말언어장애 일반적 임상 절차

2) 실어증 평가

실어증 평가는 보통 말하기, 듣기, 읽기, 쓰기 영역을 포함하고 있으며 말하기와 쓰기는 표현의 측면, 듣기와 읽기는 이해의 측면을 평가하는 것이다. 말하기에는 자동구어 말하기, 사물이나 그림 이름 말하기, 불완전한 구나 문장 완성, 단어, 문장 등 따라말하기, 문장 만들어 표현하기, 그림보고 이야기 만들기, 대화 과제 등을 포함한다. 듣기에서는 간단한 질문에 대답하기, 듣고 그림이나 사물 가리키기, 지시 따르기, 이야기 듣고 질문에 답하기 등을 포함한다. 읽기에는 그림과 글자 짝짓기, 제시된 숫자나 글자 읽기, 지문 읽고 답하기, 제시된 문장이나 문단 읽고 문제에 답하기 등이 있으며 쓰기에는 글자 쓰기, 단어 베껴쓰기, 받아쓰기, 문장이나 이야기 만들어 쓰기 등이 있다.

우리나라에서 전반적인 언어 능력을 평가할 수 있게 표준화된 실어증 검사도구로는 파라다이스-한국판 웨스턴 실어증 검사 개정판(PK-WAB-R)(김향희, 나덕렬, 2012), 한국 실어증 감별진단 검사

도구(KTDDA)(박혜숙, 2007), 대구실어증검사(정옥란, 2006) 등이 있다. 검사 실시 방법은 각 검사의 지침서를 참고하면 자세히 알 수 있다.

현재 우리나라에서 가장 많이 사용되고 있는 표준화된 검사는 PK-WAB-R이다. PK-WAB-R은 표준화를 통해 환자의 연령 및 교육년수에 따른 규준을 제시하고 있으며 주요 구성은 다음과 같다. PK-WAB-R은 크게 구어 부분과 문어 부분으로 분류되며 구어 부분을 통해 실어증 지수(AQ; Aphasia Quotient)를, 구어와 문어 부분을 합하여 언어 지수(LQ; Language Quotient), 인지 기능까지 합하여 피질 지수(CQ; Coritcal Quotient)를 산출할 수 있다. 현장에서는 평가 시간에 제한이 있고 실질 의사소통에서 중요성 측면에서 구어가 가장 강조되므로 AQ가 가장 일반적으로 사용된다. AQ, LQ 점수에 따라 실어증의 중증도를 판단할 수 있으며 지침서에 환자의 연령과 교육년수에 따라 규준을 제시하고 있으므로 〈표 1〉을 참고하면 된다.

〈표 1〉 PK-WAB-R 점수 요약표

<table>
<tr><th>구분</th><th>영역</th><th>항목</th><th>채점</th><th>비고</th><th></th><th></th><th></th></tr>
<tr><td rowspan="10">구어</td><td rowspan="2">스스로 말하기
(20점)</td><td>대화과제</td><td rowspan="2">내용전달(10점)과 유창성(10점)의 2가지 측면에서 채점</td><td rowspan="2">채점 기준은 매뉴얼을 참고</td><td rowspan="10">AQ</td><td rowspan="12">LQ</td><td rowspan="13">CQ</td></tr>
<tr><td>그림 설명하기</td></tr>
<tr><td rowspan="3">알아듣기
(200점)</td><td>예-아니오</td><td>20문항(60점)</td><td></td></tr>
<tr><td>청각적 낱말 인지</td><td>60문항(60점)</td><td></td></tr>
<tr><td>명령 이행</td><td>20문항(80점)</td><td></td></tr>
<tr><td>따라말하기
(100점)</td><td></td><td>20개 문장, 100어절
(각 어절 2점)</td><td>음소 착어시 어절당 1점</td></tr>
<tr><td rowspan="4">이름대기
(100점)</td><td>사물 이름대기</td><td>20문항(60점)</td><td>음소 착어시 2점,
단서 제공시 1점</td></tr>
<tr><td>단어 유창성</td><td>1개당 1점(20점)</td><td></td></tr>
<tr><td>문장 완성</td><td>5문항(10점)</td><td></td></tr>
<tr><td>문장 응답</td><td>5문항(10점)</td><td></td></tr>
<tr><td rowspan="2">문어</td><td>읽기</td><td></td><td>100점</td><td></td><td></td></tr>
<tr><td>쓰기</td><td></td><td>100점</td><td></td><td></td></tr>
<tr><td>인지
기능</td><td>구성, 시-공간, 계산</td><td></td><td>63점</td><td></td><td></td><td></td></tr>
</table>

실어증 분류는 전통적으로 미국 보스턴 실어증학파의 분류 기준에 근거하여 8가지 유형으로 나눈다.

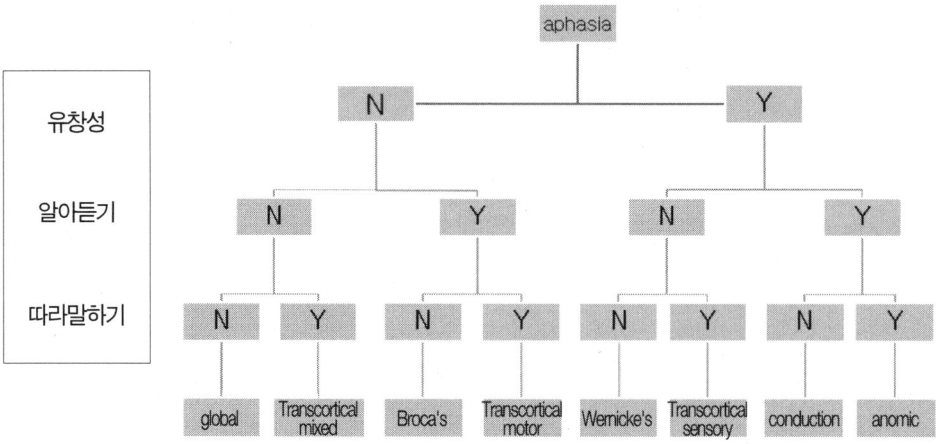

〈그림 2〉 보스톤 학파에 의한 실어증 분류 유형

실어증 평가 사례

김ㅇㅇ님(58세 여성)

좌측 기저핵 손상, 대뇌출혈로 평가 의뢰된 환자로 학력은 중졸이고 손잡이는 오른손잡이었다. PK-WAB-R을 실시한 결과는 다음과 같다.

- 스스로 말하기는 12점으로 내용전달은 8점, 유창성은 4점
- 알아듣기148점: 예/아니오 검사 51점, 청각적 낱말 인지 58점, 명령이행 40점
- 따라말하기는 91점
- 이름대기 점수는 73점: 사물 이름대기 54점, 단어유창성은 3점, 문장완성 10점, 문장응답 6점

AQ는 71.6이고 비교적 경한 실어증을 보이는 환자이나 PK-WAB-R에서 제시하는 분류 유형 점수에서 8가지 어느 유형에도 속하지 않는다. 지침서에 따라 검사를 실시하고 채점을 하면 실어증 유형을 나눌 수 있으나 8가지 유형에 속하지 않는 '분류 불가' 환자들도 종종 있으며, 치료를 이어가다 보면 실어증 유형이 바뀔 수도 있다. 실어증 유형이 치료의 목표나 방향을 잡는데 역할을 하는 것은 분명하지만 실어증 유형보다 환자의 부족한 부분과 보충해야할 부분을 지속적으로 확인하면서 치료하는 것이 더 중요하다고 하겠다.

공식 검사 도구를 사용할 수 있는 환자의 범위가 제한적이므로 환자 개개인에 맞춰 비공식적인 평가 항목을 추가하는 것이 필요하다. 예를 들면, 공식 검사에 모두 어려움을 보이는 전반 실어증(global aphasia) 환자의 경우 자동구어, 노래 부르기 정도가 가능한지 평가가 필요하고 경도 정도의 실어증(mild aphasia)을 나타내는 환자의 경우 심화검사인 한국판 보스톤 이름대기 검사(K-BNT)나 토큰 검사를 이용하거나 담화 이해 등을 살펴볼 수 있는 평가를 실시할 수 있다.

잠깐!

일부 실어증 환자의 경우 평가 자체를 거부하거나 제대로 평가에 임하지 않는 경우가 많다. 이런 경우 환자를 최대한 편안하게 하고 할 수 있는 만큼만 하라고 격려하는 것이 필요하다. 그리고 환자가 너무 힘들어할 경우 주어진 평가 시간에 평가를 다 끝내려고하지 말고 다음에 시간을 잡아 평가를 이어나가는 것이 더 좋을 수도 있다. 환자의 신체적, 심리적 상태를 고려해서 평가를 하는 게 매우 중요하다고 하겠다.

3) 말운동장애 평가

(1) 비구어활동 시의 구강조음기관 평가

말산출에 필요한 구강안면구조 및 기능을 평가한다. 말산출과 관련된 얼굴, 턱, 입술, 볼, 혀 구개, 후두 등의 강도, 속도, 움직임의 범위, 안정성, 근긴장도, 정확성 등을 평가하여야 한다. 각 항목에 대한 구체적인 평가 방법이나 순서는 조음기관 구조 기능 선별 검사(Speech Mechanism Screening Test ; SMST, 신문자 외)를 시행하면 도움이 된다.

(2) 말소리 평가

모음연장 과제를 통해 최대발성지속시간 및 음성의 높이, 크기, 질 그리고 공명에 대한 평가를 한다. 교대운동 및 일련운동 과제를 통해 길항반복 운동의 속도, 규칙성, 정확성을 평가한다. 모음연장과제와 길항반복 운동 역시 SMST에 포함되어 있다.

조음정확도 및 말 명료도 검사는 낱말 수준에서의 평가와 읽기, 대화 과제로 이루어지는데 이를 통해 종합적인 평가를 내릴 수 있다. 낱말 수준에서의 조음 평가는 아동의 조음 검사를 위해 개발된 도구들을 이용해도 무방하나 자극그림을 성인용으로 수정하면 더 좋을 듯하다. 문장이나 문단 수준의 읽기는 SMST에 있는 읽기 자료를 사용해도 좋고 우리나라에서 성인용 읽기 자료로 많이 사용되는 '가을' 문단을 읽어도 좋다. 읽기와 더불어 반드시 자연스러운 대화 상황에서의 조음 평가를 수행해야 한다. 읽기나 대화 상황에서는 조음 능력 뿐만 아니라 말속도, 쉼, 운율, 호흡과의 조화, 음도 및 강도, 말 명료도에 대한 평가를 반드시 수행해야 한다.

(3) 음성 평가

마비말장애 화자의 음도나 강도, 음질 혹은 공명에 문제를 보이는 경우 기기적 평가를 병행하면 도움이 된다. CSL, Visi-Pitch, nasometer 등을 이용하여 평가 결과를 수치화하면 평가 결과를 설명하는데도 도움이 될 뿐 아니라 이후 환자의 치료 동기 부여나 치료시 시각적 피드백으로 사용하면 치료 효과가 향상될 수 있다.

(4) 청지각적 평가

말운동 기제를 평가할 때 비구어과제, 말소리, 음성평가 모두 필요하지만 가장 중요한 평가 도구는 언어치료사를 통한 청지각적 평가이다. 말운동장애 교재들에 보면 능력 있는 언어치료사의 귀만큼 훌륭한 평가 도구는 없다고 할 정도로 청지각적 평가는 의사소통 능력을 평가하는데 중요한 역할을 한다고 할 수 있다. 구강조음기관, 말소리, 음성에 문제가 없다고 하더라도 언어치료사의 귀로 들었을 때 문제가 있다면 치료가 요구되는 만큼 언어치료사는 귀를 끊임없이 훈련시켜야 한다. 청지각적 평가에서 주로 이루어지는 측면들을 요약하면 다음과 같다.

〈표 2〉 말운동장애 평가를 위한 청지각적 요소들

연결발화에서 지각적으로 판단할 수 있는 문제 요소들
호흡 기능
□ 짧은 호흡
□ 긴 발화길이로 인한 피곤 호소
□ 어깨를 들썩거리면서 호흡
□ 발화 시작 전에 들리는 호기
□ 문법적으로 끊어 읽어야 할 곳에서 제때 끊어 읽기 못함
□ 한 숨으로 다양한 길이 발화 능력 부족
발성 기능
□ 비정상적 소리 크기
□ 강약의 지나친 변화
□ 단일한 강도
□ 비정상적 음도
□ 음도 일탈
□ 음성의 질(목쉰 소리, 기식 소리, 쥐어짜는 소리)
□ 발성 시작 실패
공명 기능
□ 비강 방출
□ 과대비성
□ 과소비성
□ 압력 자음 산출 어려움
조음
□ 부정확한 자음
□ 불규칙한 조음 실패
□ 음소 연장
□ 모음 왜곡

(5) 말 실행증 평가

말 실행증 평가는 마비말장애 평가와 마찬가지로 비구어 활동의 구강조음기관 평가, 말 산출 평가와 말소리 평가로 이루어지나, 이외에도 말 실행증 여부를 확인하기 위해서는 몇 가지 추가적인 검사가 필요하다. 말 실행증은 말산출을 위한 수의적이고 순차적인 움직임에 어려움을 보이므로 먼저 SMST에서 AMR과 SMR의 수행 차이를 살펴보아야 한다. 또한 말 실행증 환자들은 다음절 단어에서 어려움을 보이며 말 속도가 느리고, 운율이 비정상적이며 탐색행동과 음소 대치를 나타내므로 이에 대한 평가가 이루어진다. 이를 위해 자동발화와 명제발화 사이에 수행의 차이를 살펴보고, 음절 길이 증가(학교-학교장-학교장실) 낱말 산출하기 과제에서 탐색이나 조음 오류를 보이는지 평가한다. 또한 말 실행증이 있을 경우 구강안면 실행증을 동반하였는지 꼭 확인해야 한다.

전반적인 언어 평가 외에 언어 영역별로 더 자세한 평가가 필요할 경우 별도의 심화검사를 실시할 수 있다. 또한 마비말장애, 말 실행증, 실독증이나 실서증과 같은 동반된 장애에 대해서도 반드시 확인할 필요가 있다. 이외에도 치매와 같이 인지기능 장애로 인한 의사소통에 문제를 나타내는 경우는 인지 기능에 대한 평가가 반드시 이루어져야 하며 인지 기능으로 인한 의사소통 문제는 실어증과 구별해서 평가해야 한다.

4) 인지 및 의사소통 기초 평가

신경언어장애 환자들은 종종 의식 상태가 저하되고 주의 집중에 어려움이 있다. 의사소통은 인지처리 과정들을 통해 이루어지며 단순한 인지처리 장애로 인한 환자들과 의사소통장애 환자들이 혼동될 수 있다. 실어증 검사에서 긴 문장 알아듣기나 따라말하기 수행이 어려운 경우 청각적 기억력 문제인지 청각적 이해력 문제인지에 대해 구별이 필요할 수 있다. 그러므로 신경계 손상 환자가 의뢰되면 인지장애를 동반하는지 확인해야 하지만 뇌손상 환자의 인지기능 양상을 파악할 수 있는 표준화된 종합검사는 없다. 평가는 일반적으로 주의, 기억, 집행기능에 대한 기본 검사를 포함한다. 손상에 대해 심층적으로 보충 평가를 하고 신경 의사소통장애 환자에게 동반되는 여러 인지 의사소통적 동반 장애를 이해하기 위한 평가들에 대해 간단히 설명하고자 한다.

(1) 지남력

시간, 장소, 사람, 상황이나 환경 등을 올바로 인식하는 능력을 말하며, 주로 지남력 중에서 시간 지남력이 가장 잘 손상되고, 사람 지남력이 가장 잘 유지된다.

(2) 간이정신상태검사(MMSE- Mini Mental State Examination)

시간지남력, 장소지남력, 기억등록, 주의력 계산과정의 간섭과제, 기억회상, 이름대기, 명령 시행, 따라말하기, 읽기, 쓰기 시각적 구성으로 이루어져 있다.

잠깐! MMSE 결과 해석

24~30점: 정상

20~23점 : 경도의 인지장애

19점 이하 : 중등도의 인지장애

(3) 기억 장애

언어 검사 시 기억장애 때문인지 언어장애로 인한 것인지 판단할 필요가 있다. 기억은 유지 시간에 따라 감각기억, 단기기억, 장기기억으로 분류된다. 감각기관을 통하여 방금 경험한 현상에 대해 짧은 시간 동안 유지되는 것이 감각기억이며, 감각기억이 좀 더 오래 지속되어 1-2분 정도 정보를 저장할 수 있는 것이 단기기억이다. 단기기억을 좀 더 오랫동안 기억할 수 있는 것이 장기기억이다.

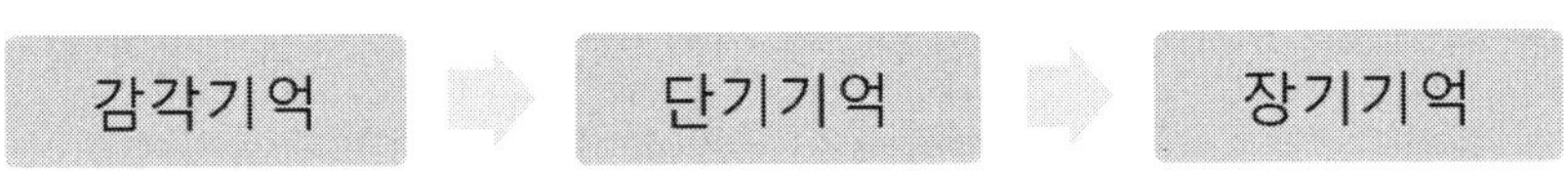

〈그림 3〉 기억의 3단계

장기기억은 정보의 성격에 따라 서술기억과 절차기억으로 나뉜다. 장기기억의 유형과 예는 다음과 같다.

〈표 3〉 기억의 유형

정보의 성격	유형	의미와 예
서술기억 (외현기억)	의미기억	교육 환경에서 배우는 것들. 예) 대한민국의 수도
	일화기억	특정과 장소에서 개인적으로 겪은 사건에 대한 기억. 예) 어제 먹은 점심 식단
절차기억 (비서술기억, 암묵기억)		자동적으로 행해지는 습관들의 집합. 예) 자동차 운전하는 방법, 김밥 만드는 법

(4) 주의력

평가를 진행하고 치료를 받기 위해서는 외부 자극에 산만해지지 않고 일정한 자극에 집중할 수 있는 주의력이 요구된다. 주의력이 부족하여 이해력이 저하될 수도 있으므로 이에 대한 평가가 이루어져야 한다. 주의력에는 여러 유형이 있으며 각 유형을 평가하는 과제들을 평가하는 항목이 정해져 있다.

〈표 4〉 주의력 유형

주의 범주	의미	과제의 예
지속적 주의 (sustained attention)	오랫동안 주의를 유지하는 것	특정 목표 자극 감지될 때 버튼을 누르는 과제
선택적 주의 (selective attention)	방해 자극 상황에서 주의를 유지하거나 여러 자극에서 관심 있는 자극만 주의를 기울이는 것	스트룹 검사
교대적 주의 (alternating attention)	과제 조건의 변화 시 또는 개인의 목표 변경 시 하나의 자극에서 다른 자극으로 주의를 변화시키는 것	기호 잇기 검사
배분적 주의 (divided attention)	동시에 하나 이상의 활동에 주의를 기울이는 것	숫자 거꾸로 말하기 이중과제 검사

(5) 실인증

과거에 경험하여 평소에는 익숙했던 자극이나 정보에 제대로 접근하지 못하는 장애를 실인증이라고 한다. 신경언어장애 평가시 자극에 대해 실인증을 동반하여 오반응을 보이는 것인지 실어증 때문인지 구별하여야 하므로 반드시 실인증 여부를 확인할 필요가 있다.

〈표 5〉 실인증 유형

종류	설명
통각성 실인증	자극대상에 대한 기초적 처리(명암이나 소리크기 구분) 가능하나 구체적인 특색 및 모양 지각하지 못함. 베껴그리기, 소리 흉내내기 어려움.
연합성 실인증	자극을 이미 저장되어 있는 지식이나 의미적 개념과 연결 x, 형태 및 소리짝짓기 같은 지각적 범주 가능하나 의미적 범주 및 이름대기 어려워 함.
청각실인증	구어성 청각실인증 : 말소리를 알아듣지 못하고, 따라말하기, 같은 말소리 짝짓기도 못함. * 베르니케 실어증과의 구별 : 구어성 청각실인증은 자발적으로 발화하거나, 읽고 쓰는 문자 언어활동에서는 문제가 없음. 비구어성 청각실인증 : 말소리 제외한 환경음을 인지하지 못함
시각실인증	시력 자체 정상이지만 시각적으로 제시된 자극 무엇인지 모름. 종류: 통각성 시각실인증, 연합성 시각실인증

(6) 무시증

기본적인 감각, 지각, 운동기능에는 아무런 이상이 없으나 한쪽에서 전달되는 시각, 청각, 촉각적 자극에 대한 정보 처리에 장애를 보여 감지를 못하거나 반응을 하지 않는 증세이다. 무시증에는 여러 가지 유형이 있는데 무시증 역시 신경언어장애를 판별하는데 영향을 미치므로 무시증 여부에 대한 확인이 반드시 필요하다.

〈표 6〉무시증 유형

종류	설명
편측 시공간 무시증	한쪽을 무시하여 없는 것으로 간주하는 증세
자기신체 무시증	자신의 팔이 자기에게 속한 것인지 인지 못함 예) 환자의 왼팔을 들고 누구손? 이라고 물으면 '선생님손' 이라고 대답함
운동성 무시증	마비가 없지만, 운동속도가 느려지고 가기 싫어하는 증세
감각성 무시증	병소의 반대쪽에 시각적, 청각적, 촉각적 자극에 대해 감지하지 못하거나, 반응이 없는 것
감각소멸	병소의 같은쪽이나 반대쪽에 한쪽씩 자극을 주면 적절한 반응을 보이지만 양쪽 동시에 자극이 들어오면 병소반대쪽 자극 무시하는 현상이 있음.

(7) 실행증

실행증이란 숙련된 운동이나 몸짓이 부자연스럽거나 동작이 소실된 상태의 장애를 말한다.

실행증 유형도 여러 가지가 있으나 신경언어장애 검사시 다음 제시하는 실행증 동반 여부를 반드시 체크해 보아야 한다.

〈표 7〉실행증 유형

종류	설명
사지실행증	사지를 움직일 때 실행이 어려움 ㅁ개념 실행증 : 간단한 동작보다 여러 단계로 이어지는 동작을 시켜보는 것이 좋음, 예) 칫솔질하기, 김밥 썰기 ㅁ개념운동실행증 : 과제의 개념은 이해하고 있으나 개별적 동작을 수행하지 못함. 예) 가위질, 잘가라고 손짓하기 ㅁBPO : body part as an object, 신체도구 오류, 가위질하라고 했을 때, 손가락을 가위의 '날' 로 사용
구강실행증	구강구조 자발적으로 움직이는 동작에서 어려움. 예) 혀 내밀기, 빨대로 빠는 흉내, 촛불끄는 흉내 등
얼굴실행증	얼굴 구조 움직이는 동작에 대해 어려움, 구강실행증이 얼굴실행증에 포함되기도 함. 예) 휘파람 불기, 윙크하기, 이마 찡그리기, 볼 부풀리기 등

(8) 보속증

자극이 주어지지 않은 상태나 자극이 일단 멈춘 상태에서도 특정한 반응을 계속해서 반복하는 증상을 말한다.

(9) 실독증과 실서증

실어증의 경우 실독증과 실서증을 동반하기도 한다. 이에 대한 평가가 반드시 같이 이루어져야 한다.

(10) 기타

성인 환자에 대해서도 기능적 의사소통능력척도, 의사소통관련 삶의 질과 관련된 평가가 이루어져야 한다. 그렇지만 아직 우리나라에서는 이에 대한 검사 도구가 만들어지지 않아 이에 대한 정확한 평가는 어렵다고 할 수 있다.

2. 치료 목표

◇◇◇◇◇◇◇◇◇

1) 실어증 치료 목표

대부분의 실어증 환자들의 경우 언어와 의사소통능력의 완전한 회복은 어려우며 대부분은 지속적인 언어와 의사소통장애를 가지고 살아간다. 그러므로 실어증 치료의 목표는 실어증 환자가 잔존하는 언어와 의사소통장애가 있더라도 생활에서 효과적으로 의사소통하고 참여할 수 있도록 돕는 것이다.

실어증 치료 목표는 환자의 실어증 유형이나 중증도에 따라 달라질 수 있으나 각 항목별로 청각적 이해, 읽기 이해, 말산출, 쓰기를 목표로 할 수 있다. 치료시 각 항목별로 목표를 세울 수도 있지만 청각적 이해를 돕기 위해 읽기 자료를 보충적으로 사용할 수 있고 말산출이 어렵다면 쓰기를 통해서 표현을 유도해도 가능하다. 가능한 환자가 자율적으로 기능적인 의사소통을 할 수 있도록 돕는 것이 실어증 치료의 목표라고 할 수 있다.

실어증 치료 원칙

- 환자의 실어증 유형과 증상을 확인하고 증상에 따라 여러 가지 치료법을 활용하는 것이 필요하다.
- 환자 개개인의 연령, 교육 수준 등의 개인적 측면, 언어적 측면, 정서적 및 사회적 측면, 직업적 측면 등을 모두 고려하여 치료 프로그램을 구성해야 한다.
- 각 치료법은 사용되어야 하는 원칙 혹은 이론적 근거와 실질적으로 그 치료법이 효과적이라는 것이 입증된 근거에 기반한 치료가 필요하다.

2) 마비말장애 치료 목표

마비말장애는 근본적으로 신경계의 장애로 인한 문제이기 때문에 정상적인 수준으로 목표를 세우는 것은 불가능하므로 현실적인 목표를 세워야 한다. 마비말장애의 치료 목표는 일반적으로 마비말장애의 중증도와 유형에 따라 달라질 수 있지만 일반적인 치료 원칙은 다음과 같다.

① 보상(compensation): 환자에게 남아 있는 잠재력을 극대화하기 위한 노력이 필요하다.

② 의도적 활동(purposeful activity): 이전 환자가 자동적으로 하던 기능을 이제는 의도적으로 해야 한다는 것을 강조해야 한다.

③ 자기 감시(monitoring): 환자가 자기 스스로의 기능을 모니터하고, 체크하도록 해야 한다.

④ 빠른 치료의 시작(an early start): 비효율적인 습관에 빠지지 않기 위해 위의 사항을 가급적 빨리 시작해야 한다.

⑤ 동기부여(motivation): 환자 스스로가 치료에 매진할 수 있도록 동기화시키고 도와주어야 한다.

(1) 경도 마비말장애

명료하기는 하지만 부자연스럽거나 정상과 비교해서 효율적으로 의사소통을 하지 못하는 경우이므로 치료까지 연결되는 경우는 드물다. 그러나 치료가 필요할 경우 명료도를 유지하면서 자연스러움과 의사소통의 효율성을 극대화하는 치료를 해야 한다.

(2) 중도 마비말장애

구어만을 의사소통 도구로 이용하기는 하지만 완전히 명료하게 말하지는 못하므로 명료도를 최대한 증진시키는 것을 목표로 해야 한다.

(3) 심도 마비말장애

보완대체의사소통 수단으로 동원해서라도 의사소통을 가능하게 하는 기능적인 수단을 확보하는 것이 목표가 되어야 한다. 능력이 퇴행하는 경우 점진적으로 계속 보조수단을 늘려가야 하며, 증진되는 경우에는 구어로 의사소통하기 위한 전제 조건들을 충족시켜 나가야 한다.

〈표 8〉 마비말장애 유형에 따른 특징과 치료 목표

유형	병소	주요 특징	특징	치료 목표
이완형 flaccid	하부운동신경	약화	호흡 짧음. 기식성. 흡기의 관찰, 과비성 & 비강누출, 불충분한 운율	연인두 부전에 대한 공명 치료 근육 약화에 대한 전반적 근육 강화훈련
경직형 spastic	상부운동신경(양측)	경직	폐활량 감소, 힘들이고 쥐어짜는 발성, 낮은 음도, 음도 일탈, 과비성, 부정확한 자음, 느린 속도, 강세 감소	전반적인 이완

일측상부 운동신경형 UUMN	상부운동신경 (편측) UUMN	약화, 불협응	거친음성, 부정확한 자음, 불규칙한 조음, 느린 속도	혀 운동 말속도 조절 명료도 향상
실조형 ataxic	소뇌	불협응	적은 공기로 말함, 과도한 강도변화, 부정확한 자음, 과도하고 동일 강세, 휴지 후 강도가 폭발적으로 증가.	말속도 및 조화성 조절 훈련 자기 말소리 듣고 피드백 능력 향상 강세 훈련
과대운동형 hyperkinetic	추체외로	불수의적 운동	음도와 강도 변동과 함께 떨림, 음도 파열, 속도 느려짐	사지 문제 심각하여 치료에 대한 효과 적음.
과소운동형 hypokinetic	추체외로 (기저핵)	강직 및 저하된 운동	강도 감소, 목쉰 소리, 기식, 과비성, 속도 빨라짐	큰소리로 말하기 말속도 줄이기
혼합형 mix	여러 군데	여러 가지		보완대체 의사소통 체계 이용

3) 실행증 치료 목표

말 실행증 치료의 목표는 환자가 말을 효율적이고 기능적으로 최대한 자연스럽게 할 수 있도록 도와주는 것이다. 실어증과 말 실행증을 동반한 경우 실어증을 우선적으로 치료하고 마비말장애를 동반한 경우에는 조음기관 근육의 강화 훈련을 먼저 실시한다.

잠깐! 실행증 치료의 일반 원칙(McNeil, Robin & Schmidt, 1997)

1. 집중적인 치료가 필요하다
2. 새로 학습한 반응을 안정화하고 자동적으로 나오게 하려면 많은 반복이 필요하다.
3. 각 시행을 시작하기 전 조음 위치는 중립 위치로 돌아와야 한다. 새로운 일련의 연습을 시작하기 전에는 짧은 휴지 기간이 필요하다.
4. 과제의 난이도의 위계에 따라 치료는 체계적으로 진전되어야 한다.
5. 운율에 대한 치료가 발음 치료와 병행되어야 한다.
6. 치료를 통하여 환자는 의사소통에 성공하는 경험을 가져야 한다. 완전한 의사소통이 아닌 성공적인 의사소통이 치료의 목표이다.

3. 치료 방법

◇◇◇◇◇◇◇◇◇

1) 실어증 치료 방법

실어증 환자 치료시 권고되는 사항들[2]

(1) 단순한 문장으로 말한다.

(2) 정상적인 음성으로 입모양을 과장되지 않도록 자연스럽게 천천히 말한다.

(3) 환자분이 이해력이 저하된다고 해도 부분적으로 이해하여 오히려 오해를 살 수 있으므로 환자가 있는 곳에서 말은 조심스럽게 한다.

(4) 의사소통을 시도하도록 환자를 자주 격려한다.

(5) 실어증 환자들은 말을 알아듣는 데에 그리고 하고 싶은 말을 하는 데에 좀 더 시간이 걸리므로 인내를 가지고 환자가 반응하는 데에 충분한 시간을 준다.

(6) 환자가 의사소통하려는 시도를 보일 때 그것을 인정하고 말이 막히는 경우에도 바로 단어를 제공해주지 말고 기다린다. 첫 글자 단서나 의미 단서를 제시해 준다. 몇 차례에 걸쳐 시도를 했는데도 단어를 말하지 못하는 경우에는 좌절감을 방지하기 위해서 단어를 제공해준다.

(7) 많은 실어증 환자들이 욕설을 한다. 이러한 욕설에 민감하지 않게 반응한다.

(8) 사회적 언어("안녕하세요?" , "감사합니다" 등) 사용을 장려한다.

(9) 가능하다면 글씨를 쓰도록 장려한다.

(10) 말을 사용하지 못하면 몸짓을 사용하여 표현하도록 장려한다.

(11) 매우 사소한 것이라도 환자가 성공적으로 성취했으면 꼭 칭찬하도록 한다.

(12) 특별한 이유없이 나타나는 환자의 감정변화에 민감하지 않도록 한다.

(13) 환자가 행동이나 말을 계속 반복하는 지연현상(보속 혹은 고착)을 보일 수 있다. 이는 언어문제를 가진 환자에게 흔히 일어나는 현상으로, 이럴 때는 임무를 바꾸어 준다.

(14) 환자는 성인이므로 성인대접을 해 주어야 한다.

(15) 환자가 뜻을 제대로 전달하지 못할 때는 좌절감이 들 수 있으므로 이럴 때는 관심을 다른 곳으로 분산시키도록 노력한다.

(16) 환자가 무슨 말을 하려고 하는지 끝내 이해하지 못할 때는 책임을 지는 태도를 취한다. 이해하지 못해서 미안하다는 것을 말해준다.

(17) 대답을 강요하지 않으면서 될 수 있는 한 환자와 많이 이야기 한다. 대답하지 못하더라도 환자는 이야기를 듣고 싶어 한다. 환자 주변의 사물을 제공하거나 환자를 눕히거나 앉히거나 밥을 먹이는 등의 환자와 관련된 활동을 할 때 이를 말로 표현해 준다.

(1) 듣고 이해하기

심한 청각적 이해에 문제를 보이는 환자에게는 가장 쉬운 단계인 단어 이해부터 시작한다. 환자의 이해 능력이 향상되어감에 따라 치료 자극의 길이와 정보의 밀집도, 복잡성을 증가시킬 필요가 있다. 그 다음으로는 문장 이해로 넘어간다. 문장 이해하기에는 질문에 답하기 훈련, 지시 듣고 따르기, 문장 정오 판별이나 들은 문장과 맞는 그림 고르기 등의 활동을 이용할 수 있다. 질문에 답하기는 일상적인 예-아니오 질문에서 시작해서 점점 난이도를 높여가다가 개방형 질문으로 옮겨가야 한다. 지시 듣고 따르기는 다음과 같은 위계적 순서에 맞추어 조절할 수 있다. 문장 이해가 어느 정도 가능하다면 담화 이해하기도 연습한다. 담화는 담화의 문단 길이, 주제의 친숙도, 내용의 직접성 등의 영향을 받으므로 이를 고려하여 난이도를 조절해서 제시해야 한다.

(2) 읽기

청각적 이해의 담화 이해와 마찬가지로 읽기 자료의 자극 조절 즉, 친숙도, 길이, 정보의 중복성, 두드러짐, 직접성, 어휘, 구문적 복잡성 등을 고려하여 읽기 자료를 제시해야 한다. 실어증 환자를 위한 치료 지침서나 외국인을 위한 한국어 교재 자료들을 참고하면 도움이 될 수 있다.

(3) 말산출

이해하기와 마찬가지로 말산출은 단어이름대기부터 문장 산출, 연결 발화로 이어질 수 있다. 말산출에서 가장 기본이 되는 것은 이름대기이며 이름대기를 유도하기 위한 단서를 제시하는 순서는 다음과 같다. 환자가 목표 단어를 산출하지 못할 경우 위계 단계에 맞춰서 단서를 제공해서 이름대기에 성공할 수 있도록 한다.

이름대기에 위계적인 단서 주기(Pease & Goodglass, 1978)[6]

- 모방
- 첫 음소나 첫 음절
- 문장 완성
- 단어의 철자를 불러줌
- 각운
- 동의어/반의어
- 기능/장소
- 상위범주

(4) 쓰기

쓰기에 심한 장애가 있는 환자들에게 이름쓰기, 목록쓰기와 같은 기본적인 의사소통에 필요한 기술을 습득하는 것이 도움이 된다. 글자 쓰기, 단어쓰기로부터 문장과 문단 쓰기로 진행되는 구조화된 프로그램을 사용하는 것이 좋다.

실어증 유형별로 몇 가지 치료법들이 있다. 시각동작치료법(VAT), 멜로디 억양치료법(MIT), 의사소통 효용성 증진법(PACE), 자극촉진법, 통제 유발 치료(CIT) 등이 있다. 여기서는 각 치료법에 대한 설명은 생략하기로 하겠다. 환자에게 적절한 치료법을 찾아 사용하는 것이 필요하므로 각 치료 방법에 대해 상세하게 이해할 필요가 있다.

2) 마비말장애 치료 방법

(1) 간접치료

① 감각자극

구강 구조에 대한 감각 피드백의 정도와 민감성을 향상시킴으로써 말에 대한 운동 통제력을 향상시키는 방법이다. 감각 자극에는 입술, 혀, 인두벽, 연구개 등에 솔질하기, 가볍게 두드리기, 진동시키기, 얼음 가져다 대기 등이 포함된다. 감각 자극으로 마비말장애 환자의 운동능력이 향상된다는 경험적 증거는 거의 없다. 단, 연인두 부전에 대해 연구개와 인두벽을 자극하는 방법에 대해서는 긍정적인 효과가 있다는 연구 결과도 있다.

② **근육 강화**

약화된 근육에 근력과 움직임 범위를 향상시킴으로써 호흡지지, 발성, 조음, 공명을 향상시키는 방법이다. 구어 근육이 약화되었더라도 모음은 한두개 정도 산출할 수 있고 발성이나 몇 개의 자음에 근접한 소리를 낼 수 있다면, 근육 강화 훈련과 함께 직접적 말산출 훈련이 보충되어야 할 것이다.

③ **근긴장도 변화**

경직형과 같은 유형의 마비말장애 환자에게는 이완시키기 위한 방법을 사용해야 하며, 이완형 마비말장애 환자에게는 근긴장도를 높이는 치료를 실시하여야 한다. 이완시키기 위한 방법으로는 점진적 이완법, 흔들기와 씹기 방법 혹은 바이오 피드백 방법을 사용한다. 긴장도를 높이는 치료로는 밀기나 잡아당기기 방법 등을 이용한다.

④ **자세 및 구어 위치 교정**

주요 근육에서 약화가 나타날 경우 자세와 말하는 위치를 교정함으로써 마비말장애 환자의 말 능력을 향상시킬 수 있다. 의사와 상의하여 사용이 가능할 경우 경추 보호대, 목 지지대, 상체 지지대 등을 이용하여 효율적인 자세가 되도록 하고 바르게 앉아 고개를 세우는 자세가 말산출을 위한 구조적 기반을 갖출 수 있도록 도움을 줄 수 있다.

(2) 직접치료

① **호흡**

최대발성지속시간(MPT)이 10초 이하라면 호흡량이 문제가 될 수 있다. 호흡량을 늘림으로써 구어가 향상될 수 있지만 호흡 흐름을 효율적으로 사용하는 것이 더 중요하다. 정해진 시간 동안 호흡 흐름을 일정하게 유지하여 천천히 호기하도록 하면서 시간 간격을 점차적으로 늘리는 호기 통제법은 환자의 호흡량을 늘리고 호기 조절력을 향상시키는 데에 도움이 된다. 직접적인 호흡 치료는 대개 치료 초기에 사용된다.

② **발성**

발성 향상을 위한 절차는 공기 흐름을 위한 효율적 후두 밸브 운동과 환자의 호흡량에 맞춘 발화 길이의 조정을 강조한다. 흔히 모음을 점차적으로 길게 연장 산출하도록 하면서 치료를 시작하고 모음 연장이 안정화되면 음절을 산출하도록 하면서 점차적으로 발화 길이를 늘려 나간다. 또한 호흡 조절력을 향상시키기 위해 발성 크기와 높낮이에 변화를 주도록 한다.

③ 공명

연인두 기능을 향상시키면 과다비성 환자의 말 명료도는 극적으로 향상된다. 과다비성을 최소화하기 위한 일반적인 절차로는 환자로 하여금 본인의 과다비성을 인지하도록 듣기 훈련을 실시하고 연인두 근육의 근긴장도를 증가시키고 수축력을 높이기 위해 밀기와 힘주기 훈련을 실시한다. 이와 같은 행동 절차는 경도에서 중등도의 과다비성을 보일 경우 효과적이며 중도 이상의 과다비성을 보인다면, 보철 또는 수술적 처치가 적절할 것이다.

④ 조음

조음 향상을 위한 치료에는 모방, 조음 유도법, 조음점 지시법 등을 이용하여 음절이나 단어 따라말하기 등을 이용한다. 조음이 부정확한 환자의 경우 과장되게 발음하도록 가르치면 정확성이 향상되기도 한다. 또한 말속도를 천천히 하게 하거나 휴지 길이를 조절하도록 함으로써 조음 조정을 할 수 있는 시간적 여유를 갖게 하여 말 명료도를 최대화 시키는 방법도 사용된다.

3) 말실행증 치료 방법

Rosenbek과 동료들(1973) 실행증 치료 8단계 단서[6]

1. 임상가와 환자가 목표 발화를 동시에 같이 산출한다
2. 임상가가 목표 발화를 말하고 나서, 임상가가 입모양으로 보여 주는 동안에 환자가 그 발화를 말한다.
3. 임상가가 발화를 말하고 나서 환자가 그 발화를 말한다.
4. 임상가가 발화를 말하고 나면, 환자는 그 발화를 연속해서 여러 번 말한다.
5. 환자는 인쇄된 카드를 보고 목표 발화를 소리 내어 읽는다.
6. 환자는 인쇄된 카드를 보고 목표 발화가 무엇인지 숙지한다. 카드를 치우고 나서 환자는 그 발화를 말한다.
7. 임상가는 목표 발화가 답이 될 만한 질문을 하고, 환자는 이에 목표 발화로 대답한다.
8. 임상가와 환자는 사전에 연습한 발화들이 적절하게 사용될 수 있는 역할 놀이 상황에서 상용한다. 환자는 적절할 때 그 발화들을 말한다.

Darley, Aronson과 Brown의 조음운동 접근법 절차[5]

1. 말 행동 시작하기

(1) "아" 연장 시킨다. 이것이 불가능하다면 자발적으로 기침을 하게 하고 한숨을 쉬게 하여 유도한다.

(2) 발성 시간이나 음성 크기를 변화시키며 반복적으로 소리를 산출하도록 한다. 그런 다음 다양한 모음을 산출하도록 유도한다.

(3) 일단 모음이 산출되면 환자가 임상가의 모델(/ㅁ/)을 모방하도록 한다. 의도적인 입술 폐쇄를 촉진시키기 위해 거울을 사용한다. 자음 산출에 성공하면 /마/, /무/, /미/와 같은 음절을 만들어보게 한다.

(4) /마/-/미/-/마/-/미/와 같이 개방, 폐쇄 모음과 결합된 음절을 교대로 산출하도록 함으로써 조금 더 복잡한 자음모음 음절을 산출하도록 유도한다.

2. 자동적 반응 사용하기

(1) 1부터 10까지 수 세기

(2) 1주일 요일 말하기

(3) 안녕하세요? 좋아요, 몰라요 등의 일상적인 표현

(4) 아리랑, 주기도문을 포함한 잘 알려진 노래나 자료

3. 음운 반복 훈련

(1) /ㅁ/과 같은 쉬운 음소를 선택하여 허밍하도록 한다.

(2) /마/, /메/, /미/, /모/와 같이 /ㅁ/에 모음을 추가하여 음절을 각각 10~20회 연습한다.

(3) CV 음절들을 2회 반복하여 /미-미/, /마-마/를 다시 10~20회 연습한다.

(4) CV 음절에 /ㅁ/을 추가하여 /맘/, /밈/, /몸/ 등을 연습한다.

(5) /ㅁ/이 포함되면서도 쉬운 음소를 포함한 실제 단어를 선택하여 연습한다. 예를 들면 /몸/, /엄마/, /많이/, /몰라/, /미워/ 등을 10~20회 연습한다.

(6) 위의 단어들을 2개씩 조합하여 간단한 구를 산출하게 한다.

(7) 점차적으로 구의 길이를 늘려간다.

치료 사례

한○○님은 전반 실어증과 심한 말 실행증을 동반하여 의미 있는 발화가 전혀 이루어지지 않았고 무의미한 발성이나 웅얼거림만 가능하였다.

이런 환자들에게는 익숙한 노래(주로 연세가 많이 드신 분이 많으므로 "아리랑"을 많이 사용)를 일정한 발성으로 부를 수 있는지 확인한다. 의미 있는 발화가 안 이루어진다 하더라도 리듬을 관장하는 뇌 영역은 주로 우반구이므로 좌반구에 심한 손상이 있는 환자라도 노래가 가능한 경우가 많다. 노래를 통해 환자 스스로가 의미 있는 발화가 가능함을 알게 하는 것이 좋다. 노래 가사가 정확하지 않더라도 비슷하게 리듬을 따라하거나 혹은 허밍으로 하거나 발음 가능한 모음으로 리듬을 이어가는 것도 좋은 시작이 될 수 있다.

그 다음으로 시도하는 것이 숫자 세기이다. 아무리 심한 말 실행증을 동반하여도 숫자 세기는 어느 정도 가능하다. 시작할 때 '1(일)' 이 어려우므로 언어치료사가 "1, 2, 3" 정도만 하고 이후는 환자가 이어서 말할 수 있도록 하는 것이 더 쉽게 유도할 수 있는 방법이다.

그 다음으로는 "응", "아니" 와 같은 대답과 같이 기능적으로 가장 많이 사용할 수 있는 발화를 몸짓과 동반하여 할 수 있도록 유도하는 것도 필요하다. 또한 환자가 정말 심한 말 실행증을 동반하여 어려울 경우 쓰기를 통해 의사 표현을 할 수 있는지 확인하여 쓰기를 통해 표현하는 방법도 생각해 볼 수 있다.

치료 목표 자체는 말하기, 듣고 이해하기, 쓰기, 읽고 이해하기이지만 기능적 의사소통을 위해서는 구어나 문어를 구별하지 않고 환자가 자발적으로 표현할 수 동기를 부여하는 것이 가장 중요한 치료임을 잊지 말아야 한다.

◆◆◆

언어치료사는 아픔을 가지고 있는 사람을 대하는 멀고도 험난한 과정의 연속인 직업이다. 특히 병원 세팅에서 일하는 언어치료사는 다양한 사례의 환자를 치료해야 하고 같은 진단명을 가진 환자라도 사람들마다 다른 양상을 보이므로 개인에 맞는 치료를 하는 것이 필요하다. 또한 다른 세팅도 그렇지만 병원에서는 특히 신경외과, 신경과, 재활의학과 의사, 간호사, 물리치료사, 작업치료사, 사회복지사 등 다른 전문가와의 협력이 매우 중요하며 매주 열리는 사례 연구(case conference)도 참여해서 환자 치료에 대해 방향을 설정하고 의견을 나누어야 한다. 또한 신경언어장애 환자들은 정상적인 일상 생활을 영위하다가 하루 아침에 병원에서 환자로 치료 대상이 되었을 때 환자가 느끼는 좌절감이나 불안감, 분노와 슬픔에 대해서도 이해를 하고 그 환자 자신 뿐 아니라 가족의 아픔을 공감하면서도 이를 극복할 수 있도록 동기 부여를 하는 것도 치료의 일부가 된다. 그리고 치료는 열심히 했지만 환자가 다른 문제를 동반하고 있다 보니 생각보다 빨리 호전되지 않을 때 치료사 역시 좌절감을 맛보기도 한다. 이렇듯 여러 가지 어려움 속에서 언어치료사로 일을 하지만 계속해서 이 일을 하게 되는 힘의 원천은 환자의 말, 언어 상태가 호전되었을 때 느끼는 보람이라고 할 수 있을 것이다. 여러분들도 힘든 언어치료사의 길로 들어선 것에 대해 가끔 후회할 때가 있을지도 모르겠지만 환자의 의사소통 기능이 좋아지는 것에 큰 기쁨을 느끼면서 언어치료사로 열심히 일할 수 있기를 기원한다.

참고문헌

1. 김향희 신경언어장애 (2012). 시그마프레스.
2. 말 언어임상 전문요원 교육(2000). 조음음운장애 및 실어증 치료 기법의 임상적 적용. 한국언어청각임상학회.
3. 심현섭 · 김영태 · 김진숙 · 김향희 · 배소영 · 신문자 · 이승환 · 이정학 · 한재순 · 윤혜련 · 김정미 · 권미선 (2010). 의사소통장애의 이해. 학지사.
4. 이윤경 · 배소영 · 권유진 · 김민정 · 박혜진 · 서경희 · 윤효진 · 이옥분 · 이은주 · 정경희 · 정한진 · 표화영 (2010) 언어치료 임상실습; 이론과 실제. 학지사
5. Donald B. Freed. 권미선 · 김정완 · 이현정 · 최현주 · 하지완 역(2013) 말운동장애 진단과 치료. 박학사
6. Robart H. Brookshire. 권미선 · 이재홍 · 하지완 · 황민아 · 역(2014). 신경 의사소통장애. 박학사

chapter

06

청각장애

chapter 06

청각장애

청각장애라고 하면 대부분의 언어치료사들은 낯설게 느끼거나 소수의 병원 또는 사설치료실에서만 평가 또는 치료가 가능하다고 여겨 어려워하는 경우가 많다. 그러나 청각에 대한 기본적인 지식을 바탕으로 인공와우이식기나 보청기와 같은 청각 기기들에 대한 공부만 조금 한다면 절대로 어렵거나 낯선 장애 영역이 아니라는 것을 알게 될 것이다.

청각장애 아동들은 단순히 언어발달에 대한 치료뿐만이 아니라 기기를 통해 말소리를 듣는 연습인 청능훈련이라는 것을 함께 해줘야하기 때문이 이에 대한 이해도 필요할 것이다. 학교에서 배웠던 청각학의 기본 내용을 충분히 숙지하고 청각장애에 대한 특성을 이해한다면 전혀 두려워할 필요가 없다. 인공와우이식 수술의 발달로 청각장애 아동 및 성인에 대한 언어치료사의 역할이 점점 더 중요해지고 있으므로 청각장애 아동과 성인의 특성과 청각 기기에 대한 기본적인 사항들을 이해하는 것이 필요하다.

청각장애에는 인공와우이식기나 보청기를 착용하는 아동이나 성인 외에도 수화로 모든 의사소통을 하며 아무런 청각 기기를 착용하지 않는 아동이나 성인도 포함되지만 이러한 경우는 일반적인 언어치료실에서 언어평가나 치료를 받는 경우보다는 특수학교에서 특수교육을 받는 경우가 대부분이므로 본 장에서는 인공와우이식기나 보청기를 착용하여 구어적인 의사소통을 하거나 하고자 하는 청각장애 아동 및 성인의 언어평가와 청능훈련 및 언어치료에 대해 살펴보고자 한다.

1. 평가

◇◇◇◇

일반적으로 어린 아이든 성인이든 난청을 처음 발견하게 되는 곳은 병원의 이비인후과일 것이다. 돌발성 난청 등의 원인으로 급작스럽게 난청이 생겨 소리를 듣지 못하는 성인들은 당연히 스스로 병원을 먼저 찾게 될 것이고, 어린 유아의 경우도 부모의 관찰이나 신생아선별검사 등을 통해 난청이 의심되면 정확한 청력 검사를 위해 대학병원 내의 이비인후과에 내원하게 된다.

그렇다면, 난청이 발견된 이후의 과정을 간단하게 살펴보자.

① 난청이 의심되면 정확한 진단을 위해 이비인후과에서 청력검사를 시행한다.

② 청력검사와 의사의 진료 결과에 따라 약물치료나 수술 등으로 치료가 가능한 질환이라면 이비인후과적인 처치를 시행한다.

③ 이비인후과적인 처치만으로 청력회복이 불가능한 난청 환자의 경우 보청기를 착용하고, 보청기 착용에도 효과가 없는 경우 인공와우이식 수술을 고려한다.

④ 보청기 착용 전, 후 언어평가를 통해 보청기 효과를 판단한다.

⑤ 인공와우이식 수술을 시행하기 전 전반적인 언어평가를 통해 치료 예후를 판단하며, 수술 후에는 정기적인 언어평가를 실시하여 경과를 기록한다.

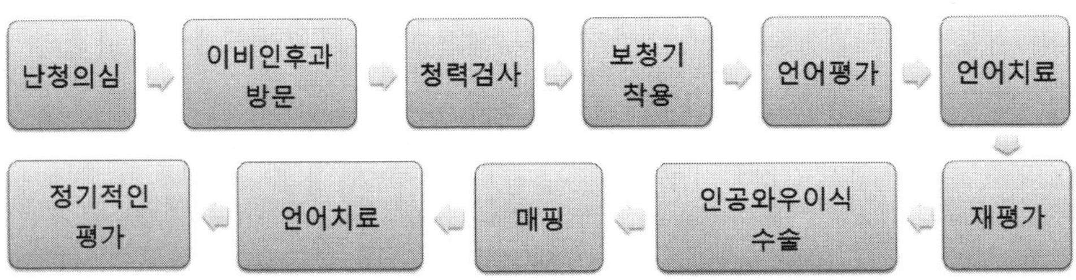

청각장애 아동 및 성인을 평가하기 전에 가장 중요한 것은 언제부터 소리를 듣지 못하게 되었는지, 소리를 듣지 못한 기간이 얼마나 되었는지, 난청이 생기기 이전에는 정상적인 언어능력을 가지고 있었는지 등의 정확한 진료정보를 알아야 한다.

일반적으로 청각장애 환자는 의사의 의뢰를 통해 언어평가가 이루어지거나, 병원에서 청력검사 등의 이비인후과적인 검사를 다 마친 후에 언어치료실로 의뢰가 오기 때문에 진료 기록과 검사 결과지 등을 참고하면 환자의 병력에 대한 정보를 알 수 있다. 부족한 부분이 있다면 보호자와의 면담을 통해 미리 보충하는 것이 좋겠다.

다음의 사항들을 반드시 체크하고 평가에 들어가도록 하자!

청각장애 아동 및 성인 평가 시에 반드시 확인해야 할 정보

청각장애 아동

- □ 임신 및 출산 시 병력 또는 특이사항
- □ 청각장애 가족력
- □ 정확한 난청 진단일
- □ 청각 기기 착용 여부 및 기간
- □ 좌우 청력도 및 청각 기기 착용 후 청력도
- □ 현재 언어수준
- □ 의사소통방법

청각장애 성인

- □ 가족력, 병력, 기타 특이사항
- □ 난청 발병일
- □ 난청 원인
- □ 청각 기기 착용 여부 및 기간
- □ 좌우 청력도 및 청각 기기 착용 후 청력도
- □ 인지 수준 및 기타 장애 동반여부

또 한 가지 반드시 주의해야 할 것은 청각장애의 평가나 치료에 있어 아동과 성인은 평가절차 및 방법부터 언어치료도 매우 다르게 진행하는데, 그 이유는 인공와우이식 수술을 받거나 보청기를 착용하는 아동들은 대부분 선천적인 장애로 태어나면서부터 소리 자극을 충분히 받지 못하여 언어발달이 매우 제한적이다. 따라서 언어발달이나 조음발달에 관한 부분에 대한 평가 및 치료가 반드시 필요하다. 그러나 청각장애로 인해 인공와우이식 수술을 받거나 보청기를 착용하게 되는 성인들은 대부분 후천적인 청각장애로 이미 언어습득을 완료한 후에 난청이 생긴 경우가 대부분으로 정상적으로 소리를 들었던 경험을 가지고 있기 때문에 평가 방법이나 치료 목표가 달라지기 때문이다.

1) 아동 언어평가

청각장애 아동의 언어평가는 크게 두 가지로 분류할 수 있는데, 하나는 아동의 언어 능력을 평가하는 것이고 다른 하나는 아동의 듣기 능력을 평가하는 것이다. 언어평가는 언어발달장애와 조음장애 평가도구를 사용하여 아동의 정확한 언어연령과 조음능력을 진단하기 위해 필요하며, 듣기평가는 아동이 청각기기를 착용하고 또는 착용하지 않고 말소리를 어느 정도 듣고 이해할 수 있는지를 진단하기 위해 필요하다. 다른 언어발달장애 아동들과 마찬가지로 아동의 언어 능력은 연령과 언어수준에 맞춰 검사를 실시하여야 한다. 언어발달을 평가하는 평가도구들은 언어발달 장애에 자세히 나와 있으므로 본 장에서는 자세히 소개하지 않겠다. 청각장애 아동의 경우 아동의 현재 언어 수준이 인공와우이식 수술 후 예후를 예측하는 데에 매우 중요하며 또한 아동의 청능 재활의 목표를 세우는 데에도 많은 영향을 끼치기 때문에 아동의 연령에 맞는 언어평가 도구와 함께 아동의 현재 언어 수준을 잘 나타내 줄 수 있도록 언어평가 도구를 선택하여야 한다. 예를 들어 아동의 생활연령이 5세 이상인데도 불구하고 인공와우이식 수술 등 적절한 기기를 착용하지 못하여 아동의 언어연령이 2세 미만 정도의 수준이라면 아동의 생활연령에 맞는 언어평가와 함께 언어연령에 맞는 평가도구도 선택하여야 하는데, 이러한 경우 아동이 직접 실시하는 검사뿐만 아니라 부모의 관찰로 평가할 수 있는 영유아 언어평가 도구를 함께 실시하여야 할 것이다. 언어발달 평가와 함께 조음능력을 평가할 수 있는 검사도 실시하여야 한다. 이 또한 조음장애의 평가에 자세히 설명되어 있으므로 따로 언급하지는 않겠다. 한 가지 주의할 점은 청각장애 아동의 경우 조음의 문제와 함께 공명과 발성의 문제를 복합적으로 보이는 경우가 많아 이러한 부분도 함께 평가를 해주는 것이 좋다.

청각장애 아동의 듣기 능력 평가는 언어평가만큼이나 매우 중요하다. 그 이유는 청력 검사실에서의 검사 수치는 아동이 들을 수 있는 청력 역치만을 제공하는 것이므로 이 역치만을 가지고 실제로 아동이 말소리를 듣고 어느 정도 이해할 수 있는지를 판단할 수가 없기 때문이다. 실제로 같은 청력을 가지고 있는 아동이라 하더라도 실제 말소리를 듣는 능력에는 아동마다 현저한 차이가 있을 수 있으며, 인공와우이식 수술을 통해 정상인과 크게 차이가 없는 청력 역치를 가지게 되었다고 해도 모든 말소리를 듣고 이해할 수 있는 것은 아니기 때문에 반드시 아동의 현재 듣기 능력 수준을 나타내어 줄 수 있는 다양한 듣기 능력 평가를 실시하여야 한다. 현재 인공와우이식 수술을 하고 있는 대학병원 또는 개인병원 언어치료실과 청각전문 사설언어치료실에서 아동의 듣기 능력을 평가하는 데에 주로 사용하는 듣기 능력 평가 도구로는 다음과 같은 것들이 있다.

〈표 1〉 아동 듣기 능력 평가 목록

CAP scale(Categories of Auditory Perception Scale)
Ling 6 sound test
IT-MAIS(Infant Toddler-Meaningful Auditory Integration Scale)
EARS-K(Evaluation of Auditory Responses to Speech)
GASP-K(Glandonald Auditory Screening Procedure)
Child everyday sentence test(학령 전 아동용 문장 검사)
어음청각검사(KSA)

CAP scale은 8개의 척도로 되어있어 범주별 기준에 따라 일상생활에서의 청각적 수행력을 주관적으로 판단하는 척도검사이며, Ling 6 sound test는 회화음의 주파수를 대표하는 소리로 이루어진 6개의 음을 들려주어 모든 말소리를 감지할 수 있는지를 판단하는 선별검사이다. IT-MAIS는 부모의 보고를 토대로 평가하는 설문검사이며, EARS-K는 영어판 EARS를 한국어로 번안한 검사배터리로 음소단계, 낱말단계, 문장단계 등으로 이루어져 있고 보기가 있는 조건(closed set)과 보기가 없는 조건(open set)으로 구성되어 있다. GASP-K는 음소감지, 낱말확인, 낱말 내 음소 확인, 문장 이해의 4단계로 되어 있는데 음소감지와 문장이해는 보기가 없는 조건(open set)에서 실시하고 낱말확인과 낱말 내 음소 확인은 보기가 있는 조건(closed set)에서 실시한다. Child everyday sentence test는 보기가 없는 조건(open set)에서 일상생활 문장 내의 낱말 인지 능력을 검사한다. 마지막으로 어음청각검사(KSA)는 표준화된 말지각검사 도구로 어음인지역치검사, 단어인지도검사, 문장인지도검사로 구성되어 있으며 학령기와 학령전기 아동으로 나뉘어 있다.

이외에도 다양한 듣기 능력 평가 도구들이 있지만 각 기관마다 사용하는 평가 도구와 방법이 상이하여 주로 공통적으로 많이 사용하는 검사 도구들을 소개하였다. 병원마다 사용하는 듣기 능력 평가 도구가 다르고 표준화된 검사 도구보다는 자체적으로 만든 평가 도구를 사용하는 경우가 많아 지속적으로 듣기 능력 평가 도구의 종류를 통일하려는 노력들이 이루어지고 있다. 각 검사 도구에 대한 검사 방법은 뒤에 표로 간략하게 소개하겠다.

(1) 영유아 평가

영유아의 경우는 대부분 발화 이전기의 수준인 유아들이 많아, 아동에게 지시를 하여 실시하는 검사가 불가능한 경우가 많다. 이럴 때에는 부모에게 실시하는 평가를 많이 사용하는데, 이때는 부모에게 설문지를 주고 체크하도록 하는 것보다는 면담 형식으로 부모에게 질문을 하고 관찰된 아동의 행동을 설명하도록 하여 치료사가 판단하는 것이 정확한 결과를 가져올 수 있다.

아동의 구어능력을 평가하기 위해서는 언어발달 평가에서 실시하는 검사도구들을 사용하며, 듣기능력을 평가하기 위해서는 CAP scale, IT-MAIS, Ling 6 sound test 등의 검사를 실시하고 기타 소리에 대한 반응을 살펴야 한다. 소리에 대한 반응은 환경음을 감지하는지 변별하는지를 다양한 소리자극을 통해 실시한다. 예를 들어 북소리를 들려주었을 때, 피리소리를 들려주었을 때, 전화벨 소리가 날 때 등 다양한 주파수 대역의 환경음 소리에 반응을 보이는지, 그 소리가 무엇인지를 구분할 수 있는지 등을 자세히 관찰하는 것이다. 또한 말소리에 대한 반응도 관찰하여 아동이 말소리를 감지하는지 혹은 말소리를 듣고 이해하여 지시에 따를 수 있는지 등을 자세하게 살펴보아야 한다.

〈표 2〉 영유아 듣기평가 기록지 예시

검사도구	결과	비고
CAP scale	2(말소리에 반응)	
IT-MAIS	34/40	
Ling 6 sound	감지 6/6 확인 1/6	
환경음 및 말소리 듣기 관찰	환경음 감지 5/5 환경음 인지 0/5 말소리 감지 5/5 말소리 인지 0/5	환경음을 듣고 소리를 내거나 손짓을 하는 등의 반응을 보여 감지할 수 있으나 들려준 환경음과 관련된 그림을 고르거나 행동을 하지는 못함. 말소리를 듣고 돌아보기 등의 반응으로 소리를 감지하는 것을 관찰할 수 있으나 이해하여 지시를 따르거나 행동을 하지는 못함.

(2) 학령전기 및 학령기 평가

학령전기 및 학령기 아동의 평가도 영유아와 마찬가지로 언어평가와 듣기평가를 함께 실시한다. 학령전기 및 학령기 아동의 듣기평가는 아동의 언어연령과 듣기능력에 따라 선택하여야 하는데 일반적으로 CAP scale, Ling 6 sound test, 낱말 검사, 문장 검사, 문단 이해 검사 등을 실시한다. 낱말 검사와 간단한 문장 이해 검사를 하기 위해 GASP-K가 주로 사용되며, 언어연령이 낮은 학령전기와 학령기 아동들에게는 Child everyday sentence test를 실시하고 언어연령이 다소 높은 학령기 아동들에게는 성인용 문장 검사를 실시하기도 한다. 입모양을 보여주지 않고 청각적인 자극만을 제시하였을 때(AO: Auditory only)와 입모양과 함께 자극을 제시하였을 때(AV: Auditory visual)를 나누어 검사를 실시하며, 양쪽에 기기를 착용하였다면 한쪽씩만 착용한 상태로 입모양을 보여주지 않았을 때(AO)와 보여주었을 때(AV)로 나누어서도 실시한다.

〈표 3〉 청각장애 아동 듣기평가 도구와 평가방법

평가도구	평가구성	평가대상	평가방법
CAP scale	0단계~7단계	아동 및 성인	부모의 보고나 치료사의 관찰을 통해 CAP 척도의 8개 범주별 기준에 따라 아동이 각 범주에 해당하는 행동을 보이는지를 판단하여 평가
Ling 6 sound	6개의 소리	아동 및 성인	/a/, /u/, /i/, /m/, /s/, /ʃ/의 6가지 소리를 입모양을 보여주지 않고 들려주어 감지 또는 변별을 하는지를 평가
IT-MAIS	10문항	영유아	말소리 산출 능력, 소리 감지 능력, 소리에서 의미를 이끌어내는 능력을 묻는 10개의 문항을 부모의 보고를 토대로 평가
GASP-K	4단계	아동	음소감지, 낱말확인, 낱말 내 음소 확인, 문장 이해의 4단계로 구성되어 있으며 아동에게 직접 평가
Child everyday sentence test	총 30문항	아동	10문항을 들려주고 따라말하기를 실시하는데, 각 문항이 3개의 목표 낱말로 구성되어 있어 목표 낱말을 바르게 따라 말했는지를 평가

잠깐!

Ling 6 sound test는 별도의 검사도구나 매뉴얼이 없이도 검사를 실시할 수 있다. 6개의 음을 소리로 들려주고 입모양을 보지 않은 AO 상황에서 아동이 소리를 모방하거나 그림카드를 지적하도록 해서 검사를 실시하는데, 아동이 정확하게 변별한 소리가 6개 중에 몇 개이며 어떤 소리들인지를 기록하고, 정확하게 무슨 소리인지를 변별하지는 못하였지만 소리를 듣고 감지하였다면 감지한 소리는 무엇인지도 함께 기록하여 주어야 한다. Ling 6 sound 소리를 모두 들을 수 있어야 말소리를 적절하게 들을 수 있으므로 치료 전이나 평가 시 반드시 실시해야 하는 필수 검사이다.

청각장애 아동의 평가 사례

이○○은 3세 1개월의 남자 아동으로 인공와우이식 수술 후의 평가를 위해 내원하였다. 선천적인 청각장애로 심도 난청으로 진단 받고 보청기 착용을 권유받았으나 지속적으로 착용하지 않았으며 언어치료도 받지 않았다. 2세 2개월부터 보청기를 착용하기 시작하였으나 보청기를 착용하고도 소리반응을 거의 보이지 않았으며 평가를 통해 언어발달에 진전이 없는 것으로 판단되어 2세 6개월에 인공와우이식 수술을 받았다. 수술 2개월 후부터 현재까지 지속적으로 주 2회의 언어치료를 받고 있다.

CAP scale 2(말소리에 반응)로 나타났으며 Ling 6 sound test에서 감지는 100%, 변별은 0%하였다. IT-MAIS 34/40점으로 보고되었으며 북소리, 피리소리, 전화벨소리 등의 환경음을 인지하고 5개의 환경음 중 2개를 변별하였다.

CAP scale 2에 해당하는 것은 아동이 말소리에 반응을 보여 간단한 지시에 따를 수 있는 정도의 수준이다. 일상 회화음의 크기로 '던져' 혹은 '시작' 과 같은 지시를 듣고 공을 던지는 행동을 할 수 있다. Ling 6 sound를 100% 감지하였다는 것은 입모양을 보여주지 않고 6개의 음을 들려주었을 때 아동이 소리를 감지하였다는 몸짓을 하거나 반응을 보인 것이며 그 음을 정확하게 따라하거나 해당하는 그림카드를 고르지는 못하였기 때문에 변별은 0%로 나타났다. 부모 설문지로 실시하는 IT-MAIS 검사는 또래 아동에 비해 아직 듣기에 제한이 있음을 알 수 있고 여러 가지 환경음을 인지하고 있으나 변별하지는 못하는 것으로 판단된다. 아동이 수술을 2세 6개월에 받았으므로 기기 착용은 2세 7개월에 시작하였을 것이고 평가 시까지 인공와우이식기를 착용한 기간이 총 6개월인 셈이다. 소리자극을 받기 시작한지 6개월이 되었다는 점을 감안하면 수술 전 보청기를 착용하고도 전혀 소리에 대한 반응이 없는 아동이 소리에 대해 적응하고 있음을 보여주고 있다고 판단할 수 있겠다.

아동의 언어평가를 실시할 때에 보청기 및 인공와우이식기 등의 기기가 제대로 작동하고 있는지를 가장 먼저 확인해야 한다. 보청기를 착용하던 아이가 보청기를 착용하지 않고 언어평가와 듣기평가를 실시한다면 결과가 현저히 좋지 않게 나오기 때문이다. 또한 언어평가를 실시할 때에는 아동이 언어평가를 실시할 수 있는 정도의 적절한 크기로 소리를 듣고 있는지도 확인해야 하며 그렇지 못한 상황에서 평가를 진행할 경우 입모양을 보여주거나 글씨로 지시문을 전달하는 것 등이 요구될 수 있다. 예를 들어 수용 및 표현어휘력 검사 중 수용어휘력 검사를 실시할 때 아동이 소리를 적절하게 듣지 못한다면 해당 어휘를 몰라서가 아니라 소리를 듣지 못해서 오답을 고를 수 있기 때문이다. 이러한 경우에는 글자를 보여주며 소리자극을 함께 제시하거나 아동에게 제시된 자극을 따라 말하면서 고르도록 하여 아동이 제시된 자극을 제대로 들었는지를 반드시 확인하면서 실시한다. 입모양을 보여주고 언어평가를 실시하였거나 글씨로 지시하여 실시하였을 때에는 반드시 어떠한 상태로 어떻게 자극을 제시하여서 검사를 실시했는지에 대한 내용을 평가서에 기입하여 준다. 듣기평가의 경우에는 AO 상황과

AV 상황의 결과가 매우 상이하기 때문에 반드시 검사를 실시한 조건을 명시하여 주고 보청기와 인공와우의 착용여부도 반드시 명시하여야 한다.

다시 말하자면, 언어평가는 아동이 최대한 듣기 좋은 환경에서 실시하고, 아동이 들을 수 없는 상황이라면 입모양을 보여주거나 글씨로 자극을 제시하는 등의 보조적인 방법을 사용하여 실시한다. 또한 듣기평가는 각 조건마다의 결과가 달라지므로 조건별로 검사를 실시하고 평가서에 검사를 실시한 각 조건을 반드시 명시해준다. 학습효과를 배재하기 위해 가장 어려운 조건부터 실시하는 것이 좋으며 순서를 임의적으로 바꾸어가며 들려주고 검사 목록을 다르게 선택하여 실시하는 것이 더욱 정확한 결과를 가져온다.

● 인공와우이식기 또는 보청기를 착용할 때의 듣기평가 순서

① 인공와우이식기 또는 보청기를 착용하지 않고 입모양을 보여주지 않고 실시

② 인공와우이식기 또는 보청기를 착용하지 않고 입모양을 보여주고 실시

③ 인공와우이식기 또는 보청기를 착용하고 입모양을 보여주지 않고 실시

④ 인공와우이식기 또는 보청기를 착용하고 입모양을 보여주고 실시

잠깐!

청각장애 아동과 성인을 평가할 때의 목소리의 크기 및 말 속도는 일반적인 크기와 자연스러운 속도를 유지하여야 한다. 과장되게 느린 말속도로 자극을 제시하거나 너무 빠른 말속도로 제시하면 정확한 결과가 나오지 않을 수 있다. 또한 아동이 반응을 제대로 보이지 않았다고 하여 목소리를 점점 크게 하거나, 특정 단어를 강조해서 말하지 않도록 주의해야 한다.

참고적으로 우리가 일반적인 대화 상황에서 사용하는 말소리 크기는 약 60-65dB에 해당한다!

2) 성인 언어평가

청각장애 성인의 언어평가도 아동과 마찬가지로 언어평가와 듣기평가로 나눌 수 있다. 후천적으로 청각이 손실된 성인의 경우 언어능력은 보존하고 있는 경우가 대부분이므로, 스스로 구어적 의사소통을 하는 데에 어려움이 없다면 언어평가는 보스턴 이름대기 검사(K-BNT)정도만을 실시하고 듣기평가를 실시한다.

청각장애 성인에게 주로 사용되는 듣기평가에는 다음과 같은 것들이 있다.

〈표 4〉 성인용 듣기 능력 평가도구

CAP scale Ling 6 sound test K-CID: SNUH everyday sentence test K-HINT vowel/consonant confusion test 1음절 낱말 검사/2음절 낱말검사

CAP scale과 Ling 6 sound test는 아동과 동일하며 K-CID 검사는 문장을 듣고 따라 말하도록 하여 실시하는 검사이다. 미국 Central Institute for the Deaf(CID)에서 개발한 CID 일상생활문장 검사의 문장 선정기준을 기반으로 한국어의 특성을 고려하여 서울대학교병원에서 수정한 평가도구이며 K-HINT는 소음상황에서의 듣기 능력을 평가하는 HINT 검사를 우리나라에 맞게 번안한 검사도구로서 소음상황에서 실시하기도 하고 소음이 없는 상황에서도 사용하기도 한다. 주로 문장 검사에는 K-HINT 보다는 K-CID를 더 많은 병원에서 사용하고 있는 실정이다. 문장 검사는 AO 상황과 AV 상황을 나누어서 실시하고 1음절 낱말 검사와 2음절 낱말 검사는 open set과 closed set으로 나누어 실시한다. 기관에 따라서는 낱말 검사도 AO, AV 상황을 나누거나 4가지 상황을 모두 나누어 실시하기도 한다.

돌발성 난청이나 소음성 난청, 혹은 원인을 알 수 없는 감각신경성 난청으로 이비인후과에서 진단이 된 성인 환자들은 보청기를 착용하거나 청력손실이 심한 경우 인공와우이식 수술을 받게 된다. 보청기를 착용하는 경우에는 언어치료실에서 검사를 실시하는 경우는 드물지만, 인공와우이식 수술을 받기 위해서는 반드시 언어평가를 실시하여야 한다.

인공와우이식 수술을 받기로 결정을 하면 먼저 인공와우이식 수술이 가능한 귀인지를 알아보기 위해 이비인후과적 검사를 시행한다. 내이의 기형 등이 발견되지 않고 인공와우이식 수술을 실시할 수 있다고 진단되면 언어평가를 실시하게 되는데, 인공와우이식 수술 전 평가는 청력검사만큼이나 중요하다고 할 수 있다. 인공와우이식 수술 대상자로 선정되는 성인은 언어를 습득한 후에 청력을 손실한 경우가 대부분이어서 언어 능력에는 큰 결함이 없는 경우가 많다. 따라서 이러한 경우에는 보스턴 이름대기 검사(K-BNT)만을 실시하여 혹시 모를 인지적 결함이나 언어 능력에 저하가 있는지를 살펴본다. 만약 K-BNT 검사 결과 연령과 교육년수를 고려한 백분위수 10%ile 미만에 해당한다면 추가적인 언어평가를 실시하거나 인지능력을 살펴볼 수 있는 검사를 의뢰하는 것이 좋다. 이는 환자의 인지능력이 수술 후 예후에 큰 영향을 끼치기 때문이다. 인공와우이식 수술 전 평가에서 듣기평가는 위 〈표 4〉에 있는 검사 도구들을 사용하여 실시한다. 이 중에서 가장 중요한 것은 문장 언어평가(어음인지도 평가라고도 함)인 K-CID이다. 어떤 기관들은 K-CID 외에 기관에서 직접 만든 검사 도구를 사용하기도 한다. 인공와우이식 수술 전 평가는 반드시 보청기를 착용한 상태에서 실시하여야 하며 입모양을 보여주지 않고 일반적인 말소리 크기(약 60-65dB)에서 실시한다.

보청기를 착용하고 AO 상황에서 문장 언어평가를 실시하였을 때, 그 결과가 50% 미만으로 나타난 환자들은 인공와우이식 수술 시 의료보험의 혜택을 적용받을 수 있기 때문에 위의 조건을 반드시 충족하고 검사를 실시하여야 하며 평가서에도 검사 실시의 조건을 반드시 명시해야 한다. 만약 환자의 인지능력이 정상인에 비해 낮아 긴 문장을 듣고 따라 말하는 데에 어려움이 있다면 반드시 그러한 점을 평가서에 명시하고 쉬운 수준의 문장에서 검사한 결과도 첨부해야 한다. 경우에 따라서는 아동용 문장을 사용하거나 2-3어절의 짧은 문장으로 검사할 수도 있다.

〈표 5〉 청각장애 성인의 듣기 능력 평가 도구와 방법

평가도구	평가구성	평가대상	평가방법
K-CID	10개의 문장	성인	10개의 문장 50개의 목표어절로 구성되어 있으며, 조용한 환경에서의 문장 인지 능력을 평가
K-HINT	30개의 문장	성인	30개의 문장 101개의 어절로 구성되어 있으며 소음상황에서 말소리 지각능력을 평가
vowel/consonant confusion test	한국어 자모음	성인	자음과 모음 변별능력 평가
1음절 낱말 검사/2음절 낱말검사	4단계	성인	1음절어와 2음절어 지각능력 평가

언어치료실에서 실시하는 듣기평가는 주관적인 검사이기 때문에 무엇보다도 숙련된 언어치료사가 실시하여야 하며 이비인후과 청력검사실에서 실시한 청력 검사 결과를 미리 참고하는 것이 좋다. 간혹 환자들 중 의료보험 적용을 받기 위해 말소리를 알아들을 수 있는데도 불구하고 전혀 알아듣지 못하는 척을 하는 경우가 있기 때문에 정확한 평가를 위해서는 다양한 조건에서 검사를 실시하고 검사 결과가 상이한 경우 보험 적용을 받을 수 없다는 내용을 환자에게 미리 숙지시키는 것이 좋다. 환자가 검사에 제대로 협조하지 않을 경우에는 검사 결과의 신뢰성이 떨어질 수 있는데 수술 전 평가는 수술 후 청능 재활의 예후를 판단하는 데에 매우 중요하므로 반드시 검사 전에 환자에게 협조를 구하는 것이 중요하다. 또한 환자가 뇌손상 등으로 인해 청력이 소실된 경우에는 인지능력에도 저하가 있을 수 있으므로, 난청으로 인해 말

소리를 듣고 구분하는 능력이 없는 것인지 인지능력의 결함으로 인해 긴 문장을 듣고 따라말하기가 불가능한 것인지를 판단할 수 있어야 한다.

인공와우이식 수술 전 평가는 의료보험 적용을 받기 위해서 필수적인 요건이므로 의료보험 적용 기준을 참고하자. 현재 15세 미만의 경우는 양측을 모두 보험적용 받을 수 있으며 15세 이상의 경우에는 외부 기기를 분실한 경우 외부 기기만 1회 더 적용을 받을 수 있다.

〈표 6〉 의료보험 적용기준

2세 미만
청력검사 결과 양측의 난청 정도가 90dB의 심도 이상 난청에 해당될 경우, 3개월 이상 보청기를 착용해도 청능발달이나 별다른 효과가 없는 경우(단, 뇌막염 등으로 인하여 빠른 시일 내에 수술하지 않아 시기를 놓치게 되는 경우는 한정적으로 시행할 수 있음)
2세 이상~15세 미만
양측의 난청 정도가 70dB의 고도 이상의 난청환자, 최소 3개월 이상 보청기 착용 및 집중교육을 했음에도 불구하고 어음변별력 및 언어능력에 진전이 보이지 않는 경우(단, 인공와우 수술 후에도 인공와우를 통하여 의사소통을 하지 못할 경우는 제외함)
15세 이상
양측 난청정도가 70dB이상의 고도 이상의 난청 환자, 문장언어평가에서 50% 이하의 점수를 받은 경우(단, 인공와우 수술 후에도 인공와우를 통하여 의사소통을 하지 못할 경우는 제외함)

청각장애 성인의 평가 사례

이○○님은 52세의 여성으로 30대 중반에 갑작스럽게 원인불명의 난청이 생겼다고 한다. 보청기를 착용하였으나 말소리를 전혀 알아들을 수 없고 전화벨소리 등도 전혀 감지할 수 없어 일상생활에 매우 어려움을 겪고 있다고 한다. 보청기를 착용한 상태에서 언어평가 실시하였더니 CAP scale 2(말소리에 반응)로 나타났으며 Ling 6 sound test에서 감지는 4/6(66.6%)개, 변별은 1/6(16.6%)개 하였다. vowel/consonant confusion test에서 모음변별은 3/14(21.4%)개 가능하였고 자음변별은 0%로 전혀 불가능하였다. 1음절 낱말 검사와 2음절 낱말검사는 open set에서 전혀 수행하지 못하였으며 closed set에서는 2음절 낱말검사에서 20% 바르게 수행하였고 1음절 낱말 검사는 수행하지 못하였다. K-CID로 문장언어평가(어음인지도)를 실시하였는데 AO 상황에서 6%(6/100)의 어휘를 바르게 따라 말하였다. AV 상황에서 실시하였더니 45%(45/100)의 어휘를 바르게 따라 말할 수 있었다.

상기 환자는 인공와우이식 수술을 받기 위해 수술 전 평가 의뢰되었으며 보청기를 착용하는 환자로 보청기를 착용하고 듣기평가를 실시하였다. 보청기를 착용하지 않은 상태에서는 환경음 및 말소리를 전혀 인식하지 못하였으며 이에 대한 내용을 평가서에 기록하였고 점수는 모두 0점이므로 결과에 적지 않았다. 수술 전 평가는 수술 후 정기적인 평가 시에 비교 자료로도 사용되어지며 의료보험 혜택을 적용받기 위해서도 필수적인 요건이므로 검사를 실시한 상황(AO, 보청기 착용 등)을 반드시 적어줘야 한다.

인공와우이식 수술을 시행하는 성인의 경우 소리 자극에 대한 경험을 가지고 있기 때문에 오히려 소리자극을 듣지 못했던 아동보다 수술 후 기기 착용을 하였을 때 기기를 통해 들리는 소리에 대해 불만을 가지는 경우가 많다. 간혹 어떤 성인 환자들은 인공와우이식기에 대한 이해 없이 수술만 받으면 정상이었던 예전의 귀를 가지게 된다고 생각하는 경우가 있다. 그러나 막상 수술 후 기기를 착용하여 소리를 듣게 되면 본인이 생각하던 소리와는 많이 다르고 착용하자마자 바로 말소리를 알아들을 수 없는 경우가 대부분이기 때문에 좌절을 하거나 기기 사용을 포기하는 경우가 많다. 따라서 언어치료사는 인공와우이식 수술 전에 미리 환자와 보호자와 충분한 상담을 하여 이러한 사항에 대해 미리 정보를 제공하고 수술 후에 환자가 편안하게 소리를 듣게 될 때까지의 매핑 및 청능 훈련 과정을 상세하게 설명하여 환자가 중간에 포기하지 않고 기기를 성공적으로 잘 이용할 수 있도록 격려해주어야 한다. 또한 가족들과의 면담을 통해 환자가 듣기 편하도록 이야기를 해 주는 방법, 인공와우이식기를 다루는 방법 등에 대한 정보를 제공해 줌과 동시에 환자가 중간에 인공와우이식기 착용을 포기하지 않도록 지지해줄 것을 당부해야 한다.

2. 청각장애 아동의 언어치료

신생아청력선별검사의 확산으로 최근에는 조기에 청각장애를 진단 받고 인공와우이식 수술을 받는 아동의 수가 점점 더 늘어나고 있다. 인공와우이식 수술 후 언어치료는 선택이 아니라 필수이기 때문에 따라서 실제로 청각전문 언어치료실에 다니는 청각장애 아동들의 상당수가 인공와우이식수술 후 언어치료를 받고 있다. 그러므로 본 장에서 치료 부분은 인공와우를 중심으로 이루어질 것이며 보청기를 착용하고 언어치료를 받는 아동의 경우도 청능훈련과 언어치료의 맥락이 인공와우이식 아동과 같으므로 참고하면 될 것이다.

1) 치료의 시작

청각장애 아동은 언제부터 언어치료를 받는 것이 좋을까? 인공와우이식기를 착용한 후 매핑이 안정되면 소리를 제대로 들을 수 있게 된 것이므로 소리를 어느 정도 들을 수 있게 된 후에 언어치료를 시작한다고 생각하였다면 오산이다. 아동이 청각장애 판정을 받은 순간부터 아동에게 소리를 듣는 방법을 알려주는 언어치료를 시작해야 한다.

현재 의료보험 기준 상 인공와우이식 수술 전에 보청기를 3개월 이상 의무적으로 착용해야 한다. 이 때 보청기 의무착용기간동안에도 아동이 소리에 대한 자극을 지속적으로 받을 수 있도록 언어치료를 받고 가정에서도 아동이 들을 수 있는 다양한 소리자극을 제공할 수 있도록 부모교육을 실시하여야 한다. 되도록 아동이 청각적인 자극에 집중할 수 있게 시각적인 자극을 소거하고 청각적인 자극을 주는 방법들을 제공해주어야 한다.

잠깐! 보청기의무착용이란?

인공와우이식 수술을 진행할 때 의료보험혜택을 받기 위해서는 보청기로 3개월 이상 재활을 했음에도 불구하고 듣기나 언어의 발달이 이루어지지 않는다는 결과가 있어야 가능하다. 그러므로 병원에서 청력의 문제가 발생되었을 경우 보청기로 3개월간 재활을 한 후 언어평가와 청력검사를 진행하여 인공와우이식 수술여부를 결정하게 된다.

어린 아동에게 보청기를 착용하는 연습을 시키는 것만으로도 나중에 인공와우이식기를 착용하는 것에 대한 거부감을 줄여주며, 소리 자극을 받아들이는 연습만으로도 인공와우이식 수술 이후의 청능훈련이 수월해질 수 있으므로 반드시 수술 전부터 아동에게 지속적인 소리 자극을 제공하는 것이 중요하다.

아동이 인공와우이식 수술을 받고 나면 일정 기간이 지난 후에 매핑이라는 것을 하게 되며 매핑이 안정되기까지는 약 6개월~1년 정도의 시간이 걸린다. 매핑을 받는 중간에도 역시 언어치료를 지속적으로 시행하여야 하는데, 언어치료사가 매핑 방법에 대해서까지 알지 못하여도 크게 상관은 없지만 기본적인 방법을 이해해두면 청각장애 아동의 언어치료를 하는데 많은 도움을 받을 수 있다. 인공와우이식 수술 후 초기의 언어치료는 반드시 인공와우이식기만을 착용한 채로 진행해야 한다. 인공와우이식기를 통해 소리를 듣는 연습을 하기 위함인데 수술을 받지 않은 쪽 귀에 보청기를 착용하게 되면 익숙했던 보청기 소리에만 집중하려는 경향이 있기 때문에 만약 반대쪽에 착용하던 보청기가 있다면 보청기는 빼고 인공와우이식기만 착용한다. 최근에는 한 번에 양쪽 귀에 인공와우이식 수술을 받는 경우가 많아지고 있는데 이러한 경우에는 양쪽에 기기를 모두 착용해야 한다.

잠깐!

청각장애아동의 재활에는 언어치료사뿐만이 아니라 청각사와 부모의 긴밀한 관계가 형성되어야 한다. 이때 청각사는 아동이 수술을 한 병원이나 보청기를 구매한 보청기 센터에 상주하는 경우가 많기 때문에 언어치료사가 직접적으로 연락을 하고 정보를 공유하기 어려울 수 있다. 그러므로 언어치료사가 치료 중에 알게 된 정보나 달라진 듣기정도 등을 부모와 상담을 통해 청각사에게 전달해 줄 수 있도록 해야 한다.

청각장애 아동의 언어치료사는 기본적인 언어치료와 청능훈련 외에도 아동이 소리를 잘 듣고 있는지를 확인하고 아동이 최적의 상태로 소리를 들을 수 있도록 도와주어야 한다. 그 방법은 바로 아동이 병원으로 매핑을 가기 전과 후에 아동의 달라진 점을 세밀하게 관찰하는 것이고, 또 그러한 정보를 부모와의 상담을 통해 정확하게 전달하는 것이다. 먼저 아동이 수술 후 기기를 처음 착용하고 처음으로 매핑을 받았다면, 다양한 소리자극을 주고 행동을 관찰함으로써 아동이 소리를 감지하는지, 소리에 대한 적절한 반응을 보이는지 확인해야 한다. 이후 매핑으로 소리가 조금씩 바뀔 때마다 아동이 싫어하는 소리는 없는지 특정한 소리를 시끄러워하지는 않는지 지속적으로 확인하고 관찰해야 한다. 예를 들어 아동이 매핑을 새로 하기 전에는 전혀 문제를 보이지 않았던 동요 소리나 장난감 소리에 예민하게 반응을 하거나 우는 등의 모습을 보인다면 반드시 부모와 청각사에게 전달하고 기기의 볼륨을 조절할 수 있는 리모컨으로 소리를 조금 줄여주는 시도를 해보는 것도 좋다.

이제 아동은 청각 기기를 잠을 잘 때를 제외하고는 일상생활에서 항상 착용해야 한다. 요즘은 기기를 보호해 줄 수 있는 방수용품이 개발되어 있어 물놀이나 목욕을 할 때에도 소리를 들을 수 있으므로 물을 사용하는 순간에도 지속적인 착용이 가능하다. 따라서 부모에게 반드시 아동이 하루 종일 기기를 착용할 수 있도록 당부해야 한다.

잠깐! 매핑(Mapping)이란?

인공와우이식 수술에서 수술을 한다는 것은 내부 임플란트를 달팽이관에 삽입하는 이식과정을 말하는 것이다. 수술을 받고 나면 상처 부위가 아물 때까지 약 3-4주 정도를 기다렸다가 외부장치를 귀에 걸게 된다. 외부장치는 한 마디로 송신기의 역할을 하며, 내부장치는 수신기의 역할을 하게 되는 것이다. 이때 이 외부장치를 어음처리기라고 부르는데 이 어음처리기를 착용하여 소리를 들으려면 각자의 귀에 맞게 매핑이라는 것을 하게 된다. 매핑을 쉽게 설명하자면 우리가 안경을 쓸 때 각자의 시력에 맞게 렌즈의 도수를 결정하게 되는 것처럼 아동이 소리를 편안하게 들을 수 있도록 아동의 청력에 맞게 소리를 조정해주는 것이다. 매핑이 효율적으로 잘 이루어져야만 아동은 최적의 환경에서 소리 자극을 들을 수 있게 되는 것이므로 인공와우이식 수술 후 재활 과정에서 매우 중요한 단계 중 하나이다. 대부분의 매핑은 병원의 청각사가 진행하게 되는데 짧은 시간에 소리를 조절하다보니 아동의 행동을 하나하나 파악하기가 어려운 경우도 있다. 그러므로 언어치료사가 아동이 소리 자극에 대해 보이는 행동들을 담당 청각사에게 전달해준다면 많은 도움이 될 것이라고 생각된다.

2) 청능훈련

청능훈련은 듣기에만 의존한 상태로 진행되도록 하는 것이 좋다.

듣기는 감지-변별-확인-이해 의 네 단계를 거치게 된다. 소리를 들려준 후 첫 번째 단계는 아동이 들었다는 반응을 보이는 것으로 아동이 소리를 감지하는지 치료사가 잘 알아채야 하며 이후에는 각각의 소리가 다름을 아는 변별이 필요하다. 변별은 소방차 소리와 소의 울음소리가 다르다는 것을 아는 것이다. 이후에는 각각의 소리들을 정확히 들었는지 모방하고 소리가 의미하는 것이 무엇인지 소리와 사물을 연결하는 순서로 청능훈련이 진행 된다.

청능훈련이나 언어치료를 진행하기 전에 반드시 확인해야 할 것은 기기가 잘 작동하고 있는지의 여부이다. 청각장애 아동과 언어치료를 진행할 때 초보 언어치료사들이 가장 많이 하는 실수는 기기가 작동하지 않아 들리지 않는 데에도 확인하지 않고 그대로 수업을 진행하는 것이다. 청각장애 아동치료에서는 듣기가 가장 중요한 요소이기 때문에 치료시작 전에 다음의 사항들을 반드시 확인하여야 한다.

〈표 7〉 기기작동여부 확인

□ 귀에 걸려있는 어음처리기에 빨간불이 들어오지 않았는지 확인하기
□ AO상황에서 Ling 6 sound 듣는 지 확인하기
□ 아동이 아직 어릴 경우 아동이 장난감에 관심을 보이고 있을 때 책상 밑에서 아동이 보이지 않게 다른 장난감으로 소리를 내어 아동이 감지하는지 확인하기
* 기기를 다루는 방법은 본 장의 마지막 부분에 제공되어 있으니 필요시에 참고하기 바란다.

〈표 8〉 Ling 6 Sound 의 주파수영역

Ling 6 Sound : 언어에 포함되는 대표적인 주파수대역으로 말소리 듣기가 잘되고 있는지 확인하기 위해 치료시작 전에 반드시 실시한다.

- ㅁ음/m/ 매우 낮은 저주파수영역
  모음을 구별하기 위한 중요한 소리
- ㅁ우/u/ 저주파수 영역
- ㅁ아/a/ 말소리 영역의 중간
- ㅁ이/i/ 저주파수 일부영역과 고주파수 일부영역
- ㅁ쉬/sh/ 고주파수 영역
- ㅁ스/s/ 매우 높은 고주파수 영역

* /쉬/와 /스/는 유성음이 아닌 무성음의 마찰소리로만 제공

잠깐! AO상황을 손쉽게 만들어보자!

종이나 손바닥을 사용할 경우 소리의 왜곡이 일어날 수 있으므로 스피커 천이나 얇은 물티슈 등을 사용하여 가리는 것이 좋다.

각 주파수 대역의 말소리가 모두 다르기 때문에 언어치료사는 아동이 잘 듣고 있는지 말소리 확인 시 오류를 보이는 음소들은 무엇인지를 꾸준히 확인하는 것이 필요하다. 다음은 우리말 어음분포표이니 우리말의 음소가 어느 대역에 속하는지 알아두자.

〈표 9〉 우리말 어음분포표

주파수 대역(Hz)		자음	모음
저음	60-250	ㅈ, ㅂ, ㅁ	
중음	250-500	ㄷ, ㄴ, ㄹ	우, 오, 에
	500-1000		이, 어, 애, 아
	1000-2000	ㅍ, ㅊ, ㄱ, 쉬	
중고음	2000-6000	ㅌ, ㅋ, ㅎ	
고음	6000-10000	ㅅ, ㅆ	

(1) 기기 첫 착용 이후

소리에 대한 감지, 변별, 확인이 가능한지 소리 자극을 준 후 아동의 반응을 살피는 것이 중요하다. 타악기나 멜로디악기를 사용하여 소리를 작게 또는 크게 들려주고 아동의 반응을 살펴야 한다. 그리고 아동이 좋아하는 소리와 싫어하는 소리가 무엇인지 확인하여 적어두는 것

이 필요하다. 영유아의 경우 인공와우이식기나 보청기 등 기기를 착용한 상태에서 동요를 불러주며 아동의 반응을 살피는 것도 좋으며 소리를 들려줄 때 지속적으로 들려주기만 하는 것이 아니라 아동이 반응을 할 수 있도록 시간을 주며 아동과 서로 주고받는 것이 중요하다. 처음 소리를 접하게 되는 아동의 경우 재활 시 넓은 주파수대역을 들을 수 있도록 많은 의성어나 의태어들을 사용하여 소리를 들려주어야 한다.

〈표 10〉 주파수에 따른 의성어 예시

낮은 주파수대역의 의성어
□ 소 울음소리(음메~)
□ 자동차 소리(부우웅~)
□ 문 여는 소리(드르륵)

높은 주파수대역의 의성어
□ 말 울음소리(히이잉~)
□ 코끼리 소리(뿌우~)
□ 기차소리(칙칙폭폭)
□ 소방차 소리(애~앵~) : 중간 주파수와 고주파대역에 분포한다.
□ 비행기 소리(쉬~이잉) : 마찰소리를 강하게 사용하여 들려주는 것이 좋다.
* 이 외에도 다양한 의성어와 의태어는 넓은 주파수영역을 포함하고 있으므로 많이 들려주는 것이 좋다.

이때 시각적인 자극보다 청각적인 자극이 먼저 일어나도록 사물은 소리제공 후에 보여주는 것이 중요하다.

예) 책상 밑이나 손수건 속에 장난감을 숨기고 소리를 들려준 후 아동이 반응을 보이면 소리를 들려주며 장난감을 꺼내 보여준다. 장난감과 소리를 함께 제공하며 아동이 장난감을 가지고 노는 동안 지속적으로 소리를 들려주고 아동이 모방하려고 하는지 반응을 살핀다. 아동이 소리로 반응을 하면 적극적으로 칭찬하며 아동이 소리를 내도록 유도한다.

(2) 매핑이 진행되면서

매핑에서 중요한 것이 아동이 느끼는 소리에 대한 반응이다. 소리가 들리는지 안 들리는지, 큰지 작은지, 싫은지 좋은지에 대한 아동의 반응이 명확해야 매핑이 잘 이루어질 수 있고, 매핑이 잘 이루어져야 소리를 잘 듣게 되어 아동의 언어재활에 도움이 된다.

언어치료실에서는 매핑 시에 아동이 잘 반응할 수 있도록 청능훈련이 필요하다. 아직 어린 영아의 경우는 아동의 눈이나 얼굴표정들을 미세하게 알아채는 것이 매우 중요하므로 매핑을 진행하는 청각사나 언어치료사의 능력이 많은 영향을 미친다. 영아기를 지나 아동이 치료사의 말을 알아듣고 반응을 보일 수 있는 정도가 되면 소리가 들릴 때만 블록을 꽂도록 하는 청능훈련을 진행하는 것이 필요하다. 이와 같은 연습들은 아동의 매핑 시에 많은 도움을 줄 수 있다.

〈표 11〉 블록 꽂기를 통한 청능훈련

ㅁ꽂기 블록을 사용하여 모두 빼두고 블록을 아동에게 하나씩 제공한다. ㅁ아동이 블록을 귀에 대고 기다리다가 소리가 나면 블록을 꽂는 연습을 통해 아동이 소리가 들릴 때와 들리지 않을 때를 구분하여 반응하도록 하는 연습이 필요하다. ㅁ아동이 처음에 어려워할 수 있으므로 치료사가 시범을 보이며 함께 진행하면 더 빨리 익히게 할 수 있다.

또는 우는 표정의 얼굴과 웃는 표정의 얼굴 그림을 사용하여 소리가 좋을 경우 웃는 얼굴을 고르고, 소리가 시끄럽고 싫을 경우 우는 얼굴을 고르게 하는 방법으로 소리에 대한 싫고 좋음을 표현하도록 하는 연습도 도움이 된다.

(3) 단계별 청능훈련

① 초기 : 치료가 계속되면서 아동의 매핑이 안정적이게 되면 지속적인 청능훈련이 필요한데, AO 상황에서 소리를 듣고 모방하는 연습을 진행하여야 한다. 청능훈련을 시작하기 전에는 항상 Ling 6 Sound의 확인이 필요하다.

청각장애를 가진 아동의 경우 시각적인 자극에 매우 민감하기 때문에 AO 상황으로 진행되지 않으면 입술을 읽어서 소통을 하려는 경우가 있다. 모두 그런 것은 아니지만 이럴 경우 청능훈련에 방해가 될 수 있으므로 아동이 입술을 읽는 독화를 하지 않도록 주의하는 것이 좋다. 영유아기에 수술을 한 경우에 지속적인 청능훈련이 잘 이루어진다면 입술을 읽으려는 습관은 생기지 않으므로 초기의 재활이 매우 중요하다.

② 중기 : 어휘를 이해할 수 있는 정도의 언어발달이 이루어진 후에는 소리만 듣고 고르는 듣기연습이 진행되어야 한다. 치료를 진행하면서 장난감 사물이나 그림과 같은 자료를 2개~5개 정도 제공한 후 AO 상황에서 언어치료사가 사물의 명칭을 들려주고 아동은 소리만 듣고 사물을 고르는 연습을 진행해 청능훈련을 한다. 이후 아동이 문장을 이해할 수 있는 단계가

되면 closed set에서 동사표현카드나 matrix 등을 사용하여 고르기 과제를 진행할 수도 있다. 예시는 다음과 같다.

matrix 예(단계별)

엄마	사과	씻어요
아빠	포도	먹어요

아빠가	머리	앞에	놨어
오빠가	다리	옆에	놨대

* 글씨를 읽지 못할 경우 그림을 사용한 matrix를 만들어 사용한다.

인공와우이식기나 보청기 등의 기기로 들을 때 소리의 음향적인 특성이 비슷할 경우 변별을 어려워하는 경우가 많다. 소리의 미세한 특징들을 듣고 변별하는 연습을 통해 듣기능력 향상을 도울 수 있다. 다음에 제시된 낱말들은 음향 패턴이 비슷하여 집중하여 듣지 않으면 변별이 어려울 수 있는 어휘목록이다. ㅂ음절 낱말의 예시는 다음과 같다.

1음절 낱말 듣고 고르기 예

팔	탈	칼

밤	담	감

산	손	선

위와 같이 1음절로 구성된 낱말은 다음절 낱말에 비해 음향적인 힌트가 적다. 예를 들면 '팔찌'와 '칼날'을 들려줄 경우에는 첫음절이 아닌 뒤에 따라오는 음절 '찌'와 '날'에서 힌트를 얻고 앞의 음절을 추측할 수 있지만 1음절의 경우는 추측할 수 있는 힌트가 없기 때문에 변별에서 더 어려울 수 있다. 이러한 1음절 낱말 과제로 듣기 연습을 진행할 경우 듣기에만 집중하도록 할 수 있다.

③ 후기 : 단순히 듣고 고르는 수준에서 벗어나서 듣고 모방하는 과제도 청각적 기억력을 증진시킬 수 있다. 문장을 듣고 그림상황을 고르는 과제나 open set에서 문장을 듣고 그대로 모방하는 과제를 진행하며 문장 내용에 대해 질문을 듣고 대답하도록 유도한다. 이 때 제공되는 문장 수준은 3어절부터 길게는 8, 9어절까지 아동의 능력에 맞게 조절해야 한다. 문장의 길이가 길어지면서 연결어미나 관용구 표현들을 익힐 수도 있다. 문장 수준에서 듣고 따라 말하

기능력이 좋아지면 정보문이나 짧은 동화 등 문단을 듣고 관련된 질문에 답한 후 전체 내용을 요약하여 다시 말하는 과제의 진행도 도움이 된다.

> 예) 엄마는 어제 산 신발을 신고 마트에 갔어요.
> - 엄마는 어디에 갔나요?
> - 엄마 신발은 언제 산 것인가요?

3) 언어치료

(1) 전반적인 언어발달

청각장애로 인해 기기를 착용한 아동의 언어치료는 기본적인 언어발달의 언어치료와 맥락을 같이한다. 아동의 언어평가 후 언어 발달 순서에 따라 낱말수준에서 문장발화까지 확장시켜주면 된다. 다른 점이 있다면 언어발달 촉진을 하면서도 지속적으로 청각자극이 먼저 제공되도록 청능훈련을 혼용하는 것이 필요하다는 것이다.

(2) 구문

청각장애를 가진 아동의 경우 구문표현에 있어서 조사의 오류나 연결어미, 접속사 및 관용구표현 등에서 어려움이 많이 나타나므로 언어발달에 따른 치료 중에 이러한 과제들을 포함시키는 것이 좋다.

(3) 화용

청각장애를 가진 아동의 경우 분위기를 이해하는데 어려움을 보이는 경우가 많다. 그러므로 학령기 이후 속담이나 유머 등을 이해할 수 있도록 연습이 필요할 수도 있다. 또한 화용적인 측면에서 구어표현과 문어표현을 혼동하는 경우도 나타나므로 지속적인 연습이 필요하다.

(4) 조음

청각장애를 가진 아동의 경우 조음의 문제를 동반하는 경우가 많다. 청각아동의 조음문제는 매핑과 연관되는 경우가 종종 있으므로 듣기 확인 시 매핑으로 인한 문제인지 확인이 필요하다.

조음의 문제는 간단하지 않은데 우선은 청각적인 자극이 정상아동보다 적었기 때문에 자신의 발음에 대한 청각적인 피드백 부족 등으로 인해 발음이 늦게까지 발달하지 못한 오류일 수도 있다. 이럴 경우에는 AO상황만을 고집하지 말고 AV로 소리를 듣고 모방이 가능한지 확인한 후 다시 AO로도 모방이 가능한지 지속적으로 확인과 연습이 필요하다.

하지만 또 다른 경우는 매핑의 문제로 인해 소리듣기의 어려움이 있어 조음의 오류가 나타나는 경우이다. 이럴 경우는 조음치료를 한다고 해도 들리는 것 자체에서 청각적인 피드백이 제대로 이루어지지 못하므로 지속적인 오류가 나타날 수 있다. 이때는 AO로 진행할 때와 AV로 진행할 때의 차이가 없거나 AV상황에서만 독화를 통해서만 정조음하고 연습을 하였음에도 불구하고 AO로 다시 진행시에는 여전히 오류를 보이는 경우가 있다.

듣기 시 확인할 사항

ㅁ /ㅂ, ㄷ, ㄱ/계열 확인

ㅁ /ㅅ, ㅆ, ㅈ, ㅊ, ㅉ/등 마찰소리를 포함한 소리

ㅁ /ㅜ, ㅗ/

위와 같은 음소계열들을 듣는 연습을 실시하였을 때에 지속적으로 헷갈려하거나 변별을 어려워한다면 매핑의 문제일 수도 있으니 확인이 필요하다.

앞의 어음분포표에서 확인하였듯이 각 음소들은 주파수대역이 모두 다르기 때문에 해당 주파수 대역의 매핑이 잘 이루어지지 않았을 경우 듣기의 어려움과 조음의 오류로 나타날 수 있다. 언어치료를 진행하면서 아동이 지속적인 오류를 보이는 음소가 있다면 보청기의 피팅이나 인공와우이식기의 매핑과 관련이 있을 수 있으므로 담당 청각사에게 아동이 듣기에 오류를 보이는 음소들을 적어서 보내는 것이 좋다.

4) 청각장애 아동의 학교생활

중복장애가 없는 청각장애아동이 조기에 인공와우이식술을 받고 적절한 청능훈련 및 언어치료 중재를 받았다면 초등학교 진학 시 특수교육을 받지 않아도 건청 아동들과 함께 일반교과과정을 수행하는데 어려움이 없다. 하지만 고학년이 되어갈수록 선생님의 설명으로 진행되는 수업이 많아지고 교과의 내용이 복잡해지면서 수업의 전체 내용을 모두 듣지 못하고 수업내용을 이해하지 못하는 실패 경험을 하게 되는 경우들이 발생한다. 또한 학교는 소음이 많은 상황이기 때문에 아동이 안정적으로 듣기 어려우며 친구와의 소통에서도 문제가 발생하기도

한다. 아이들이 가장 많은 소통을 하는 쉬는 시간의 경우 소음이 매우 많으며 한꺼번에 여러 명이 소란스럽게 떠드는 상황들이 많기 때문에 기기를 착용한 아동의 경우 친구들이 빠르게 주고받는 말이나 은어 및 줄임말 등을 알아듣지 못하게 된다. 또한 이러한 상황들에서 잘 듣지 못해 친구의 말을 잘못 이해하여 친구사이에 오해가 발생하기도 한다.

이러한 듣기의 문제뿐만이 아니라 건청 아동들과 기기를 착용한 자신을 비교하며 사춘기 때 학교에 적응을 어려워하는 경우들이 종종 발생하게 된다. 이때 학교상황에서 아동이 겪을 수 있는 어려움들에 대해 언어치료사가 대화를 나누는 것이 필요하다. 언어치료사는 청능훈련과 언어치료 뿐만이 아닌 현재 아동에게 가장 의미 있고 중요한 과제들을 아동과 공유하여 학교생활을 원활하게 해나갈 수 있도록 도움을 주어야 한다. 예를 들면 흔히 쓰이는 은어나 줄임말들을 알려주거나 아이들 사이에서 인기가 있는 TV프로그램이나 연예인에 대한 이야기를 나누어보는 것도 좋다.

수업상황에서 어려움은 FM수신기를 사용하여 보상받을 수 있다. FM수신기는 청각장애를 가진 아동이 듣기에 어려움을 느낄 때 마이크로 입력되는 신호를 보청기나 인공와우기기로 바로 전달받도록 하여 듣기에 집중할 수 있게 도와주는 장치이다. 교실 내에서 마이크는 선생님이 착용하고 아동은 인공와우기기나 보청기에 FM신호를 수신할 수 있는 장치를 끼우게 된다.

FM수신기의 장점은 듣고자하는 선생님의 목소리가 깨끗하고 명료하게 기기로 바로 전달이 된다는 것이며 단점은 마이크로 전달되는 직접적인 선생님의 말소리로 인해 나머지 환경소리들(친구들의 이야기 소리, 발표소리)을 잘 못 듣게 되는 경우가 발생한다는 것이다. 물론 마이크로 전달되는 소리와 외부소리에 대한 비율조정으로 들을 수 있으나 직접적으로 들어오는 명료한 소리에만 집중하게 될 수도 있어 외부소리를 무시하게 되는 경우도 있다.

잠깐! FM수신기 지원

각 지역의 지자체 교육청에서 청각장애아동을 위해 FM수신기를 무료 대여해주는 사회서비스가 제공된다. 교육청이 담당을 하기 때문에 병설 유치원이나 초등학교부터 대여가 가능하다. 지역마다 예산이 달라서 수신기의 개수의 차이가 있기는 하지만 1년마다 신청을 다시 받아서 재 배부하니 이용이 필요한 아동에게 정보를 제공해 주는 것도 도움이 된다.

5) 청각구어법 AVT(Auditory Verbal Therapy)

청각장애인의 언어재활 방법에는 다음과 같은 여러 가지 방법이 있다.

〈그림 1〉 청각장애인의 의사소통 방법[4]

이러한 여러 가지 방법들 중에 최근 청각장애 아동의 언어재활에서 가장 주목받고 있는 치료법은 청각구어법(AVT)이다. 이 치료법의 기본 개념은 듣기를 통해 언어를 발달시키는 것으로 치료사와 아이의 주고받기가 아닌 아동의 부모가 치료에 함께 참여하여 아동의 음성산출과 언어발달을 자연스럽게 촉진하는 것이다. AVT는 가족중심 접근법으로 아동 개개인의 가진 구어의 잠재력을 충분히 발전시킬 수 있는 기회를 제공하는 것에 집중한다. 아동의 언어치료와 듣기훈련이 치료실에 국한 되어서는 안되며 부모가 제 2의 언어치료사가 되어야 한다는 것을 목표로 하여 치료 중간 중간 부모가 아동에게 적절히 소리자극과 언어표현 촉진을 할 수 있도록 치료사의 피드백이 주어진다. 그러므로 치료 시에 아동을 향한 언어치료만 제공되는 것이 아니라 지속적인 부모교육이 동반된다.

치료를 진행할 때 아동이 표현해야하는 소리나 낱말, 문장 등을 평행발화 기법으로 강요하는 것이 아니라 치료사의 질문에 부모가 답하는 것을 보며 아동이 치료사의 질문에 부모의 답을 모방 하여 자발적으로 표현하게 하는 방법을 사용한다.

아동과 언어치료사와 부모가 함께 치료실에 입장한 후 아동에게 언어치료를 제공한다.
SLP : (손수건으로 구급차를 가려 아동이 보지 못하게 한 후) '우와~이게 뭐야? 삐뽀삐뽀'
언어치료사가 부모에게만 보여주며
부모 : '삐뽀삐뽀'
언어치료사가 아동에게 보여주며
아동 : ....
아동의 반응이 없으면 다시 한 번 부모에게 보여주며
부모 : '삐뽀삐뽀'
아동에게 보여주며
아동 : '삐뽀삐뽀'

위와 같이 아동이 부모와 언어치료사의 상호작용을 보며 자신이 해야 할 순서에 알맞은 소리와 낱말, 문장을 발화하도록 유도한다. 부모와 함께 진행되는 치료에서 아동도 언어를 배우지만 부모도 아동과 어떻게 상호작용해야하는지를 자연스럽게 익히며, 부모가 가정에서도 지속적으로 언어치료를 제공할 수 있게 된다.

현재 AVT치료과정을 한국에서도 이수할 수 있도록 연수과정이 개설되어 있다.

청각장애 아동의 치료 사례①

김○○은 16개월 남자 아동으로 신생아 선별검사에서 청각장애가 있는 것으로 평가되어 보청기 착용을 권장하였으나 쇄항(항문이 막혀서 태어나는 병) 등 건강상의 문제가 많아 12개월경에 처음으로 보청기를 착용하였다고 한다. 하지만 그 이후에도 규칙적으로 착용이 되지 않았다고 한다. 15개월에 보청기를 본격적으로 착용하기 시작했으나 가정에서는 소리에 대한 반응 보이지 않았다고 하였다.

본원을 방문했을 시 아동은 아직 어려서 Ling 6 sound 확인 등이 어렵기 때문에 보청기로 소리를 잘 듣고 있는지 확인이 필요했다.

첫 언어치료에서 착석 후 책상 밑에서 '삑삑' 소리가 나는 인형으로 소리를 내고 아동의 반응을 살폈다. 아동이 소리가 어디에서 나는지 확인을 하려고 하거나 눈동자가 움직이는 것을 치료사가 빠르게 알아채는 것이 중요했다. 아동이 소리가 들릴 때 마다 눈으로 치료사를 쳐다보며 눈을 크게 뜨는 모습을 보여 '들려요? 들었구나?' 라고 이야기하며 귀를 가리켰다. 이러한 행동은 듣기에 집중하도록 하는 좋은 방법이다.

이후 소리에 집중하기 시작한 후 놀이를 진행하며 손수건에 동물인형을 넣고 아동에게는 손수건만 보이도록하고 치료가사 몰래 들춰보며 동물의 의성어나 의태어를 들려주었다.

이러한 방법은 시각적 자극보다 청각적 자극에 집중하게 하며 아동의 호기심을 자극하여 더 즐겁게 소리를 듣는 경험을 가질 수 있게 한다.

SLP : ‘음메~음메~’ (손수건 속에 소 인형을 감추고 치료사가 혼자 보며)

뭐야? 음메~(귀를 가리키며)들어봐! 음메~

이게 뭐야? 음메~

(아동의 반응을 살핀다.)

아동 : ‘음~’

SLP : (손수건을 치우고 소 인형을 보여주며)음메~

음메~, 소야, 소.

음메~(아동에게 소 인형을 주며 소리 들려준다.)

이와 같은 방법으로 동물인형과 자동차 장남감 등을 제공해 주었다. 소리에 대한 정보가 적었던 아동에게는 소리제공과 함께 소리에 이름을 붙여주며 모든 소리가 의미를 갖는다는 것을 알려주는 것이 중요하다.

소리듣기에 대한 집중도 중요하지만 이와 함께 언어발달을 촉진하는 것도 필요하므로 기본적인 의사소통 기능들을 익히도록 하였다. 부르기, 요구하기, 대답하기, 인사하기, 거부하기 등, 명명하기 이전에 몸짓언어와 함께 이루어질 수 있는 의사소통 기능들을 익히도록 하며 음성모방을 유도하였다. 치료를 시작한지 3주 후 소리에 대해 모방을 보이기 시작하여 의사소통 기능들을 사용하면서 음성을 자발적으로 산출하기 시작했다.

청각장애 아동의 경우 듣기에 대한 부족함도 있지만 이로 인해 음성산출과 의사소통 의도 및 기능, 인지적인 문제도 동반하게 되는 경우가 많으므로 가장 필요한 것부터 집중적으로 치료가 이루어지는 것이 필요하다.

위 아동의 경우 음성 산출이 거의 없으며 울음으로 자신의 의도를 표현하는 경우가 많아 의사소통 기능들을 익히고 몸짓언어를 사용해서 표현을 시작하고 이를 성공하는 경험이 늘어나도록 하는 것이 필요했다.

초기의 아동일수록 가정에서 제공되는 소리자극 및 의사소통기회들이 중요하므로 부모교육이 반드시 필요하다.

청각장애 아동의 치료 사례②

박00은 4세 여자아동으로 36개월까지 청각장애임을 알지 못하여 수술이 매우 늦었다.

본원을 방문했을 시 오른쪽은 인공와우이식 수술 직후였고 왼쪽은 보청기를 착용한 상태였다. 수술 직후에도 왼쪽 귀에 보청기를 착용하여 지속적인 언어치료와 청능훈련이 진행되었다.

아동은 36개월까지 가족과 유치원선생님 모두가 청각장애임을 알지 못 할 만큼 눈치가 빠르고 똑똑하여 치료진행도 속도가 빨랐다.

청능훈련 초기에는 다양한 악기소리를 들려주고 아동이 뒤를 돌아보는지와 같은 소리탐지와 변별, 확인과제들로 듣기에 집중할 수 있는 연습을 하였다. 이러한 듣기 과제들은 가정에서도 이루어질 수 있게 부모교육을 진행하였다.

오른 쪽 귀에 인공와우이식기를 착용한 이후 치료 3회기 만에 Ling 6 sound 듣고 모방하기가 가능했으며 이후 소리모방을 유도하였다. 수술이 늦었기 때문에 언어표현을 늘리는 것이 중요해 일상에서 많이 쓰이는 동사형태의 낱말들 위주로 자발적인 표현이 되도록 진행되었으며 아동은 '열어, 닫다, 빼, 밀어, 주워, 주세요, 넣어 ' 등 자주 쓰이는 동사를 익힌 후 집에서 자발적으로 사용하기 시작하였다.

가정에서 아동에게 언어를 제공할 때 소리를 먼저 들려주고 시각적인 자극을 주도록 부모교육을 하였다.

부모 : 바지, 바지 입자, 바지 어디 있지? 바지?

아동 : 바지

부모 : 그래, 맞아. 바지.

(바지를 꺼내며)바지 여기 있네. 바지.

바지 입자.

위와 같이 사물에 대해 여러 번 낱말을 반복하여 아동이 사물의 이름을 익히고 모방할 수 있는 기회를 늘려가도록 하였다.

수술이 늦은 아동일수록 발음의 문제를 동반하는 경우가 많다. 듣기가 늦어질수록 본인의 음성에 대한 청각적인 피드백이 부족하기 때문에 발음은 더욱 불명확하므로 언어치료 시에 발음부분도 함께 진행되어야 한다.

SLP : 닦아([다까]).

아동 : 까까

SLP : 다(소리내며 혀의 위치를 시각적으로 확인시켜 준다.)

(AO로 다시 /다/와 /까/를 확인하여 정조음 유도하며)닦아([다까]).

아동 : [다까]

청각아동은 AO로 진행하여 시각적인 집중이 이루어지지 않도록 하는 것이 필요하나 발음이 늦은 아동의 경우는 AV로 제시하며 청각적인 자기피드백이 이루어지도록 하는 것도 필요하다.

이후 언어발달과정과 같이 낱말수준에서 2어 조합, 3어 조합으로 문장길이를 늘려갔다. 청각 장애 아동의 경우 낱말조합을 할 때 조사가 빠진 전보문식 문장산출을 보이는 경우가 많기 때문에 문장 유도 시 조사를 강조하는 것도 필요하다.

3. 청각장애 성인의 언어치료

◇◇◇◇◇◇◇◇◇◇◇◇◇◇◇◇◇◇◇◇◇◇

1) 치료의 시작

청각장애를 가진 성인을 보는 기회는 병원이 아닌 사설기관에서는 흔치 않은 일이다. 보통 성인의 경우는 수술을 받은 후 재활도 병원에서 이루어지는 경우가 많기 때문이다. 하지만 청각장애를 가진 성인 환자나 인공와우이식 수술을 한 성인 환자가 언어치료실로 찾아오게 된다면 당황하지 않고 다음의 내용을 숙지하여 대처하도록 하자.

(1) 인공와우이식 수술을 받기 전 찾아온 성인 환자의 경우

돌발성 난청 등으로 인해 수술을 진행하게 되는 성인의 경우는 아동과 다르게 수술여부와 재활치료를 진행할 것인가를 자신이 결정을 해야 하는 상황이므로 기기에 대한 정보와 사례에 대한 상담이 중요하다. 또한 언어를 익히기 전에 청력을 잃은 것인지 언어를 익힌 후에 청력을 잃은 것인지가 매우 중요하다. 선천적인 청각장애였으나 수술이 늦은 경우는 소리에 대한 정보가 거의 없기 때문에 수술 후에 소리를 듣게 되면 기쁜 마음이 더 큰 것에 비해 돌발성 난청 등으로 인해 갑자기 청력이 손상되었을 경우는 수술 후 소리가 귀로 듣던 자연적인 소리와는 다른 것에 이질감을 느끼며 만족도가 낮은 경우가 많기 때문에 언어치료사에게 수술에 대해 문의하는 경우에는 환자에게 수술에 대한 정보들과 수술 후 느끼게 되는 소리들에 대한 정보를 함께 제공해 주는 것이 필요하다.

또한 수술을 한 이후가 매우 중요하며 수술 후에 가족의 적극적인 지원이 도움이 된다는 사실을 알려야 한다. 수술을 하고나면 바로 잘 듣고 정상적인 생활을 할 수 있을 것으로 생각하는 경우가 많은데, 이럴 경우 소리듣기에 실패하고 이러한 실패경험들로 기기착용을 거부하는 경우가 발생할 수 있으므로 가족들의 도움이 필요하다는 것을 교육해야 한다.

수술 후에는 바로 잘 들을 수 있는 것이 아니므로 가족은 환자가 얼마나 알아들을 수 있는지 확인하고 말을 할 때 환자의 수술한 귀 쪽에서 천천히 정확하게 말을 전달하도록 해야 한다.

(2) 인공와우이식 수술 후 재활을 받기위해 찾아온 성인 환자의 경우

재활치료가 진행 될 때 돌발성난청으로 인해 청력을 잃은 환자들의 경우는 문법이나 어휘 등 언어의 문제는 동반하지 않으며 듣기만 문제를 보이기 때문에 언어치료실에서는 청능훈련만 제공하면 되지만 선천적인 청각장애를 가졌던 환자들의 경우는 청능훈련과 더불어 조사를 익히고 사용하도록 하는 언어치료가 필요할 수 있다.

인공와우이식 수술을 받은 성인과의 언어치료가 진행되면서 언어치료사는 다음과 같은 내용들은 반드시 확인하여야 한다. 성인의 재활은 언어치료보다는 듣기에 집중되기 때문에 매핑문제가 재활의 많은 부분을 차지한다. 그러므로 수술한 병원에서 매핑을 하고 온 이후에 치료실과 가정에서 소리듣기에 대해 확인하는 것이 중요하다. 때문에 언어치료사는 치료를 진행하며 다음과 같은 내용을 숙지하여 확인하고 가정에서도 확인을 할 수 있도록 환자의 가족들에게 전달해야 한다.

- ㅁ 주방에서 불렀을 때 잘 반응했었는데 어려워하지는 않는지
- ㅁ 전화통화가 가능했었는데 알아듣기 어려워하지는 않는지
- ㅁ 화장실 물 내리는 소리나 싱크대의 물소리를 듣기 싫어하지는 않는지
- ㅁ 텔레비전 소리가 울리거나 듣기 어려워지지 않았는지

위와 같이 일상에서 느낄 수 있는 변화들을 확인하여 언어치료사에게 전달하도록 교육하고, 언어치료사는 환자의 매핑을 진행하는 청각사에게 내용을 전달해주는 것이 좋다.

만일 병원의 언어치료실에서 매핑을 직접 진행해야 하는 상황이라면 인공와우 기기회사에서 직원이 파견을 나와 교육을 시켜주거나 선임 언어치료사의 교육을 받아 숙지하게 된다.

청각사가 매핑을 하는 병원에서 근무하는 언어치료사라면 청각사와 지속적인 정보 공유를 통해 환자의 불편한 부분을 개선해 나가야 한다.

2) 청능훈련

인공와우이식 수술을 받은 성인 환자의 경우는 아동과는 다르게 언어발달을 염두에 두지 않아도 되므로 지속적인 청능훈련이 가장 중요하다. 최근 인공와우이식 수술을 받는 성인들은 선천적인 청각장애보다는 돌발성 난청 등의 원인으로 인해 후천적으로 청력이 손실된 경우가 많기 때문에 대부분의 성인 환자들은 매핑이 안정될 때까지만 언어치료실에 방문하여 청능훈련을 진행한다.

청능훈련을 시작하면서 가장 먼저 확인해야 할 것은 당연히 Ling 6 sound test이다. 매번 치

료시작 전에는 반드시 Ling 6 sound를 모두 적절히 들을 수 있는지를 확인한 후 환자의 듣기수준에 맞는 청능훈련을 진행하여야 한다.

성인의 경우 듣기수준을 확인하여 문장의 길이를 알맞게 조절하는 것이 중요하다. 아직 듣기에 어려움이 많은 환자임에도 성인이라는 생각으로 긴 문장을 듣도록 하는 것은 옳지 않다. AO 상황에서 환자가 듣고 변별하고 확인할 수 있는 단계가 낱말인지 문장 수준인지, 문장이라면 길이가 어느 정도인지를 치료 전에 반드시 확인해야 한다.

인공와우이식 수술 초기 환자들의 경우는 낱말 수준에서부터 듣기연습을 시작하게 되는데 낱말수준에서의 청능훈련에도 단계가 필요하다. 단계는 다음과 같이 음절수가 다른 낱말부터 음절수는 같으나 음향패턴이 다른 것, 그 이후는 음절수도 같으며 음향패턴도 비슷한 낱말들로 구성하여 듣고 고르도록 한다. 듣기연습은 항상 AO 상황으로 진행되어야 한다.

〈표 12〉 듣기연습의 단계[3]

① 음향패턴이 다르고 음절수가 다른 낱말

밤	사과	토마토	파인애플

② 음향패턴이 다르고 음절수가 같은 낱말

포도	아기	사과	당근

③ 음향패턴이 유사하고 음절수가 같은 낱말

아빠	오빠	오바	우비
두더지	도라지	도자기	도지사

이러한 낱말 수준 듣기 연습은 아동의 청능훈련에서 언급한 것과 같이 1음절일수록 더욱 어렵다.

위와 같은 청능훈련을 통해 낱말수준에서의 듣기 능력이 안정된 후에는 문장 수준으로 연습이 필요하다. 문장듣기 연습을 진행할 때 초기에는 matrix로 예시를 준 후 듣고 고르는 closed set형태로 진행하고, 이후에는 open set으로 문장의 길이를 늘려가며 듣도록 한다.

이러한 단계는 아동의 청능훈련과 같으나 선택되는 낱말들은 성인에 초점이 맞춰지는 것이 좋다. 환자가 일을 하고 있는 직장인이라면 일하는 상황에서 많이 쓰이는 어휘목록을 작성하여 활용하는 것도 도움이 된다. 다음은 성인에게 제시되는 martix의 예시이다.

성인에게 제공하는 matrix 예

햄버거	지키려고	공연장	들어가요.
핫도그	잡으려고	주차장	도망가요.
볶음밥	시키려고	도서관	달려가요.
비빔밥	먹으려고	미술관	걸어가요.

고소한	간장	5통	버렸어요.
매콤한	쌈장	7통	팔았어요.
달콤한	된장	10통	담았어요.
씁쓸한	콩장	13통	먹었어요.

위에 제공된 예시에는 조사부분이 빠져있다. 언어를 익힌 후 청력을 잃은 환자들의 경우는 문법적인 오류가 없기 때문에 조사가 없이 제공되어도 무방하나 만약 선천적인 청각장애를 가졌던 성인이라면 문법요소를 익히도록 하기 위해 matrix에 조사도 함께 제공해주는 것이 좋다.

청각장애 성인의 치료 사례①

박ㅇㅇ은 33세 남성으로 초등학교시절 고열로 인해 청력을 잃었다고 하였다. 언어를 익힌 후 청력을 잃은 경우였기 때문에 구어가 가능했다. 하지만 청력손실 이후 중학교 때 까지만 보청기를 착용하고 불편하여 고등학교 때부터 독화를 통해서만 대화를 주고받았다고 하였다.

수화를 배우지 않았기 때문에 상대방의 말을 입술과 몸짓으로 알아듣고 자신도 청각적인 피드백이 없었기에 좋지 않은 발음과 글로 대화를 해왔다고 하였다. 이 후 결혼을 하여 아이가 태어났는데 아이가 부르는 소리를 듣지 못하는 것에 회의를 느껴 인공와우이식 수술을 하게 되었다고 하였다.

언어를 익힌 후에 청력을 잃은 경우였기 때문에 재활의 속도는 빨랐다. 수술 이후 인공와우이식기를 착용하고 2주 만에 Ling 6 sound확인이 모두 가능하며 모방도 가능했다.

듣기연습은 낱말 수준에서 문장수준으로 진전되었으며 문장도 3어절에서 5어절 이상까지 제공되었다. 환자는 글을 읽을 수 있는 성인이었기 때문에 듣고 고르는 matrix형태(closed-set)로 듣기연습을 진행하였고, matrix형태 듣기 수행률이 80%이상 된 이후 AO상황에서 고르는 자료가 없이 청각적으로 듣기만 해야 하는 open-set으로 문장을 듣고 따라 말하기 연습을 진행하였다.

청력을 잃은 후 보청기 착용을 하지 않은 기간이 길었기 때문에 자신의 발음 소리에 대한 청각적인 확인이 어려웠기 때문에 수술 이후 초기에는 말명료도가 낮았다. 하지만 인공와우이식기 착용 이후 자신의 말소리에 대한 청각적인 피드백이 이루어지면서 따로 주음치료를 진행하지 않았음에도 발음이 많이 좋아져 말명료도가 높아지는 모습을 보였다.

듣기의 수행률이 높아진 후에는 전화통화 연습도 진행하였다. 전화통화 연습 시에는 낱말을 글로 제공한 후 언어치료사가 다른 방에서 전화기를 통해 낱말을 들려주고, 환자는 들은 낱말을 찾아서 언어치료사에게 다시 들려주며 맞는지 확인하는 단계부터 시작한다. 이때 글로 함께 제공하는 것이 가장 쉬운 단계이며 이후 글로 제공되는 것 없이 언어치료사가 제공하는 낱말을 모방하는 단계로 넘어간다. 그 이후에는 일상대화를 느린 말속도로 제공하여 듣기연습을 한다.

언어치료사의 목소리로만 듣는 연습이 아닌 텔레비전이나 라디오를 듣는 연습도 진행하였다.

인공와우이식기로 듣게 되면 사람의 목소리를 직접 듣는 것 보다 텔레비전이나 라디오 와 같은 스피커에서 나오는 소리를 더 듣기 어려워한다. 이런 기계에서 나오는 소리들은 말 속도도 빠르며 표정이나 몸짓을 통한 정보를 얻기 어렵기 때문이다.

인터넷을 찾아보면 앵커가 직접 뉴스를 전달하는 동영상과 함께 기사로 앵커의 발화를 전사해 놓은 기사들이 있어서 자신이 듣고 들은 것이 맞는지 확인 할 수 있는 연습이 가능하다.

인공와우를 착용하고 청능훈련을 꾸준히 지속하여 듣기만으로 대화가 가능해졌다. 환자는 일을 하고 있는 성인이었기 때문에 지속적으로 언어치료를 받으러 오는 것이 어려워, 듣기가 안정 된 이후에는 텔레비전소리 듣기와 라디오소리듣기를 꾸준히 연습하도록 권유하였고 한 달에 한 번씩 듣기수준을 확인하러 치료실에 방문하도록 하였다.

청각장애 성인의 치료 사례②

이○○은 66세 여성으로 돌발성 난청으로 인해 인공와우이식 수술을 받았다. 인공와우이식 수술 전에 이명이 매우 심했다고 하였다. 수술이후 인공와우이식기를 착용하고 첫 매핑이 진행된 후 소리에 대한 거부반응이 심했다.

청력을 잃기 전 자신의 귀로 듣던 소리와 너무 달랐기 때문에 소리에 대한 만족도가 낮았으며 지속적으로 어지러움을 호소했다. 인공와우이식기 첫 착용 이후 하루에 한번 씩 병원에서 매핑을 다시받기를 원했다. 하지만 맵이 안정되지 않았는데 반복적으로 맵을 바꾸는 것은 오히려 환자의 듣기 안정에 도움이 되지 않는다는 것을 교육시켰다.

성인의 경우 갑자기 소리를 못 듣게 되는 것과 이질감이 있는 인공와우를 통해 소리를 들어야 한다는 것에 심리적인 불안감을 보이며 듣기 거부를 보이는 경우가 종종 있다. 이 때 불안한 마음을 갖지 않도록 매핑이 잘 진행되어 듣기를 잘하고 있으며 기기를 빼지 않고 꾸준히 착용하기를 지속적으로 권고해야 한다.

매핑을 한 후 듣기확인 시에 낱말 듣고 고르기를 진행하였을 때 100%의 수행을 보이며 잘 골랐으며 이후에 open-set으로 문장을 듣고 모방하는 과제에서도 80%이상의 수행을 보였다. 환자는 돌발성 난청의 경우 소리를 잘 듣고 잘 말했던 상황이었기 때문에 재활은 빠르게 안정이 되었다. 보통 돌발성 난청인 성인의 경우 심리적인 문제들이 해소가 되고, 매핑이 빠르게 안정되면 언어치료를 통한 듣기 연습은 오래 진행되지 않아도 일상생활을 하는데 큰 어려움은 없다.

환자는 인공와우이식기를 통해 소리를 다시 듣기 시작하면서 이명소리가 점점 작아지다가 현재는 거의 없어졌다고 하였다.

언어치료실에서 이루어지는 언어치료는 진행하지 않았고 가정에서 듣기 연습을 할 수 있는 자료를 제공하고 가족들과 함께 듣기연습을 하도록 권고하였다.

환자는 기기착용 후 3개월 만에 일상 대화 주고받기와 전화통화하기도 빠르게 재활이 이루어졌으며 치료실을 찾아오는 횟수는 줄었다.

매핑이 안정된 후에는 한 달에 한 번씩 치료실에 들러 듣기정도를 확인하였으며 이 주기는 3개월에서 6개월로 점점 기간이 늘어났다.

돌발성난청 등으로 인해 청력이 손실된 성인 환자들의 경우 빠른 인공와우이식 수술과 안정적인 매핑이 이루어지면 청능훈련이 동반되지 않아도 듣기의 어려움 없이 일상으로 돌아가는 경우가 많다.

기기착용 후 들리는 기계를 통한 소리는 자신의 귀로 듣던 소리와는 많이 다르지만 갑자기 청력을 잃어 답답하고 무서워했던 순간들을 떠올리면 기기를 통해서라도 들을 수 있다는 사실에 감사해 하는 환자분들이 많이 있다.

4. 인공와우이식기 관리

◇◇◇◇◇◇◇◇◇◇◇◇◇◇◇◇◇◇

1) 인공와우이식기의 원리

인공와우는 달팽이관에 전극을 삽입하여 전기신호로 소리를 전달해주는 기기이다. 수술을 통해 내부에 삽입하는 내부 임플란트와 수술 후 외부에 착용하는 어음처리기로 구성되어 있다. 내부장치는 이비인후과에서 수술을 통해 삽입하게 되며 외부장치는 자석을 통해 내부기기와 연결된다. 외부기기인 어음처리기는 마이크를 통해 소리를 받아들이고 입력된 소리를 전기적인 신호로 바꿔 내부 임플란트로 전달한다. 내부 임플란트에 전달된 신호는 해당하는 주파수에 맞는 전극(채널)을 자극하여 청신경으로 소리를 전달하게 된다.

2) 기기확인

치료실에 인공와우를 착용한 아동이 방문할 경우 인공와우를 다루지 못하는 치료사들은 당황하는 경우가 많이 있다. 물론 언어치료사가 인공와우 기기를 능수능란하게 다루고 문제가 생겼을 때 즉각적으로 해결할 수 있다면 좋겠지만 그렇지 않더라도 몇 가지 기본적인 사항만 알고 있다면 전혀 걱정할 필요가 없다. 인공와우 기기는 얼핏 보면 복잡하게 생겼는데, 언어치료 시에 인공와우의 모든 작동버튼을 치료사가 직접 다루어야하는 경우는 거의 없기 때문에 언어치료사는 단지 치료 전에 기기가 올바르게 잘 작동하고 있는지만 확인하면 된다.

앞의 치료 부분에서 언급한 것과 같이 아동이 적절하게 소리를 듣고 있는지를 확인하기 위해 치료 전에 Ling 6 sound test를 간단하게 실시하여 잘 듣고 있는지 확인하는 것이 중요하다.

인공와우 기기들 중 대부분은 기기에 초록불이 들어오는 것이 정상작동을 의미하며 빨간불이 들어오는 것은 기기에 문제가 있다는 것을 의미한다. 인공와우 기기의 종류에 따라 불빛의 깜빡임이 다르기는 하지만 인공와우에 빨간불이 보인다면 이것은 문제가 발생했다는 것을 의미한다고 생각하면 된다. 만약 인공와우이식 아동의 치료를 진행하는 도중에 아동이 잘 듣지 못하거나 기기의 빨간불이 깜빡거린다면 당황하지 말고 다음의 사항들을 확인해 보자.

기기에 문제가 생기는 경우는 크게 3가지로 나눌 수 있는데 어음처리기의 문제이거나 코일선의 문제 또는 내부장치의 문제이다.

(1) 어음처리기의 문제

가장 흔하게 나타나는 문제는 배터리 문제이다.

인공와우는 기계이기 때문에 배터리를 충전하여 사용한다. 충전식 배터리가 아니면 수은건전지를 사용하기 때문에 배터리의 수명이 다 될 경우 소리를 전달하지 못한다. 치료사는 빨간불이 들어올 경우 배터리의 문제인지 확인을 먼저 해야 한다.

배터리를 갈았는데도 지속적으로 빨간불이 들어올 경우 의심해야할 문제는 어음처리기의 방수 문제이다.

어음처리기는 귀에 거는 경우가 많기 때문에 머리에서 흐른 땀이 많으면 어음처리기에 습기가 차게 된다. 인공와우는 기본적인 생활방수는 가능하지만 여름철, 장마철에 땀이나 빗물 등으로 인해 습기가 찰 경우가 많다.

이럴 경우는 인공와우회사에서 첫 착용 시 제공받은 인공와우 제습기에 넣어 습기를 제거해 습기 문제가 맞는지 확인해야 한다.

(2) 코일 선의 문제

코일 선은 어음처리기와 머리에 붙이는 자석부분을 연결해주는 얇은 선이다. 아동의 경우 머리를 많이 움직여 자석부분이 떨어지는 경우가 많아 머리에 자석을 다시 붙일 때 코일선이 꼬여 손상되는 경우들이 많다. 코일 선은 첫 착용 시 여분을 제공하며 이후에도 보통 여분을 미리 사두는 경우가 많기 때문에 코일 선을 바꾸어 빨간불의 변화가 나타나는지 확인해야 한다.

(3) 내부장치의 문제

내부장치는 머릿속에 수술한 장치이기 때문에 손상이 많은 것은 아니지만 머리에 심하게 충격이 가해지는 경우에 내부장치에 문제가 생기기도 한다. 이 경우에는 외부기기의 문제를 다 해결해 보았음에도 불구하고 듣기의 어려움이 있을 때 의심해 보아야 한다.

내부장치의 문제일 때는 수술한 병원에 바로 연락을 해야 한다.

기기의 문제가 아니더라도 정전기의 문제로 인해 맵의 변화가 생기기도 한다. 정전기는 전기반응이기 때문에 전기신호로 전달되는 인공와우에는 좋지 않다. 그렇기 때문에 플라스틱 미끄럼틀과 같이 정전기가 많이 발생하는 놀이기구는 피하는 것이 좋으며 카페트에 머리를 대고 비비는 행동도 하지 않도록 해야 한다. 정전기가 자주 일어날 경우 정전기 방지 스프레이를 뿌려주는 것이 좋다.

청각장애 아동 및 성인을 재활하는 언어치료사들은 위와 같은 문제들이 발생할 때 빠르게 대처할 수 있어야 한다. 인공와우기기는 회사에 따라서, 모델에 따라서 조작하는 방법이 조금씩 차이가 있기 때문에 아동이나 성인 환자가 착용하고 오는 기기의 모델명을 확인하고 기기회사 사이트를 방문하여 기기에 대한 정보를 얻는 것이 좋다.

대표적인 인공와우 회사

- 코클리어 코리아 http://www.cochlear.com/kr/
- 메델 코리아 www.medel.com

◈◈◈

청각장애는 소리를 듣지 못함으로써 언어발달이 정상적으로 이루어지지 못하고 의사소통에 어려움을 겪게 되는 장애이다. 즉 소리를 듣게 된다면 자연스럽게 언어발달도 가져올 수 있으며 따라서 의사소통의 어려움도 해결할 수 있다고 볼 수 있다. 최근에는 인공와우이식 수술을 발달로 많은 영유아들이 조기에 수술을 받고 중재를 받으면서 건청 아이들과 함께 발달을 하고 있다. 기기의 한계로 인한 제한점도 물론 있지만, 그보다도 정보 부족으로 조기에 수술을 받지 못하거나, 수술을 받았어도 수술 후 적절한 조기 중재를 받지 못하는 아동들이 많다. 특히 청각장애 아동의 언어치료는 대부분 인공와우이식 수술을 시행하는 병원이나 청각전문 언어치료실에서만 이루어지는 경우가 많아 이런 시설이 갖추어 있지 않은 지역에서는 언어치료를 받는 것조차도 어려운 실정이다. 그러므로 언어치료사들이 청각장애에 대한 정보를 숙지하고 올바른 언어치료와 재활의 방향을 제시해주는 것이 반드시 필요하다.

청각장애를 치료하기 위해서는 기본적인 언어발달장애와 조음장애에 대한 이해는 물론이거니와 청각학에 대한 기초적인 지식이 있어야 하고 아동의 듣기 발달에 대한 발달과정을 숙지하고 이를 치료에 적용해야 한다. 인공와우이식기의 간단한 사용법도 알아야하고 청각사가 하는 일이지만 매핑의 과정도 간략하게는 알고 있어야 한다. 이렇듯 청각장애를 가진 환자들을 치료하는 일은 쉽지 않지만 소리를 듣지 못하던 아동이나 성인이 소리를 듣게 됨으로써 달라지는 모습을 가장 가까이에서 지켜본다는 것만으로도 가슴 벅차게 감동적인 일이 아닐까 싶다. 아직까지는 청각장애 영유아의 조기중재에 관한 프로그램들이 많지 않아 초보 언어치료사들에게는 어려움이 있을 수 있다. 그러나 점점 더 많은 서적이 나오고 매 년 서울과 부산에서 워크숍과 세미나가 열리고 있으니 조금만 관심을 가진다면 충분히 배울 수 있는 기회가 열려있다고 생각한다.

이제 막 언어치료를 시작하고, 또 지금 열정을 가지고 언어치료를 하고 있는 더 많은 언어치료사들이 청각에도 많은 관심을 가져 난청을 가지고 있는 아동이나 성인들도 가까운 언어치료기관에서 적절한 치료를 받을 수 있기를 바란다.

참고문헌

1. 김은연(2009). GASP-K. 인공와우이식과 언어재활 워크숍 자료집. 천안: 나사렛언어청각센터.
2. 박현영(2010). 성인용 문장검사(K-CID). 동아언어청각심포지엄 자료집. 부산: 동아대학교.
3. 윤미선(2003). 와우이식 청각장애인을 위한 듣기연습. 서울: 군자출판사.
4. 윤미선(2007). 청각장애아동의 부모를 위한 지침서. 서울: 군자출판사.
5. 윤미선(2010). 영유아 청각통합능력 척도. 동아언어청각심포지엄 자료집. 부산: 동아대학교.
6. 윤미선(2012). 의사소통장애의 진단과 평가. 서울: 학지사.
7. 이규식 · 석동일 외(2006). 청각장애아동 언어지도와 치료방법. 대구: 대구대학교출판부.
8. 이상흔 · 박미혜 · 허명진(2003). 청각언어재활을 위한 평가 가이드(EARS-K). 대구: 청하출판사
9. 이영미(2010). Category of Auditory Performance. 동아언어청각심포지엄 자료집. 부산: 동아대학교.
10. 이정학 · 조수진 · 김진숙 · 장현숙 · 임덕환 · 이경원 · 김형종(2010). 어음청각검사(KSA). 서울: 학지사
11. 조응경(2010). 학령 전 아동용 문장 검사(Child Everyday Sentence Test). 동아언어청각심포지엄 자료집. 부산: 동아대학교.
12. 한국청각언어장애교육학회(2012). 청각장애아동교육. 서울: 양서원.
13. 한국난청인교육협회(2014). 청각장애학생을 위한 성공적인 통합교육 지침서. 서울 : 군자출판사.
14. Ling, D.(1976). *Speech and the hearing impaired child: Theory and practice*. Washington, DC: AG Bell Association for the Deaf.

chapter

07

아동 문제행동의 사례와 대처방안

chapter

07 아동 문제행동의 사례와 대처방안

언어치료사로 활동을 하다보면 언어치료실에서 당황스런 상황이 발생할 수 있다. 특히 언어치료를 위해 방문한 아동이 파괴적이거나 공격적 행동, 회피나 거부 반응, 침뱉기, 욕설, 울음, 자해 등과 같은 행동을 보일 경우이다. 이때 언어치료사가 효과적인 방법으로 대처하지 못한다면 이후로도 계속 진행될 아동과의 언어치료를 위한 활동에 어려움을 겪을 것이다. 언어치료사는 아동의 예기치 못한 행동으로 인해 신체를 다치거나 정신적인 충격을 받기도 한다. 또한 언어치료실에서 아동의 문제행동 때문에 언어치료가 힘들다고 낙담하는 말을 들은 적도 있다. 몇 년 전에는 어떤 아동이 머리로 얼굴을 들이받아 콧등이 부었던 경험이 있다. 어떤 아동은 얼굴에 침을 뱉기도 했다. 또한 아동이 집어던진 장난감에 얼굴을 맞고 상처가 나기도 했다.

언어치료사뿐만 아니라 누구라도 저러한 경험을 하게 된다면 해결 방법을 알아내려고 할 것이다. 이것을 위해 아동의 행동에 대한 전문 서적이나 전문가의 조언을 얻으려고 할지도 모른다. 사실 몇 가지 키워드로 인터넷을 검색하면 생각보다 많은 정보를 찾을 수 있다. 아동심리와 발달에 바탕을 둔 심리치료나 놀이치료 등에서는 문제행동의 특징과 해결 방법들이 제안되고 있다. 하지만 일반적인 아동을 대상으로 하는 경우가 대부분이어서 충분하지 않을 수 있다. 그래서 언어발달 연령이 매우 낮아 언어적 의사소통이 어려운 어린 아동이나 중증 특수아동의 문제행동을 다루는 영역들을 찾기도 한다. 이러한 영역에는 행동주의에 기반한 문제행동의 수정과 개선의 방법들이 다양하게 제안되고 있다.

그러나 언어치료사가 행동을 개선하고 수정하는 방법들을 언어치료 현장에서 실제로 사용하기에는 어려움이 있다. 언어치료와 마찬가지로 심리치료나 행동치료 등의 분야도 체계적인 이론과 장기간에 걸친 다양한 임상수련이 요구되기 때문이다. 또한 문제행동을 다루는 지식과 경험이 있다 하더라도 언어치료 현장에서 사용하기에는 절차적인 어려움이 있다. 아동의 행동이라는 중요한 문제를 해결하기 위해서는 이것에 적합한 면담과 평가가 이루어져야 하고, 구체적인 행동수정의 계획이 세워져야 하며, 효과적인 수정방법을 선택해서 수행되어야 하기 때문이다. 이렇게 되면 언어치료를 위해 준비한 여러 가지 언어평가와 치료목표들을 사용할 수 없게 되는 것과 마찬가지라서 정체성의 문제가 발생하게 된다.

언어치료사는 아동의 행동에 대해 단정적으로 판단하지 않을 필요가 있다. 언어치료실에서 슈퍼마켓 활동을 하면서 쇼핑카트에 사물을 담는 동안, 아동이 바구니에 들어 있던 과일과 야채모형들을 꺼내어 던지는 등의 행동이 가끔 나타나더라도 이것이 문제행동인지 발달과정에서 나타나는 자연스런 행동인지에 대한 판단은 쉽지 않다. 어떤 행동이 문제행동인지를 판단하기 위해서는 체계적이고 전문적인 지식이 요구된다. 대체로 "문제행동은 '정상'과 '비정상'을 구별하는 특정 문제행동의 존재여부가 중요한 것이 아니라, 빈도, 강도, 만성성, 연합성, 사회적 맥락을 고려"[1]해야 한다. 따라서 아동의 어떤 행동을 문제행동으로 판단하기 위해서는 이것을 위한 면담과 다양한 관찰이 필요하다. 게다가 문제행동을 전문적으로 다루는 분야에서도 관점이나 상황에 따라 문제행동이 되기도 하고 발달과정에서 일어나는 자연스런 행동으로 해석되기도 한다. 예를 들면, "아동이 자주 분노의 표현을 하는 것에 대해 한편에서는 자기주장이 생기기 시작하는 시기의 독립심과 자율성을 형성해가는 증거로 보는가 하면 다른 한편에서는 작은 분노는 공격성의 표현이므로 불복종 등과 함께 문제행동으로 간주"[2]할 수도 있다.

아동 언어치료는 그 아동의 언어발달단계를 평가하고 이에 따른 치료목표를 설정하여 효과적인 언어치료 서비스를 제공하기 위한 것이다. 다시 말하면, 쉽게 해결되지 않는 문제행동들을 수정하고 개선하는 것이 목표가 아니다. 하지만 언제라도 언어치료실에서 발생할 가능성이 있는 모든 문제행동들을 언어치료와는 관계없는 영역으로 간주하면서 무조건 회피하는 것도 바람직하지는 않을 것이다. 오히려 언어치료활동을 원활하게 진행하기 위해서는 다양한 문제행동에 효과적으로 대처할 수 있어야 한다.

문제행동을 해결할 수 있는 가장 간단한 방법은 예방이다. 보호자와의 면담이나 관찰을 통해 정보를 수집하여 문제행동이 일어나기 전에 미리 방지할 수 있다. 아동에게 위험성이 있는 것들은 손에 닿지 않는 곳에 두거나, 부딪쳐 넘어질 수 사물들은 안전하게 고정한다. 특히 출입문은 아동이 부딪치거나 끼이더라도 상처가 나지 않도록 안전장치를 해두면 위험을 피할 수 있다. 그러나 위험한 사물을 치우거나 고정시킨다고 해서 모든 문제가 해결되는 것은 아니다. 언어치료실에서는 미처 대비하지 못한 다양한 문제들이 순식간에 발생할 수 있다. 어떻게 해볼 수도 없이 갑작스럽게 일어나는 상황에 처하게 된다면 더욱 당황할지도 모른다. 언어치료사는 아동의 문제행동에 적절하게 대처하기 위해 발생 원인을 파악하고 이에 따른 몇 가지 사례와 대처 방안을 알고 있으면 도움이 될 것이다.

1. 문제행동의 발생 원인

〈표 1〉 언어치료실에서 발생하는 문제행동의 원인

<table>
<tr><td rowspan="3">환경</td><td>1) 언어치료실 환경</td><td>온도, 채광, 소음, 정리 상태 등</td></tr>
<tr><td>2) 도구</td><td>잘못된 사용, 고장, 오작동 등</td></tr>
<tr><td>3) 주위 사람들의 요구</td><td>보호자/지인</td></tr>
<tr><td rowspan="4">언어치료사</td><td>1) 지식과 능력</td><td>언어발달 지식
치료기법 활용</td></tr>
<tr><td>2) 경험</td><td>공포적/흥분적</td></tr>
<tr><td>3) 신체적 상태</td><td>선천성 질환, 질병, 외상, 포만, 배고픔 등</td></tr>
<tr><td>4) 감각적 특성</td><td>시각,청각,후각,미각,촉각에 대한 강점과 약점</td></tr>
<tr><td rowspan="4">아동</td><td>1) 경험</td><td>공포적/흥분적</td></tr>
<tr><td>2) 관심</td><td>무시/참여</td></tr>
<tr><td>3) 신체적 상태</td><td>선천성 질환, 질병, 외상, 포만, 배고픔 등</td></tr>
<tr><td>4) 감각적 특성</td><td>시각,청각,후각,미각,촉각에 대한 강점과 약점</td></tr>
</table>

언어치료실에서 발생하는 문제행동의 원인은 〈표 1〉에 정리되어 있는 바와 같이 크게 세 가지로 나눌 수 있다. 첫째는, 환경적인 요인이다. 언어치료실의 환경이 적절하지 않다면 우발적인 사건이 발생할 가능성이 높아지거나 언어치료활동에 어려움이 발생할 수 있다. 둘째는, 언어치료사 요인이다. 언어치료사의 지식과 능력, 특정한 과거 경험, 신체적 상태, 감각적 특

성 등에 의해 문제 상황이 유발될 수 있다. 셋째는, 아동 요인이다. 아동의 특별한 과거 경험이나 관심, 신체적 특성, 감각적 특성이 문제 상황을 일으킬 경우이다.

문제행동의 세 가지 요인들은 대체로 복합적으로 작용한다. 이러한 맥락에서 세 가지 요인들을 하나씩 점검해간다면 문제행동의 원인을 찾아내는데 도움이 될 수 있다. 언어치료실의 책상 위에 떨어지면 깨질 것만 같은 유리병이 놓여있는데 매우 활발하게 뛰어다니는 주의력이 부족한 아동이 들어온다면, 환경과 아동이라는 두 가지 요인이 복합되어 문제행동이 발생할 가능성이 높아지는 것이다. 문제행동의 환경적인 요인으로는 언어치료실의 온도나 소음, 채광, 위험한 사물 등이 있는지를 살펴보는 것이다. 언어치료사의 요인으로는 지식과 능력이나 특정한 경험, 신체적 상태, 감각적 특성 등을 관찰해 본다. 아동의 요인으로는 특별한 경험이나 관심, 신체적 상태, 감각적 특성 등에 관한 정보를 수집한다. 이러한 범위에서 하나씩 검토해나간다면 간단하게 문제행동이 발생하는 원인을 찾아내어 예방하고 수정할 수 있다. 언어치료를 시작하기 전에 언어치료실 환경과 언어치료사 자신의 상태를 점검하고, 아동은 보호자와의 간단한 면담이나 직접관찰을 통해 문제행동의 요인들을 검토해볼 수 있다.

이 장에서는 언어치료 상황에서 문제행동이 나타나는 원인을 쉽고 간단하게 파악하여 예방하거나, 이미 발생한 문제행동을 해결할 수 있는 방법들을 몇 가지 사례를 통해 알아보기로 한다. 물론 언어치료 환경이 다양하기 때문에 최선의 해결방법이라고 할 수는 없다. 그렇다 하더라도 문제행동을 발생하게 만드는 세 가지 요인에 대한 정보를 수집하고 관찰하면서 다양한 방법을 시도해본다면 언어치료실에서 발생할 수 있는 예기치 못한 문제행동에 당황하는 경우는 더 줄어들 것이다. 이렇게 된다면 아동의 특성과 언어발달수준에 따른 효과적인 언어치료를 제공해주기 위한 언어치료사로서의 역할을 훌륭하게 해나갈 수 있을 것이다.

2. 사례와 대처 방안

◇◇◇◇◇◇◇◇◇◇◇◇◇◇

1) 환경적 문제

(1) 언어치료실 환경

언어치료에서 언어치료실의 환경은 중요하다. 언어치료실은 다양한 수준과 특성을 가진 아동들이 방문하기 때문에 다양한 환경이 적절하게 제공될 수 있어야 한다. 아동들의 특성에 따라 적절한 환경이 제공된다면 문제행동을 예방하는데 도움을 줄 수 있다. 아동의 행동은 크게 활동적인 특성과 정적인 특성으로 나누어 볼 수 있다. 어떤 아동은 매우 활동적이어서 산만해보이고 또 다른 아동은 자신의 활동에만 몰입하여 주위의 말에 무관심한 것처럼 보이기도 한다.

언어발달 평가 결과 수용언어 18개월 표현언어 14개월 수준의 유치원 특수반에 다니는 자폐범주성 장애로 진단받은 김○○ 아동은 처음 치료실에 방문했을 때 언어치료실 안에서 큰 소리를 내며 펄쩍펄쩍 뛰어다녔다. 블록맞추기를 할 수 있었지만 몇 개 맞추다가 갑자기 일어나더니 다시 뛰어다니면서 손을 입에 붙였다 떼었다를 반복하면서 "아아아아"소리를 냈다. 인형을 이용한 활동을 하면서 아빠인형을 건네주었을 때도 인형을 들고 치료실 안을 이리저리 뛰어다녔다. 아동은 친숙한 사물의 사진카드를 손가락으로 가리키면서 이름을 말할 수 있었지만, 두세 개 말하다가 다시 일어나서 비슷한 형태로 뛰어다녔다. 또한 간단한 질문에 2어문 수준으로 한두 번 대답하기도 했지만, 대부분은 질문 받은 말의 뒷부분 한 두 단어를 반향어 형태로 따라 말했다.

어머님의 설명에 따르면 집에서도 저렇게 행동하기 때문에 무엇인가를 알려줄 기회가 없다고 하면서 근심스런 표정을 지었다. 만약 아동이 뛰어다니지 않도록 책상에 앉게 한다면 얼마나 집중할 수 있는지를 물었다. 어머님은 잠시 앉아 있지만 곧 크게 소리를 내면서 책상을 밀치고 팔등을 깨문다고 하였다.

언어치료실에서 "자폐범주성 장애를 갖고 있는 아동들이 혼란스런 행동을 나타낼 때는 단순한 환경을 제공할 필요"[3]가 있는데, 갑작스런 방문으로 준비가 되어 있지 않았기 때문에 아동이 잠시 동안 대기실에 머물도록 양해를 구했다. 그 다음 언어치료실의 창문과 사물함은 블라인드로 가려 아동의 눈에 혼란스럽게 보이지 않도록 하였다. 전등의 불빛은 반만 켜두어 어둡게 조절하였다(언어치료실의 조명을 약하거나 강하게 조절할 수 있도록 해두면 유용할 경우가 많다). 모든 창문들은 지나가는 자동차 소리가 들리지 않도록 닫았다. 또한 넘어지거나 떨어질 수 있는 것들은 한쪽으로 정리하였고, 뛰어다니다가 넘어져도 다치지 않도록 바닥에 매트를 깔았다. 그리고 다시 한 번 치료실 환경의 안전을 확인하고 아동이 치료실에 들어오도록 하였다. 그러자 아동이 뛰어다니는 행동이 크게 줄어들면서 차츰 언어치료활동에 집중할 수 있었다.

그런데 매우 정적인 특성을 나타내는 아동들도 있다. 언어평가 결과 수용언어 14개월과 표현언어 8개월로 나타난 36개월의 박○○ 아동이 이러한 경우에 속했다. 처음 언어치료실에 방문했을 때, 아동은 혼자놀이에만 집중하여 주위 환경이나 사람들에게는 아무런 관심이 없는 듯했다. 어머님은 아무리 이름을 불러도 전혀 들리지 않는 것처럼 보일 때가 많다고 말했다. 대화하는 동안, 아동은 주방놀이가 있는 곳에서 접시와 컵들만 아무런 말도 없이 만지작거리고 있었다. 이때 큰 소리로 아동의 이름을 여러 번 불러보았지만 어머님의 말씀처럼 아무런 반응이 없었다.

경험이 많지 않은 언어치료사는 반응이 없어 보이는 아동을 만나면 무기력할 수도 있다. 그러나 전체 환경을 조정해줄 필요가 있는 혼란스런 아동보다는 덜 당황스러울 것이다. 혼란스런 아동은 너무나 빠르게 활동이 전환되기 때문에 접근자체가 어렵지만 정적인 성향의 아동은 주의집중이 가능한 활동이 존재하기 때문에 비교적 접근하기가 용이하다. 언어 이전기의 기능적인 언어치료활동을 할 경우 활동적인 아동보다는 정적인 아동이 '함께 주목하기'와 '공통적인 활동하기'를 시도할 여지가 많기 때문에 다양한 전략을 통해 언어치료활동을 진행할 수 있다. 예를 들어 "언어치료사는 아동이 가지고 노는 자동차에 대해 "붕붕"하며 개입하거나, 인형에 대해 "아기 안녕!" 또는 아기 우는 소리를 내며 개입"[4]할 수 있다. 언어치료활동을 하면서 아동은 퍼즐맞추기에 매우 큰 관심을 드러냈다. 그래서 다양한 퍼즐을 이용한 활동을 통해 말소리를 발달시키고 구어를 유도해낼 수 있었다. 그러나 어떤 아동은 어떤 경우에는 정적이지만 때로는 매우 활동적인 복합적 형태로 특성이 나타나기도 한다. 이러한 경우 언제라도 아동이 지나치게 활동적인 상태가 될 수 있다는 점을 고려하여 안전에 유의해야 한다.

대부분의 언어치료실은 안전을 위한 시설과 도구들이 잘 마련되어 있다. 그렇다고 하더라도 다양한 언어치료활동을 하다보면 환경이 자주 바뀌기 때문에 항상 안전에 주의를 기울여야 한다. 한 번은 언어치료실에서 장애물 넘기, 잡기장난, 평균대 걷기, 숨바꼭질 활동을 계획한 적이 있었다. 갑자기 언어치료실 환경이 바뀌는 것이므로 어머님에게 다음에 할 내용과 준비물을 미리 알려주었다. 다음 치료회기가 되자 아동은 운동복을 입고 언어치료실에 들어왔다. 어머님은 책상과 의자가 모두 치워지고 사물함은 블라인드로 가려 단순하고 안전하게 준비된 모습을 보면서 안심이 된다는 말을 했다.

(2) 도구

언어치료 환경에는 다양한 도구들도 준비될 수 있기 때문에 항상 도구들의 안전과 사용에 주의를 기울여야 한다. 장난감의 깨진 부분이 있다면 날카로운 부분에 투명테이프를 붙이거나 둥글게 하여 긁히지 않게 하고 고정된 부분이 갑자기 떨어져 다치지 않도록 나사못이 빠져 있거나 느슨하게 조여진 부분 등을 살펴본다. 한 번은 아동과 비눗방울 놀이를 하려고 컵에 액체를 따라 아동에게 건네주었는데, 아동이 그것을 받아들자마자 조금 마셨던 일이 있었다. 함께 수업에 참관하고 있던 어머님은 깜짝 놀라 달려가서 뱉어나게 하였지만, 이미 비누액을 삼킨 다음이었다. 아동은 별 이상이 없어보였지만 어머님은 원망스런 눈빛으로 바라보았다. 그래서 마셔도 아무런 이상이 없는 품질보증 마크를 보여주면서 안전한 도구란 설명과 함께 실제로 조금 마셔본 경험을 이야기하였다. 그러자 어머님도 비눗방울 액을 조금 마셔보더니 안심을 하였다. 언어치료사는 도구의 안전에 대해 항상 주의를 기울이고 있어야 한다.

또한 언어치료실에 간단한 응급처치를 위한 구급용품이나 구급상자 등을 준비해두면 유용하다. 가끔 언어치료실에서 아동이 책상에 팔꿈치를 가볍게 부딪치거나 넘어져 상처가 나는 경우가 있다. 이때 어떤 아동은 울거나 아픈 표정을 짓다가도 얼마나 아픈지를 물어보면 괜찮다고 말하는 경우가 있다. 하지만 아동의 괜찮다는 말만 듣고 다치거나 부딪친 부분을 확인하지 않아서는 안 된다. 또한 언어치료실에서 발생한 사건을 보호자에게 이야기해주지 않는다면 불신감이 생길 수 있으므로 반드시 알려주어야 한다.

언어치료실에서 위험하다고 생각되는 활동을 시도하기 위해서는 반드시 안전을 확인해야 한다. 또한 만일의 경우에 대비하여 비디오 녹화를 해두면 도움이 된다. 언어치료사와 아동만 참여하는 언어치료활동에서 비디오 녹화를 하면 유용하다. 언어평가 결과 수용언어 20개월이고 표현언어 12개월 수준의 김○○ 아동과 언어치료활동을 할 때도 참관하는 사람이 없기 때문에 비디오 녹화를 하면서 진행하였다. 이 아동은 높은 곳에 올라가는 것을 좋아했다. 그래서 언어치료실에 있는 상자를 이용하여 약 60cm 정도 높이의 다리를 만들어 아동이 그 위에서 몇 가지 언어치료활동을 할 수 있도록 준비한 적이 있었다.

그런데 언어치료활동을 하는 동안 아동이 바닥으로 떨어지고 말았다. 언어치료실 바닥은 두꺼운 매트가 깔려 있어서 안전했다. 아동은 아무렇지도 않은 듯 다시 위로 올라가 활동을 계속했다. 하지만 아동이 떨어지는 동안 다리 모서리에 아동의 사타구니 쪽이 부딪친 것을 보았다. 염려가 되어 비디오로 녹화해둔 장면을 다시 보니 다리 난간에 사타구니가 조금 세게 부딪친 것으로 확인되었다. 그래서 부모님께 전화를 했다. 그러나 연락이 닿지 않아 영상을 첨부한 문자를 보냈다. 언어치료를 마치고 아동의 이동에 도움을 주는 보호자에게 어머님에게 언어치료 시간에 있었던 일을 전해달라고 부탁했다.

그런데 언어치료 일과를 모두 마친 저녁, 어머님으로부터 전화가 왔다. 아동의 사타구니에 멍이 들었는데 혹시 언어치료실에서 다쳤냐는 물음이었다. 아동의 이동을 담당하시는 분도 어머님과 연락이 닿지 않은 것이었다. 그래서 언어치료실에서 있었던 상황을 이야기하고 바로 문자를 보내드렸다고 말했다. 어머님은 문자를 확인하지 않은 것이었다. 잠시 후 영상자료를 확인한 어머님은 안도하면서 멍이 조금 들었는데 별 이상이 없다고 말했다. 언어치료실에서 아동과 언어치료사 단둘이 언어치료활동을 하는 영상자료를 남겨놓으면 도움이 되는 경우가 많다. 비디오 녹화를 하는 경우 아동의 안전을 위해서만 사용한다는 것을 보호자에게 미리 알려주어야 한다.

(3) 주위 사람들의 요구

언어치료는 언어치료사의 평가와 진단을 통해 수립된 언어치료 목표에 따라 일관성 있게 진행할 필요가 있다. 가끔 언어치료 목표들은 아동의 진전이나 새로운 문제의 출현에 따라 수정되거나 바뀌기도 하지만 언어치료에서 지나치게 벗어나는 활동을 해서는 안 될 것이다. 언어치료에 정체성을 부여하는 언어치료라는 기본적인 목적에 따라야 하기 때문이다. 그렇지만 아동의 언어치료 비용을 지불하는 보호자 등의 중요한 주변 사람들의 요구가 있다면 언어치료 회기에 다른 일을 하게 될 가능성도 있다.

언어평가 결과 수용언어 20개월이며 표현언어 12개월 수준의 36개월 김○○ 아동의 언어치료는 아동의 적극적인 참여로 순조롭게 진행되고 있었다. 대체로 할아버지와 어머님이 함께 언어치료활동을 참관하시면서 필요한 경우 도움을 주었다. 할아버지와 어머님의 아동 양육방식은 약간의 차이가 있었다. 할아버지는 아동의 요구를 대부분 수용하는 편이었다. 그러나 어머님은 필요할 경우 단호하게 대처해야 하며, 집에서는 아버지가 자신보다 훨씬 더 무섭게 대한다고 말했다.

아동의 언어치료는 아동중심법과 절충법을 통해 두 달 정도 진행하여 조금씩 발성을 시작하고 있을 때였다. 언어치료를 하는 동안 가끔 "시계", "(물)고기", "부웅" 등의 단어들을 말하는 경우가 간헐적으로 나타났다. 할아버지와 어머님은 치료수업을 지켜보면서 아동이 단어를 말하면 기뻐했다. 그런데 하루는 어머님에게서 지난 밤 아동이 밤 11시부터 새벽 2시 정도까지 텔레비전을 보여주지 않는다는 이유로 계속 울었다고 말했다. 이것은 몇 달째 계속 간헐적으로 일어나는 사건이라서 아파트 위아래 층에 너무 미안해 얼굴을 들고 다닐 수가 없다고 하였다. 또한 그날 낮에는 새옷을 입히려고 했지만 아동이 머리를 방바닥에 들이받으면서 크게 울어 할 수 없이 입던 옷을 줄 수밖에 없었다고 말했다. 어머님은 아동의 문제행동 때문에 하루가 지옥 같다는 말씀을 하시면서 행동수정을 할 수 있는지를 물었다. 또한 아버지는 무서워하기 때문에 한 두 마디 하면 아동은 울음을 그친다고 말씀하시면서 그 방법을 설명해주었다.

그동안 전반적으로 언어치료활동이 순조롭게 진행된다고만 생각했는데 예상 밖의 상황이었다. 아동이 가정에서 일으키는 문제행동이 어느 정도인지 상상할 수는 있었다. 아버지가 아동에게 시도하는 방법은 '무시하기' 기법이었다. 아동은 텔레비전을 틀어달라고 울었지만 그 요구를 들어주지 않는 방법을 사용한 것이기 때문이었다. 언어치료실에서 아동은 주차장 놀이에 집착하는 편이었다. 따라서 주차장놀이 세트를 이용하여 아동의 요구를 들어주지 않고 아버지의 방법처럼 '무시하기'를 해주는 것은 간단한 일이었다.

그러나 언어치료를 하다 말고 행동수정으로 바꾸는 것은 생각해 볼 문제였다. 아동의 자해를 동반한 문제행동은 단순한 것이 아니라서 신중한 관찰과 평가를 통해 원인을 파악해야 하며 체계적인 계획을 세워 실행해야 하는 것으로 생각되었다. 이렇게 진행되면 그동안 진행해온 언어진단과 평가와 계획과 활동들이 무용지물이 되고 말 것이다. 또한 아동의 다양한 요구를 수용해오던 것과는 반대로 '무시하기'를 사용하는 것은 일관성이 없다고 생각했다. 더욱이 아동의 성격이 매우 급한 편이어서 화가 났을 때 어떠한 행동을 하게 될지 예측할 수 없었다. 그래서 어머님에게 아무런 평가나 준비 없이 행동수정을 하게 될 경우 발생하게 될 아동의 거부감이나 공포반응 등의 발달에 영향을 줄 수 있는 위험성을 이야기하면서 만류할 수밖에 없었다.

하지만 어머님은 이번 기회에 아동의 나쁜 습관을 고치고 싶다는 내용으로 단호하게 말했다. 하는 수 없이 아동이 책상 위에 올려져 있는 주차장을 가리키면서 내려달라고 할 때 '무시하기' 전략을 사용할 수밖에 없었다. 아동은 몇 번 달라고 시도해보다가 계속 무시당하자 바닥에 머리를 찧으면서 크게 울기 시작했고, 어머님은 계속해야 한다고 말했다. 아동의 울음도 치료시간이 거의 끝나갈 때까지 계속되었다. 이때 할아버지께서 격양된 표정으로 자리에서 일어나시면서 그만 하고 주차장을 내려주라고 말했다. 그래서 바닥에 엎드려 울고 있는 아동의 곁에 주차장을 놓아주었다. 하지만 아동은 계속 바닥에 드러누운 채 주차장을 밀쳐내면서 계속 울었다. 결국 할아버지가 아동을 안고 달래주면서 간신히 진정시킬 수 있었다.

그런데 사흘 후 아동이 언어치료실에 왔을 때 언어치료활동에 지장을 주는 문제가 나타났다. 저번 일이 있기 전까지 언제나 아동은 언어치료실에 달려와서 즐거운 표정으로 문을 열었다. 하지만 아동은 언어치료실에 들어오려고 하지 않았고, 대기실에 있던 아동의 손을 잡고 함께 오려고 하였지만 뿌리쳤다. 할아버지가 언어치료실에 들어오지 않으려는 아동을 안고 달래면서 치료실에 들어올 수 있었다. 아동은 언어치료실에 들어와서도 다시 나가려고 하였지만 할아버지가 손을 잡고 있자 조금 진정되었다. 잠시 후 아동은 자신이 즐겨 놀던 자동차들 가까이 다가갔지만, 담당 언어치료사의 얼굴을 보더니 다시 나가려고 하였다. 아동이 가장 좋아하는 기차를 꺼내주었지만 기차를 잡고 몇 번 살펴보더니 밀어내었다. 아동의 이름을 친근하게 부르면서 다가가면 뒤로 물러나면서 할아버지 옆에 바짝 붙어 떨어지려고 하지 않았다. 아무런 준비 없이 주위의 말에 따라 그동안 해오던 것과는 다른 활동을 일관성 없게 진행한 결과였다.

다행히 아동의 거부반응은 담당 언어치료사의 의상과 외모를 바꾸면서 조금씩 진정되었다 (언어치료실에 몇 가지 옷과 모자, 향수 등을 준비해두면 다양한 역할놀이뿐만 아니라 아동의 반응을 살피는데도 유용할 수 있다). 아동이 좋아하는 비눗방울 놀이를 하면서 차츰 분위기를 바꿀 수 있었다. 아동은 비눗방울 활동을 시작으로 다른 활동에서도 관심을 보이면서 언어치료 회기를 무사히 마칠 수 있었다. 구체적으로 증명하기는 어렵겠지만 그동안 언어치료를 하면서 아동과 형성된 우호적인 관계가 없었다면 돌이키기 어려웠을 수도 있는 상황이었다. 언어치료사가 다른 분야의 전문 영역에 지나치게 개입하는 것은 지양할 필요가 있다.

3. 언어치료사 문제

◇◇◇◇◇◇◇◇◇◇◇◇◇

1) 지식과 능력

언어치료에서 언어치료사는 가장 중요한 역할을 담당하는 사람이다. 언어치료사가 언어지식과 언어발달에 대해 잘 이해하면서 적절한 언어치료의 방법을 선택한다면 문제행동을 줄일 수 있다. 언어치료사의 일을 시작한지 얼마 되지 않았던 어떤 선생님 한분이 "아이가 물건을 자꾸 집어던져요. 그렇게 하지 말라고 단호하게 말해도 듣지를 않아요."라는 말씀을 하면서 도움을 요청한 적이 있었다. 그래서 그 아동의 언어치료에 함께 참여하게 되었다.

아직 몇 개의 단어밖에 말할 수 없는 언어발달 장애로 진단된 40개월의 아동이었다. 언어치료사는 아동을 책상에 앉게 한 다음 인형과 장난감, 카드 등을 이용하여 다양한 활동을 시도하였다. 그런데 언어치료활동이 어느 정도 진행이 되었을 때, 아동은 책상에 있는 사물들을 밀어내면서 책상 밖으로 떨어뜨리기 시작하더니 급기야는 언어치료사를 향해 사물들을 던지기 시작했다. 그래서 아동과의 활동을 다른 방향으로 바꾸어볼 것을 제안하였다. 언어치료사는 비눗방울 놀이를 가져와서 시도하였다. 하지만 이것도 아동이 밀쳐서 비눗방울 액체가 책상위에 쏟아졌다. 그런 다음 아동은 필사적으로 의자에서 일어나 사물함으로 가서 장난감 자동차를 잡았다. 아동은 바닥에 엎드려서 자동차를 앞뒤로 왔다갔다 밀면서 바라보았다. 언어치료사는 책상을 닦고 아동을 일으켜 세운 다음 아동에게 주의를 주고 다시 책상에 앉혔다. 그러면서 참관하고 있는 곳을 바라보며 마치 어느 누가 해도 어쩔 수 없지 않냐는 표정을 지었다.

그러나 언어치료사는 아동이 자발적으로 의사소통을 할 수 있는 적절한 언어치료 방법을 선택하여 도움을 줄 필요가 있다. 아동의 언어발달단계를 고려해 아동 중심법으로 진행했다면 위와 같은 어려운 상황은 일어나지 않을 수 있었다. 언어치료 현장에서는 "경력의 많고 적음에 상관없이 상당수의 언어치료사들은 지시적이고 행동수정 중심적인 언어치료를 시행"[2]하는 경향이 있다고 한다. 이러한 경직된 훈련만 계속한다면 아동의 참여가 제한되기 때문에 언어를 배울 기회가 축소될 수 있다. 블룸(Lois Bloom)은 "언어가 사용되는 사람과 사물, 사건이라는 세상에 참여하지 않는다면 그 언어는 결코 얻어질 수 없다."[7]고 하였다.

결론적으로 아동의 사물을 집어던지는 문제는 언어치료사 중심법보다 아동 중심법이 더 유용하였다. 언어치료사가 주차장을 가져와서 책상 아래 놓고 아동에게 자동차를 건네주었을 때, 대부분의 문제행동들이 해결되었다. 아동은 자신의 앞에 있는 주차장을 밀지도 않았고, 장난감 자동차를 던지지도 않았기 때문이다. 오히려 아동은 다양한 소리를 내면서 자동차를 몰고 가서 주차장에 주차를 시킬 수 있었다. 게다가 자동차와 주차장을 이용한 다양한 활동을 할 때, 여러 가지 사물의 이름을 말하는 것뿐만 아니라 2어문 발화까지도 시도할 수 있었다.

초등학교 5학년 특수학급에 다니는 박○○ 아동은 언어발달장애로 언어치료실에 방문하였다. 어머님은 아동이 다운 증후군으로 인한 지적장애로 인해 발달이 지체되어 있으며, 엄마, 아빠, 물 등의 몇 가지 단어만 사용할 수 있다고 말했다. 이와 함께 근래에 학교에서 또래들이나 선생님들에게 침을 뱉고 심지어는 길을 가다가 지나가는 사람들에게 큰 소리를 지르거나 얼굴에 침을 뱉는 것이 더 큰 걱정이라고 하였다.

이것을 확인해보기 위해 아동에게 인형을 제공하였다. 그러자 아동은 즐거운 표정을 지으며 인형을 쓰다듬고 볼에 부비기도 하고 책상에 앉히기도 하였다. 아동의 의외의 반응에 어머님을 바라보자, 아동에게 카드를 가르치려고 하면 침을 뱉는다고 하면서 집에서 그림카드를 보여주면서 계속 말하라고 연습시켰더니 침을 뱉는 듯하다는 추측을 했다. 그래서 이번에는 단어카드를 꺼내어 책상 위에 앉은 아이의 앞에 제시하면서 이름을 말해보라고 하였다. 아동은 책상 위의 그림카드를 밀쳐서 바닥으로 떨어뜨렸고, 담당 언어치료사가 다시 집어 들고 질문하자 크게 "아아아" 소리를 내면서 얼굴에 침을 뱉었다. 담당 언어치료사는 얼굴에 묻은 침을 닦으며 아동을 바라보자, 책상에 얼굴을 파묻고 코를 "흥"하고 풀면서 눈물을 흘렸다. 휴지를 가져와서 닦아주고 어머님과 좀더 자세한 아동의 특성을 이야기하였다. 그러는 동안 아동은 울음을 그치고 책상 옆에 놓여있는 작은 칠판에 마커를 이용하여 선을 그리고 있었다. 이것을 보고 아동이 그림그리기를 좋아하는가를 물었고, 어머님은 마커를 좋아해서 보드판만 있으면 여러 가지 색깔의 선과 그림을 그리면서 하루종일 시간을 보낸다고 대답했다. 결국 언어치료사가 아동에게 그림카드만 제시하지 않는다면, 언어치료활동을 진행하는 것은 어렵지 않은 경우였다.

아동이 친근함을 보인 곰인형의 다리 위에 카드를 올려놓자 침뱉는 문제는 어느 정도 해결되었다. 아동은 곰인형에게 침을 뱉지 않았다. 그런데 뜻밖에도 "이게 뭐야?"라고 질문하였을 때, 언어치료사를 향해 곧 침을 뱉을 기세로 바라보았다. 아동에게 침을 뱉게 한 문제는 그림카드라기보다는 대답하기 어려운 질문이었던 것이다. 아동은 어려운 질문을 회피하는 수단으로 침을 뱉거나 울거나 코를 푸는 등의 방법을 사용하는 것으로 생각되었다.

아동에게 침뱉기가 나타나는 상황은 아동의 장애와 발달수준을 고려한다면 어느 정도 이해할 수 있는 행동이었다. 아동의 생활연령은 11세였지만 언어발달 수준은 12개월 정도밖에 되지 않았기 때문에 언어를 통해 질문과 대답하기가 어려운 상황이었다. 초등학교 5학년이기 때문에 카드를 보고 이름을 말하거나 글씨를 읽고 쓰게 훈련을 시킨다면 아동의 발달에 큰 도움이 되지는 않을 것이다. 아동의 언어발달 수준을 고려하면서 아동이 좋아하는 인형을 이용한 아동중심법을 통해 다양한 언어치료활동을 시작하였다. 또한 아동에게 지나친 질문을 자제하였다. 그러자 더 이상 아동은 크게 소리를 지르거나 침을 뱉지 않았다. 언어치료사가 아동의 수준에 맞게 언어치료 목표를 설정하고 좋아하는 장난감이나 도구를 상황에 맞게 활용하면 어려워 보이는 문제행동도 쉽게 해결할 가능성이 높아질 것이다.

언어치료사는 아동의 특성과 발달수준에 적절한 언어치료활동을 제공하기 위해 다양한 도구들을 이용한다. 이 도구들은 공이나 그림카드, 블록, 퍼즐, 연필, 종이 등 다양 사물들이 해당될 것이다. 언어치료사는 언어치료실에서 사용되는 도구들의 특성과 사용방법을 잘 알고 있어야만 한다. 언어치료사 일을 처음 시작했을 때, 발성을 유도하기 위해 불면 소리가 나는 여러 가지 도구들을 준비하여 상자에 담아 책꽂이에 올려둔 적이 있다.

그런데 언어치료활동을 하는 동안 심한 지적장애가 있는 박○○ 아동이 그 불기도구가 든

상자를 찾아냈다. 상자에는 다양한 모양과 소리가 다른 불기도구들이 대략 서른 개 정도 들어 있었던 것 같다. 입으로 부는 쪽이 납작하거나 둥그런 모양도 있고, 큰소리가 나는 나팔이나 새소리가 나는 피리도 있고, 나무로 만들어진 것도 있고 긴 것과 짧은 모양 등 다양했다. 아동은 상자를 열고 그 중에서 코끼리 피리를 꺼내어 뒷부분을 물어뜯었다. 담당 언어치료사는 아동이 피리를 불어볼 수 있도록 입으로 부는 쪽으로 바꾸어주었다. 하지만 아동은 이빨로 깨물어 피리가 부서지고 말았다. 다른 불기도구를 주어도 이빨로 깨물려고만 하였다. 결국 불기도구가 들어 있는 상자를 닫고 활동을 중단하고 말았다.

주위의 언어치료사들에게 불기 도구의 적절한 방법에 대해 알아보았다. 아동이 입으로 불기에는 납작한 모양이 좋기도 하고 어떤 경우는 작고 둥그런 모양이 적당하다고 말하기도 했다. 또한 아동의 성격에 따라 큰 소리가 흥미를 끌 수도 있고 작은 소리가 더 좋을 경우도 있었다. 대체로 아동의 상태와 선호에 따라 다르기 때문에 경험이 필요했다. 불기 도구를 깨물어 부순 아동이 다시 불기도구 상자를 꺼냈을 때 하나씩 조심스럽게 제공해주었다. 그 아동은 깨물어도 부러지지 않는 폭이 좁고 동그랗고 단단한 플라스틱 나팔을 주었을 때 불기에 흥미를 갖게 할 수 있었다. 또한 예민한 아동은 큰 소리가 나는 장난감 낯선 도구를 무서워하기도 한다. 김○○ 아동은 작은 것을 불었을 때는 매우 기뻐하면서 흥미를 나타냈다. 언어치료실에 있는 도구들은 아동의 성향에 따라 조심스럽게 제공해야 한다. 언어치료사는 언어치료실에 있는 모든 도구들의 사용 방법을 경험을 통해 잘 알고 있을 필요가 있다.

언어발달장애와 자폐범주성 장애를 갖고 있는 이○○ 아동은 자동차를 좋아했다. 아동은 언어치료실에 마련된 여러 가지 자동차들을 통해 다양한 활동을 할 수 있었다. 그런데 자동차들 가운데 구부려서 로봇으로 변신할 수 있는 자동차들이 몇 개 끼어있었다. 아동은 다른 자동차들보다 크고 소리도 나는 가장 큰 로봇 변신 자동차를 가장 좋아했다. 아동은 그 자동차가 로봇으로도 변신하는 줄 알지 못했다. 언어치료사도 로봇으로 변신할 필요가 없기 때문에 자동차로만 사용하면서 언어치료활동을 했다.

그런데 한 번은 아동과 활동을 하던 도중 자동차가 떨어지면서 관절이 꺾여 굴러가지 않게 되었다. 아동은 떨어진 자동차의 튀어 나온 바퀴 부분을 잡고 이리저리 구부렸다. 그러자 자동차는 더 많이 분해되면서 마치 완전히 부서진 것처럼 보였다. 아동은 자동차가 부서졌다고 생각하고는 갑자기 바닥에 머리를 찧으면서 크게 울기 시작했다. 담당 언어치료사는 다시 자동차로 만들어주기 위해 이리저리 돌렸다. 그러나 아동이 떨어뜨린 변신 자동차는 가장 어려운 종류였다. 게다가 아동의 울음을 빨리 그치게 하려고 서둘렀기 때문에 더욱 맞추어지지 않았다. 아동은 더 부서져가는 자동차를 보고 더 크게 울었다. 하는 수 없이 옆방의 심리치료사에게 도움을 요청했다. 그 심리치료사는 언어치료실에 와서 몇 번 돌리더니 자동차로 만들어 주었다. 다시 자동차로 변신하자 아동은 얼른 일어나더니 곁에 앉아 언제 울었냐는 듯 신기한 눈으로 쳐다보았다. 언어치료사는 언어치료활동에서 사용하는 도구의 특성과 사용법을 잘 알고 있어야 한다. 언어치료사가 다양한 활동에서 사용하는 도구들을 능숙하게 다룰 수 있다면 불필요한 문제행동을 미리 예방할 수 있을뿐만 아니라 아동의 신뢰도 얻을 수 있을 것이다.

2) 경험

언어치료사의 과거 경험에 의해 언어치료활동이 영향을 받을 수 있다. 놀이공원에서 친구들과 놀이기구를 함께 타며 즐거워했던 경험을 떠올리며 아동이 올라탄 자동차를 즐겁게 밀어줄 수도 있고, 달려가다가 넘어졌던 경험 때문에 아동이 장난감을 향해 즐겁게 달려가는 것을 못하게 할 수도 있을 것이다. 그러나 언어치료사는 자신의 과거 경험에 의해 아동이 할 수 없는 것을 자꾸 시도하도록 강요하거나 아동에게 가능한 표현들을 못하게 제한해서는 안 될 것이다. 언어치료사는 언어평가에 따라 계획된 언어치료활동을 아동에게 적절하게 제공할 수 있도록 할 필요가 있다.

수용언어 22개월이며 표현언어 10개월 수준의 40개월 김○○ 아동은 자동차와 관계된 것은 모두 좋아하였다. 아동은 언어치료실에 오면 작은 미끄럼틀 아래로 자동차를 밀어 벽에 부딪치게 하였다. 특히 자동차가 뒤집히면 바퀴가 돌아가는 것을 보면서 즐거워하였다. 그런데 아동이 저런 활동을 몇 번 본 후에 금지해야 한다고 생각했다. 아동에게 자동차를 부딪치면 안 된다고 매우 단호하게 말했다. 또한 아동이 좋아했던 그 자동차를 높은 곳에 감추었다. 언어치료실에 아동이 오는 날에는 몇 개 있던 다른 자동차도 감추었다. 그 대신 팽이돌리기를 가르쳐주었다. 아동은 팽이를 통해 언어치료활동에 관심을 갖게 되었고, 첫낱말을 말할 수 있게 되었고, 시간이 흐르면서 두세 단어를 이어 문장으로 말하면서 많은 발전을 할 수 있었다.

그런데 몇 년 전 우연히 책을 읽다가 과거 경험이 주는 영향에 대한 내용을 보았다. 여기에서는 "아이가 신나서 높고 긴 목소리를 정말로 크게 낼 때, 함께 활동하는 사람이 아이와의 정서적이거나 참여적인 상황이나 참여의 확대를 차단"[3]하는 상황을 설명하고 있었다. 이 내용을 읽었을 때, 오래 전 교통사고를 경험했던 일이 생각났다. 미끄러운 빙판길에서 속도를 내다가 신호를 기다리며 정지해 있던 자동차 두 대와 부딪쳤던 기억이었다. 그때 크게 다친 사람은 없었지만, 부딪치면서 들렸던 큰 소리는 아직도 잊혀지지 않고 있다.

이제 그 아동은 성장하여 초등학교에 다니게 되었다. 어머님과 상담을 하다보면, 아동이 말하게 된 것에 대해 다행스럽다는 말씀을 자주 하였다. 그렇지만 마음 한쪽에는 아쉬움도 있었다. 그래서 어머님에게 아동이 치료실에서 자동차 바퀴를 돌리던 때를 이야기하면서 "그때 자동차놀이를 계속 해주었다면 더 빨리 말할 수 있지 않았을까?"하는 막연한 생각을 이야기했다. 어머님은 지금 아동이 말을 하게 되었으니 그만이라고 웃었다.

어떤 활동이 더 나은 방법이었는지는 판단하기가 쉽지 않다. 어쩌면 다른 활동으로 전환한 것이 첫낱말을 산출하는데 도움을 주었을 수도 있다. 그렇지만 언어치료사가 자신의 과거 경험에 의해 아동의 활동을 제한하거나 촉진시킬 수 있다는 사실은 분명한 것 같다. 언어치료사는 다양한 아동들의 요구에 자연스럽고 적절하게 반응할 필요가 있다. 따라서 언어치료사의 과거 경험이 아동과의 활동에 영향을 주지 않도록 유의해야 한다. 아마도 유능한 언어치료사라면 아동의 다양한 요구에 능동적으로 유연하고 적절하게 응답해줄 수 있는 사람일 것이다.

3) 신체적 상태

언어치료실에서 아동과 활동을 하다보면 어떤 날은 진행이 잘 되기도 하지만 그렇지 않은 때도 있다. 이러한 경우 언어치료사는 먼저 신체적이거나 생리적인 문제들을 검토해보면 의외의 원인들을 발견할 수도 있다.

언어치료사는 선천적 질환이나 알레르기 등이 있다면 주의할 필요가 있다. 또한 외상에 의한 신체적 변화도 잘 관찰한다면 반응을 조절할 수 있다. 여러 가지 일을 하다 보면 뜨거운 물건을 잘못 만져 손에 물집이 생기거나 몸에 상처가 날 수도 있다. 언어치료활동을 하는 동안 아동과 숨어있는 물건 찾기 활동을 하면서 즐겁게 웃었는데 표정은 찌푸리고 있다는 생각이 들었던 적이 있었다. 전날 뜨거운 물에 손가락이 데어 아팠던 것이다. 이것을 알아채고 아동과의 활동에 집중하면서 표정을 조절할 수 있었다. 그리고 언어치료사는 다양한 생리적 상태를 확인해볼 필요가 있다. 언어치료사가 포만, 배고픔, 배변문제 등이 있다면 아동과의 활동에 충분한 능력을 발휘할 수 없기 때문이다. 언어치료실에 들어가기 전에 신체와 생리적 상태를 검토하여 이상이 없는지를 확인 한다.

언어평가 결과 수용언어 16개월, 표현언어 8개월인 김○○ 아동의 언어치료활동을 진행할 때였다. 이 아동은 지적장애와 함께 대소근육의 협응 문제로 인한 어려움도 있었기 때문에 생각하고 움직일 수 있는 시간을 충분하게 제공하면서 활동을 진행하고 있었다. 그런데 그림카드 말하기 활동을 하는 동안 아동은 손으로 카드를 받아 등 뒤로 던지기 시작했다. 평소와는 다른 아동의 반응에 우스운 몸짓을 보여주기도 하면서 참여를 유도했다. 하지만 아동은 카드를 받아들면 등 뒤쪽으로 던지기를 계속했다. 수개월 전 언어치료를 처음 시작할 때를 제외하고는 거의 나타나지 않았던 행동이었다.

언어치료실에 들어오면서 아동의 상태에 대해 질문했을 때 어머님은 아무런 이상이 없다고 말했다. 또한 언어치료실 환경도 지난번과 마찬가지로 정리된 상태였다. 아동의 상태와 언어치료실 환경은 별 이상이 없었다. 그렇다면 언어치료사 자신을 관찰해볼 시간이었다. 밤에 잠도 잘 잤고 보통 일어나던 시간에 잠이 깼으며, 인터넷을 검색하면서 잠시 지체하기는 했지만 제시간에 언어치료실에 도착했다. 점심식사도 맛있었고 느긋하게 커피도 잘 마셨다. 그런데 문득 소변이 매우 급하다는 생각이 들었다. 아침에 일어나서 인터넷을 검색하다가 늦은 오후까지 화장실에 다녀오지 않은 것이었다.

보통 화장실이 급할 때 무척 서두르는 개인적인 성향이 있었다. 언어치료활동이 어떻게 진행되었는지를 생각해보니 언어치료실에 들어올 때 평소보다 서둘렀다. 대기실에 있던 어머님에게 잠깐 아동을 부탁한 다음 급한 문제를 해결하고 왔다. 그러자 아동과의 언어치료활동을 여유있게 진행할 수 있었다. 평소처럼 응답할 기회를 충분히 주면서 언어치료활동을 진행하자 아동은 더 이상 사물을 등 뒤로 던지지 않았다. 아동에게 평소와는 다른 행동이 나타날 경우, 환경이나 아동뿐만 아니라 언어치료사 자신의 신체적이거나 생리적인 문제도 관찰해볼 필요가 있다.

4) 감각적 특성

언어치료활동을 하다 보면 순조롭게 진행되는 경우도 있고 그렇지 않기도 하다. 어떤 언어치료 회기는 기대가 되면서 기다려지기도 하지만 그렇지 않은 경우도 있다. 이것은 언어치료사의 과거 경험이나 언어치료 능력뿐만 아니라 감각특성이 원인이 될 수 있다. 언어치료사는 자신의 감각특성을 잘 이해하여 다양한 아동들의 특성에 따라 적절하고 효과적인 언어치료활동을 제공해야 한다. 감각특성은 다양한 상황에서 자기 자신을 관찰하면 어느 정도 이해할 수 있다.

언어발달장애가 있는 초등학교 특수반에 다니는 박○○ 아동은 언어치료실에 오면 몇 분 동안 그네 타는 것을 좋아했다. 아동은 그네 위에서 대화도 하고 책을 읽기도 하고 노래를 부르기도 했다. 그래서 몇 달 동안 아동이 오기 전에 그네를 매달아 준비하는 것이 일과가 되었다. 그런데 하루는 아동이 언어치료사에게 그네를 타라고 요구를 했고, 이 활동은 몇 개월 동안 계속되었다.

아동은 그네를 빙글빙글 돌리기도 하고 세게 밀기도 했다. 그네가 빠른 속도로 움직이자 아동에게 멈추어달라고 부탁할 수밖에 없었다. 하지만 아동은 담당 언어치료사가 살살 돌리라고 애원하자 그것이 재미가 있었는지 더욱 세게 그네를 돌렸다. 몇 번 더 견디어보다가 탈출하다시피 그네에서 내려왔다. 잠시 동안 매트 위에 누워 있으면, 아동은 재미있는지 다시 그네에 올라갈 것을 요구하여 한 번 더 빙글빙글 돌아가는 그네를 타게 되었다. 또 다시 그네에서 탈출한 다음 잠깐 동안 누워있으면, 아동은 크게 즐거워하면서 계속 그네를 타라고 요구하는 활동이 반복되었다.

처음 언어치료사는 자신이 회전하는 놀이기구를 좋아하지 않는다고는 알고 있었지만 어느 정도 약점이 있는지는 알지 못했다. 언어치료사는 아동과의 그네타기 활동을 통해 자신이 회전하는 감각에 어느 정도 견딜 수 있는지 서서히 깨닫기 시작했다. 그래서 더 어지러운 상태가 되기 전에 좀 더 일찍 반응하였다. 그네 위로 올라가면서, 이번에는 "천천히" 돌려달라고 부탁했다. 언어치료사는 아동의 요구에 의해 하는 수 없이 그네를 타게 되었지만 자신의 감각적 특성을 알고 있기 때문에 조금 더 빠르게 반응하는 것으로 조절할 수 있었다.

언어치료실에 방문한 자폐범주성 장애가 있는 초등학교 특수반에 다니는 김○○ 아동은 간단한 질문에도 매우 작고 느리고 더듬거리는 말로 대답했다. 처음 몇 회기 동안 사물이나 그림, 게임 등의 여러 가지 도구와 방법을 동원하여 조금 더 크고 유창한 말을 할 수 있도록 유도해보았지만 크게 진전된다는 생각은 들지 않았다.

그런데 하루는 아동과 함께 노래를 부르는 언어치료활동을 시도하는데 그전보다 훨씬 더 큰 목소리로 노래를 했다. 더욱 크게 말할 수 있도록 마이크를 제공하자 자신이 알고 있는 여러 가지 노래들을 크게 불렀다. 그 동안 간단한 질문과 대답하는 활동도 할 수 있었다. 아동은 신이 났는지 크게 소리를 내기 시작했다. 이제는 마이크로 노래를 부르지 않고 다양한 웃음소리와 함성을 크게 질렀다. 또한 마이크를 손으로 때리면서 더 큰 소리가 나도록 했다. 그리고 다시 노래를 하기 시작했다. 그런데 귀가 심하게 거슬리게 울린다는 느낌이 들었다. 아동의 노래에 박자를 맞추어 주면서 엠프가 있는 곳으로 가서 볼륨을 낮게 조절했다. 담당 언어치료사는 너무 큰 소리에 민감하다는 것을 알고 있었다. 언어치료사가 자신의 감각적 범위를 아는 것은 언어치료활동을 하는데 많은 도움이 된다.

4. 아동 문제

◇◇◇◇◇◇◇◇◇

아동의 문제로 인해 언어치료 현장에서 예기치 못한 상황이 발생할 수 있다. 이러한 것에는 아동의 과거 경험이나 관심, 감각적인 특성 등이 있다. 이러한 문제를 예방하기 위해서는 면담을 통해 아동의 특성에 관한 정보를 지속적으로 수집할 필요가 있다.

1) 경험

효과적인 언어치료 방법을 탐구하기 위해 외국의 특수교육학과 교수를 초청하여 일주일 동안 센터에서 직접 치료수업을 진행한 적이 있다. 이때 한 단어수준의 발화를 할 수 있는 초등학교 2학년 김○○ 아동의 치료회기가 시작되었다. 아동은 언어치료실에서 몇 분 동안 즐겁게 활동을 하였다. 그는데, 갑자기 옆에서 도움을 주고 있던 외국인 보조자를 보더니 크게 울기 시작했다. 외국인 교수는 아동을 달래보았지만 더욱 크게 울었다. 그래서 아버지께서 와서 진정시켜주었다. 하지만 다시 시작하였을 때 더 크게 울면서 필사적으로 언어치료실 밖으로 나가려고 하였다.

외국인 교수는 잠시 생각해보더니 함께 와서 도움을 주고 있던 보조자에게 말했고, 그 보조자는 밖으로 나갔다. 그러자 아동의 울음은 그쳤다. 그러자 밖에 있던 외국인 보조자는 다시 들어왔다. 아동은 여러 번 손가락으로 그 외국인 보조자를 가리키면서 무엇인가를 중얼거렸다. 그러나 아동의 표현언어 수준이 낮아 더 이상의 이해는 어려웠다. 이 모습을 보고 있던 아버지는 동물원에 가서 사자를 보고 무서워하면서 크게 울었던 일을 말했다. 그 때 이후로 가끔 파마머리를 한 할머니를 보면 운다고 말했다.

이 말을 듣고 외국인 보조자의 모습을 다시 바라보았다. 그녀는 은발의 파마머리를 뒤로 묶고 다시 언어치료실로 들어온 것이었다. 외국인 교수는 발화를 하지 못하는 아동이 손가락으로 무엇인가를 가리키면서 울거나 웃는 표현을 할 때는 주의를 갖고 지켜볼 필요가 있다고 말했다. 특히 아동이 울 경우, 머리모양이나 옷, 안경이나 모자 등을 이용하여 여러 가지 모습으로 바꾸어주면서 아동의 흥미를 끌면 불안하거나 두려워하는 감정을 진정시킬 수도 있다고 설명하였다. 언어치료실에 몇 가지 의상이나 선글라스, 모자, 향수 등을 준비해놓으면 유용할 경우가 있다.

어떤 아동은 사소한 사건에도 크게 울음을 터뜨리기도 한다. 언어치료를 하는 동안 이러한 상황이 발생하면 대수롭지 않게 무시할 수 있다. 그러나 아동의 문제에 관심을 갖고 잘 대처할 수 있어야 한다. 한 단어 수준의 발화를 하는 박○○ 아동은 인형의 집에 가구를 배치하는 언어치료활동을 하는 동안 작은 출입문을 닫다가 손가락이 끼었던 적이 있었다. 아동은 자신의 손가락을 보면서 울기 시작했다. 처음에는 별 것 아니라고 생각했다. 가벼운 플라스틱에 살짝 부딪친 것이기 때문이었다.

아동의 기분을 풀어주기 위해 간지럼이나 장난을 해보았다. 그런데 평소 같으면 금방 웃었을 아동의 표정이 달라지지 않았다. 아동의 손가락에 얼른 구급상자를 꺼내어 손가락에 반창고를 붙이고, 입으로 '호'하면서 불어주었더니 조금 진정되었다. 그런데 아동은 반창고를 하나 더 달라는 요구를 하였다. 반창고를 받은 아동은 문 뒤에 있던 인형의 머리에 반창고를 붙여 주었다. 그러면서 구급차 놀이도 하면서 즐거운 활동으로 전환할 수 있었다.

언어치료 시간이 끝나고 어머님에게 아동의 손이 인형의 집 문에 살짝 부딪쳤는데 울었다고 말씀을 드렸다. 그러자 어머님은 언어치료실에 오기 전에 집에서 실수로 아동의 손가락을 밟아 조금 울었다고 말했다. 아동의 손가락은 무언가에 조금만 닿아도 아픔을 느낄 수 있는 상황이었던 것이다. 아동의 반응을 무시했더라면 마음의 상처를 주었을 수도 있는 일이었다. 언어치료를 시작하기 전에, 아동의 신체적 이상이나 감정적 변화를 주는 중요한 일이 있었는지를 알아보는 것은 중요하다. 또한 언어치료를 하는 동안 아동의 표정과 몸짓에 언제나 주의를 기울일 필요가 있다.

2) 관심

초등학교 6학년 특수학급에 다니는 박○○ 아동은 자신의 말을 들어주지 않으면 주먹을 쥐고 책상을 두드리거나 허공에 휘두르며 "왜 나를 무시해요?"라고 말했다. 언어치료실에 오면 아동은 대체로 만화영화에서 본 내용을 말하기 시작했는데 계속 들어주다 보면 계획한 언어치료활동을 하지 못하게 되는 경우가 빈번했다. 그래서 아동에게 이제 언어치료활동을 시작하자고 말하면서 그림카드 등의 내용을 질문하면 "이이잇..나를 무시해..."라고 말하면서 주먹을 불끈 쥐고 허공에 휘둘렀다. 또한 이러한 아동의 행동을 지적하면 자신의 머리를 세게 때리면서 크게 울었다. 또한 아동의 말은 빠를뿐만 아니라 문장의 끝을 생략하거나 조음이 부정확하고 조사를 생략하기 때문에 더욱 알아듣기 어려웠다.

언어치료실에서는 아동의 말을 천천히 하도록 하여 정확한 의미가 전달되도록 연습하는 것에 중점을 두고 있었다. 아동과 대화를 하면서 조사가 빠뜨려진다거나 중간이 생략되어 알아듣지 못하는 빈도가 줄어들도록 연습하고 수정해주었다. 그러나 말속도를 늦추기 위해 가끔 준비한 함께 사진이나 그림을 보면서 천천히 말하도록 유도하는 방법은 번번히 실패했다. 아동은 그림에 나오는 사물이름 몇 개를 중얼거리다가 "그만해요"라고 말했기 때문이다. 이때 계속하면 다시 주먹을 쥐고 허공에 휘두르면서 "왜 나를 무시해요?"라는 말로 시작하면서 감정을 통제 못하고 흥분했다. 이런 상황을 피하기 위해 아동이 좋아하는 만화영화나 만화책을 이용하면 대화의 수준이 떨어졌다. 아동은 만화책의 한 장면을 찾아 손가락으로 가리키면서 혼자 킥킥거리면서 웃거나, 만화영화의 한 장면을 떠올리며 웃으면서"선생님, 옐로우가..."하면서 크게 웃으면서 단어 앞부분 몇 개를 말하면서 끝나는 것이었다.

가끔 언어치료사가 아동의 빠르고 생략되는 말을 이해하지 못하는 경우가 있었다. 아동은 자기도 답답한지 종이에 그림을 그려가며 설명하기도 했다. 아동은 매주 한 장씩 '메이플스토리'에 나오는 그림을 그려오는 숙제를 해오고 있었기 때문에 그림을 그리는 일에 어느 정도 익숙해져 있었다. 사실 아동이 그려온 그림과 만화책을 대조해보면서 이야기를 할 때가 알아들을 수 있는 말이 가장 많았다. 그래서 아동의 어머님에게 '모른척하기' 전략을 사용해볼 것을 제안하였다. 이 '모른 척하기'는 일반적인 '무시하기'와는 조금 차이가 있다. 흔히 사람들이 말하는 '무시하기'는 응용행동분석(Applied Behavior Analysis, ABA)에서 설명하는 '계획적인 무시하기(planned ignoring)'이다. 이것은 "일반적으로 관심이나 신체적 접촉, 언어적 상호작용이 부적절한 행동이 출현에 따라 일시적으로 제거"[6]하는 것이다. 따라서 언어치료사와 아동이 참여하는 언어치료활동에서 '무시하기'는 공동주의나 공공관심이 단절된다. 이에 반해 "'모른 척하기'는 아동이 흥미를 갖고 있는 대상에 계속 관심을 유지하면서 더 나은 의사소통을 유도"[5]하는 방법이다.

아동이 만화영화 '라바'에서 옐로우의 우스운 이야기를 설명할 때 일부러 못 알아듣는 척했다. 아동은 계속 설명하였지만 한두 번 더 못 알아 듣는척하자 자신을 무시한다고 크게 말하면서 주먹을 허공에 휘두르며 흥분하기 시작했다. 이때 아동을 무시하는 것이 아니라 단지 이해하지 못하는 척하면서 "아.. 떨면서?"라고 말했다. 아동은 더욱 흥분하면서 "선생님, 떨어졌다니까요!"라고 말했다. 다시 태연하게 "아...추워서 떨렸구나.."라고 말했다. 아동은 더욱 큰 목소리로 "이...그게 아니라 떨어졌어요."라고 말했다. 이렇게 몇 번 더 아동의 말을 도무지 이해할 수 없는 척 하다가, 펜을 사용할 수 있는 태블릿을 주면서 그러면 그림을 그려보라고 말했다. 아동은 태블릿에 그림을 그려가면서 자신의 말을 설명했는데, 조금 더 말을 천천히 하고 어느 정도 알아들을 수 있었다.

그런데 아동은 태블릿을 갖고 싶어 했다. 그래서 어머님에게 이제 아동이 중학생이 되니 스마트폰이나 태블릿을 사용해도 될 것 같다고 말했다. 어머님은 그렇게만 되면 좋겠다고 대답했다. 아동에게 한 가지 조건을 제시하면서 태블릿을 제공해주었다. 가끔씩 아동은 그림 숙제를 빼먹었기 때문에 그림을 잘 그려오면 태블릿을 빌려줄 수 있다고 말했다. 아동은 큰 소리로 "네"하고 대답했다.

어느덧 시간이 흘러 중학교 2학년 특수반에 다니게 되었다. 그동안 스마트폰과 태블릿을 둘러싼 많은 일들이 있었다. 태블릿이 고장 나거나 갖고 싶은 만화책이나 사물이 있으면 밤낮을 가리지 않고 문자를 보내고 전화를 하는 점이 문제였다. 또한 게임에서 지나치게 많은 아이템을 구입하기도 했다. 태블릿이 고장 나서 새것으로 바꾸어주기도 했다. 학생은 스마트폰과 태블릿을 다양하고 능숙하게 사용하지는 못했지만 자신의 용도에 맞게 사용할 수는 있었다. 인터넷을 검색하여 좋아하는 사진을 캡처해서 저장하고, 유투브에 자신이 좋아하는 사진과 동영상을 모아서 정리할 수 있고, 자신이 원하는 사물을 찾아 장바구니에 담아둘 수 있었다. 그리고 주먹을 허공에 휘두르며 감정을 표현하기보다는 대부분 언어를 통해 자신의 생각을 전달할 수 있었다.

3) 신체적 상태

(1) 선천적 질환

언어치료실 환경이 잘 준비되어 있어도 아동과 활동을 하다 보면 신체를 다치는 일이 우연히 발생할 수 있다. 이러한 문제가 발생하면 신속히 응급조치를 한 다음, 고통이나 상처가 중대할 경우 즉시 보호자와 관계자들에게 알려 적절한 치료를 받을 수 있도록 해야 한다. 또한 언어치료활동 중에 아동이 부딪치거나 넘어지거나 다치는 일이 생긴다면 아무리 사소한 것이라도 반드시 보호자에게 알려야 할 것이다.

이것은 반드시 언어치료실 내부에 한정되지 않으며, 아동과 함께하는 모든 상황에서 안전에 유의할 필요가 있다. 몇 년 전, 언어치료실로 가기 위해 아동과 함께 계단을 내려가다가 갑자기 경련을 동반한 간질 발작이 아동에게 일어나는 것을 경험하기도 했다. 다행히 아동의 걸음이 불안정하여 손을 단단히 잡고 있었다. 그래서 아동이 경련을 하며 넘어질 때 손을 놓지 않아서 머리가 계단에 부딪치는 큰 사건을 방지할 수 있었다. 또한 간질에 대한 응급처치 방법을 알고 있었기 때문에 당황하지 않고 신속히 안전조치를 취한 다음 보호자에게 연락했다.

언어치료사는 언어치료활동을 하는 동안 간질이나 알레르기 등과 같은 아동에게 급박하게 발생할 수 있는 문제에 대해서는 초기면담을 통해 알고 있어야 한다. 그리고 그에 따른 응급 조치의 방법도 알고 있어야 한다. 또한 눈에 먼지가 들어가거나 이물질을 삼키거나 찰과상이 생겼을 때의 응급처치법과 같은 다양한 상황에서의 대처방법도 알아두면 유용할 수 있다.

(2) 생리적 요구

아동의 신체적이거나 생리적인 상태는 언어치료활동에 영향을 주기도 한다. 언어평가 결과 수용언어 28개월이고 표현언어 12개월의 언어발달지체가 있는 34개월의 박○○ 아동은 매우 활발하게 뛰어다니고 주의집중 시간이 길지는 않았지만 언어치료활동에 잘 참여하는 편이었다. 언어치료 회기가 진행되면서 아동은 좀 더 집중할 수도 있었고 가끔 사물의 이름을 말하기도 했다. 언어치료실에서 아동은 몇 분 동안 빈백의자에 앉아 언어치료활동을 하는 것을 좋아했다. 아동이 의자에 앉아 있을 때 여러 가지 놀이도 하고 그림카드 읽기도 했다. 그런데 이날은 걸어다니면서 주방놀이를 하기도 하고 벽에 붙은 보드판에 그림카드를 붙이거나 그리기는 활동만 했다. 평소 같으면 빈백의자에 앉을 시간이 되었는데도 가까이 가려고 하지 않았다. 아동의 손을 잡아 빈백의자 곁으로 데려가도 않으려고 하지 않았다.

이렇게 되면 그동안 계속 진행하던 그림카드 말하기 활동을 할 수 없기 때문에 아동을 앉혀 보려고 번쩍 들었다. 그러면서 아동의 표정을 보니 기분이 별로 좋지 않은 듯했다. 혹시나 해서 엉덩이 쪽을 만져보니 묵직한 감촉이 느껴졌고 냄새를 맡아보니 분명해졌다. 아동이 기저귀에 용변을 한 것이었다. 아동을 안고 대기실에 있는 어머님에게 기저귀를 바꾸어야 할 것 같다는 내용을 말했다. 어머님은 아침에 화장실에 가지 않으려고 해서 기저귀를 차고 왔다는 말을 깜박했다고 말했다. 몸을 씻고 기저귀를 바꿔 차고 다시 언어치료실에 들어온 아동은 즐거운 표정으로 자신이 좋아하는 빈백의자에 뛰어올랐고, 평소에 하던 대로 활동을 하고 그림카드 말하기도 진행할 수 있었다. 가끔 보호자는 아동의 생리적인 부분에 대해 이야기하는 것을 주저하거나 깜박 잊기도 한다. 언어치료실에서 평소와는 다르게 아동의 행동이 나타날 때 가장 먼저 신체적이고 생리적인 부분을 검토해보면 도움이 될 수 있다.

4) 감각적 특성

아동이 다양한 자극을 어떻게 처리하는지를 이해하면 언어치료활동을 하는데 많은 도움이 될 수 있다. 아동의 감각적인 강점이나 약점을 고려하여 적절한 언어치료활동을 제공하는 것이다. 언어치료사는 보호자와의 상담이나 관찰을 통해 이러한 정보를 얻을 수 있다.

언어이전기의 34개월의 김○○ 아동은 언어치료실에 들어오는 것이 어려웠다. 어머님은 자신이 밖에 나간다면 아동이 울기 때문에 함께 있어야 한다고 말했다. 어머님이 있을 경우와 없을 경우를 간단히 확인한 결과 사실로 드러났다. 아동은 어머님이 문밖에 나가자마자 크게 울음을 터뜨렸다. 어머님은 아동이 장난감 자동차들을 줄세우거나 리모컨을 돌리면서 대부분의 시간을 보내는 것을 빼고는 주위의 모든 것들에 거의 관심이 없다면서 걱정했다.

어머님이 나가면 크게 우는 상황이기 때문에 어머님과 함께 언어치료 수업을 시작하였다. 언어치료활동을 시작했을 때 아동은 주위에 있는 북채를 찾아내더니 손에 잡고 손목을 이용하여 왔다갔다 돌리면서 바라보는 놀이를 했다. 집에서도 이렇게 놀이를 하는가를 질문하자 숟가락, 리모컨 등을 가지고 저렇게 돌리는 놀이를 한다고 대답하였다. 언어치료실에서도 아동은 한두 가지 특정한 사물에만 관심을 보였다. 특히 자동차 줄세우기나 막대 모양의 사물을 찾아내어 돌리는 놀이를 하였다.

아동은 손으로 쥐고 왔다갔다 하면서 돌릴 수 있는 사물만 있으면 어머님이 함께 있지 않아도 울지 않았다. 하지만 손에 돌리는 것이 쥐어져 있지 않을 경우 매우 불안한 표정을 지으면서 어머님을 찾아 나가려고 했다. 여러 가지 돌릴 만한 것을 아동의 손에 쥐어주면서 반응을 살폈다. 아동은 리모컨을 가장 좋아했다. 이것을 이용하여 감추어진 리모컨 찾기도 하고 언어치료실에 있는 텔레비전 모니터를 끄고 켜는 등의 활동을 할 수 있었다. 아동의 특이한 감각적 자극에 집착하는 행동은 문제행동처럼 보일 수 있다. 그러나 언어 이전기 아동에게 무엇인가에 집중하거나 집착할 수 있는 사물이나 행동이 있다는 사실은 언어치료를 진행하는데 도움을 줄 수도 있다.

그런데 어떤 경우 아동만의 특별한 문제로 인해 감각적 자극을 거부하는 경우도 있다. 어린이집에 다니는 36개월의 김○○ 아동은 언어발달지체로 인해 언어치료에 의뢰되었다. 언어평가 결과 수용언어는 12개월, 표현언어는 16개월 정도 지체된 것으로 나타났다. 그런데 어머니는 또 다른 큰 문제가 있다고 말했다. 아동은 어린이집에서 다른 친구들을 때리거나 밀거나 사물을 던지는 행동이었다. 또한 집에서도 잘 놀다가 갑자기 사물들을 집어던진다고 하였다. 자주 집어던지는 상황이나 사물에 대한 질문에는 블록놀이나 모래놀이를 할 때는 거의 매번 던진다고 말했다.

언어치료실에서 아동을 관찰하기 위해 함께 모래놀이를 시작했다. 아동은 즐거운 표정으로 모래를 손으로 훑으면서 모양을 만들기도 하고 컵에도 넣고 한곳에 모으기도 하였다. 담당 언어치료사는 아동의 곁에서 모래놀이 도구를 제공해주었다. 그런데 담당 언어치료사가 건네준 블록을 잡더니 웃으면서 갑작스럽게 얼굴을 향해 던졌다. 그러면서 블록뿐만 아니라 사물함과 창문을 향해 모래도 집어던졌다. 언어치료실 한쪽의 의자에 앉아 이 광경을 보던 어머님은 황급히 다가와서 아동의 손을 잡고 엄한 표정으로 "안돼"라고 말하면서 제지하였다. 아동이 매일 저렇게 행동하기 때문에 계속 화를 낸다고 말했다. 그러면서 다른 사람들에게 사물을 던지지 않고, 또래 아동들과 잘 어울리고 규칙 지키기 등도 잘 할 수 있으면 좋겠다고 말했다.

그런데 아동은 안경알이 두꺼운 안경을 쓰고 있었다. 어린 아동의 경우 안경을 쓰는 경우가 드물었기 때문에 그 이유를 물었다. 그러자 어머니는 아동에게 난시와 원시가 복합된 시각적인 문제로 약 한 달 전부터 안경을 쓰게 되었다고 말했다. 그러면서 안경을 쓰기 전부터 사람들을 향해 사물을 던지는 경우가 있었고, 안경을 쓴 후에도 계속 더 심해지는 것 같다고 말했다. 안경을 맞추어 준 곳에서는 아동의 시각적인 문제에 대해 어떻게 말했는가를 질문했다. 어머님은 잠시 생각하더니 아동의 난시와 원시가 심했기 때문에 사물이 잘 보이지 않았을 것이라고 하면서 시각적 어려움으로 인해 아동의 문제행동이 나타날 가능성도 있다고 말했다.

어머님이 제공한 정보에 따라 아동의 시각적 어려움과 적응에 도움을 주는 방향으로 언어치료활동을 구성할 수 있었다. 언어치료회기는 아동이 시각적인 단서를 찾는데 도움을 줄 수 있도록 크고 단순하고 뚜렷한 장난감이나 도구, 그림자료를 제공하였다. 아동이 익숙해지면 점차 작고 복잡한 도구나 그림자료를 이용하였다. 아동은 점차 새로 쓰게 된 안경에 익숙하게 되었는지 작은 그림과 글자까지도 관심을 갖게 되었다. 그때 어머님에게서는 아동의 사물을 던지는 행동이 크게 줄어들었다고 말했다. 언어치료를 통해 사물을 던지는 아동의 문제행동이 감소되었는지는 알 수 없을 것이다. 다만 아동의 시각적 어려움을 고려한 언어치료활동을 통해 언어발달적인 관점에서 많은 발전을 했다. 아동은 언어치료실에 처음 왔을 때 한 두 단어 수준이었지만 언어치료 후에는 긴 문장으로 자신의 감정과 생각을 표현할 수 있었다.

또한 시각뿐만 아니라 소리에 민감한 청각적인 거부반응을 하는 아동도 있다. 초등학교 2학년 특수학급에 다니는 자폐범주성 장애를 갖고 있는 박○○ 아동은 청각적인 자극에 대해 두 손으로 귀를 막는 행동이 빈번하게 나타났다. 아동은 2어문 수준의 발화를 할 수 있었지만 질문하는 말을 따라하거나 거의 알아들을 수 없게 말하는 문제로 언어치료실에 의뢰되었다. 그런데 아동은 청각에 매우 민감했다. 언어치료실에서 활동을 하면서 장난감 자동차 소리나 밖에서 조금 크게 소리가 들리면 두 손으로 귀를 막았다. 하지만 천천히 부드럽게 말하는 음성에는 귀를 막지 않았다. 아동이 귀를 막지 않는 범위에서 언어치료활동을 하는 것이 필요했다.

언어는 청력과 밀접한 연관이 있기 때문에 다양한 상황에서 조금 더 구체적으로 확인할 필요가 있었다. 어머님에게 아동이 귀를 막는 경우가 어떠한지를 질문하여 정보를 수집했다. 어머님은 아동의 청력검사 결과 아무런 이상이 없다는 결과였다고 말했다. 그런데 아주 어렸을 때부터 귀를 막는 습관이 있었다고 말했다. 한동안 드물게 나타나기도 했지만 길에 자동차가 지나갈 때나 시끄럽게 떠드는 장소에서는 대체로 귀를 막는다고 하였다.

그런데 몇 개월 전 큰 트럭이 크게 경적소리를 내며 지나가는 경험을 한 이후에 귀를 막는 습관이 더 심해졌다고 말했다. 최근에는 어머님뿐만 아니라 선생님의 얼굴을 꼬집는 행동이 자주 있다고 말했다. 그래서 청각과 연관하여 아동이 꼬집는 얼굴이 어떤 부분인가에 대한 질문을 했다. 어머님은 잠시 생각하다가 볼이나 입부분이라고 말하고 나서는, 혹시 큰 소리로 말할 때 아동이 상대방의 입을 꼬집으려고 하는 것 같다고 말했다. 이러한 어머님이 제공한 정보는 언어치료활동을 하는데 많은 도움이 되었다. 아동의 청각적인 민감성을 고려하여 작고 단순한 소리로 시작하였다. 그러면서 다양한 소리에도 익숙해지도록 음성을 조절하면서 언어치료활동을 진행할 수 있었다.

시각이나 청각뿐만 아니라 촉각이나 미각, 후각 등에 집착하거나 거부하는 반응을 나타내는 아동들이 있다. 언어치료사는 초기상담을 통해 아동의 감각특성을 파악하고 있어야 하며, 언어치료활동 중에 나타나는 아동의 반응을 주의 깊게 관찰해야 한다. 언어치료사는 아동이 감각자극에 집착하거나 거부하는 반응에 유연하게 대처한다면 효과적인 언어치료를 제공하는데 도움이 될 것이다.

◆◆◆

언어치료실에서 발생할 수 있는 아동의 문제행동은 대체로 파괴적 행동, 다른 사람들을 공격하거나 방해하는 행동 등을 말한다. 언어발달지체나 언어발달장애를 가진 아동들 가운데도 유사한 문제행동이 나타나는 경우가 있다. 이 장에서는 아동의 문제행동의 원인을 파악하기 위해 환경과 언어치료사, 아동이라는 세 가지 요인으로 나누어 살펴보았다. 그러나 어느 하나의 특별한 요인만이 아동의 문제행동을 일으키는 원인은 아니다. 아동의 문제행동은 여러 가지 복합적인 요인으로 작용한다. 또한 복잡한 환경이나 아동의 경험, 생리적 원인으로 매우 혼란스러운 문제행동이 발생해도 언어치료사의 능력이 충분하다면 잘 해결해나갈 수도 있다. 언어치료사는 세 가지 요인을 통해 아동의 문제행동의 원인을 파악하고 적절하게 예방하고 대처한다면 효과적인 언어치료활동을 제공하는데 도움을 줄 수 있다.

참고문헌

1. 김영태(2014). 아동언어장애의 진단 및 치료. 학지사. 396~397p.

2. 제 2회 언어치료인의 날 자료집. 292p

3. Andrea Davis, Lahela Isaacson, Michelle Harwell(2014). Floortime Strategies. 21p.

4. Arnold Miller and Kristina Chretien(2007). The Miller Method. 158p.

5. http://www.icdl.com/DIR/6-developmental-milestones/stage-4-complex-communication

6. John O. Cooper · Timothy E. Heron · William K. Heward(2007). Applied Behavior Analysis Second Edition. Pearson Merrill Prentice Hall. 358p.

7. Lois Bloom & Erin Tinker(2001). The Intentionality Model and Language Acquisition: Engagement, Effort, and The Essential Tension in Development. 14p.

8. Susan B. Campbell(2007). 유아의 문제행동. 민성혜 역. 71p

9. Susan B. Campbell(2007). 유아의 문제행동. 민성혜 역. 81p

색인

A-Z

ㄱ

ㄴ

ㄷ